중국의 변경 연구

기획연구 64

A STUDY OF CHINA'S BORDERLANDS

중국의 변경 연구

박장배 · 이천석 · 박선영 · 정면 · 심혁주 · 이평래 지음

동북아역사재단
NORTHEAST ASIAN HISTORY FOUNDATION

발간사

지난 1990년대 이래 한국은 물론 동아시아 각국에서 중국의 대형 국책 연구사업들에 대한 관심이 증대되었습니다. 이것은 중국이 1980년대 이후 놀랄 만한 고도성장을 이어오면서 경제력을 크게 키우고, 경제 이외의 영역에도 힘을 투사하여 대규모 연구사업들을 벌이기 시작하였기 때문입니다. 중국의 최고지도자들이 "중화민족의 위대한 부흥"을 강조하면서 중국 학계에서는 민족보다는 '변강'이 더 주목받는 분위기가 강화되었습니다.

중국 학계 일각의 학술동향에 대하여 한국 언론계와 학계에서는 한국과 직접 관련된 부분에 대해 깊은 관심을 보였습니다. 특히 2003년 이래 한국 사회에서는 중국 학계의 일각에서 추진된 '동북공정'에 대한 관심이 컸습니다. 그동안 한국 학계에서 나온 동북공정 관련 연구도 대단히 많습니다. 문제는 이런 연구들이 일부 분야나 영역에만 치우쳐 있다는 점입니다. 중국 학계의 변강 연구 프로젝트에 대한 관심도 그렇습니다.

이른바 동북공정에 대해서는 역사학계의 일부에서 관련 연구 성과를 냈지만, 국제정치나 정치학계 등 여타 학문 분야에서는 그 관심이 그렇게 높지 않았던 것도 사실입니다. 또한 동북공정에 대한 객관적 이해를 위해서는 여타 자매 연구공정에 대한 조사와 분석도 필요하지만, 그런 부분에 대한 조사와 연구는 매우 부진하였습니다. 그 결과 한국 사회에서 관심이 높은 동북공정에 대한 입체적인 이해에도 한계가 있었다고 생각됩니다.

동북아역사재단에서 이번에 발간하는 『중국의 변경 연구』는 2013년 기획 연구 과제인 "중국의 지역 연구항목 및 민족자치 연구"의 결과물입니다. 이는 보다 진전된 연구를 위한 학술 동향 파악 차원으로 먼저 중국 학계의 동향을 이해하고자 설정된 연구 과제입니다. 이 연구가 중국 학계의 상황을 이해하는 데 일조하고 보다 생산적인 학술교류에도 이바지할 수 있기를 기대합니다.

이 책의 발간을 위하여 연구에 참여하여 원고를 써주신 연구자들과 이 연구에 관심을 갖고 귀중한 의견을 보태주신 연구자들께 감사드립니다. 아울러 우리 재단의 출판 관계자들의 노고를 치하합니다.

2014년 10월

동북아역사재단 이사장 김학준

차례

총론 – 중국은 공사중 | 박장배

동북변경 연구공정의 성과와 영향 평가 | 이천석

신장항목의 성과와 영향 평가 | 박선영

서남항목의 실태와 성과 분석 | 정면

시짱항목의 실태와 추진 현황 | 심혁주

북강항목의 실태와 추진 현황 | 이평래

초원공정, 문화라는 이름의 다목적 공정 | 이평래

*이 책에 실린 글의 내용은 동북아역사재단의 입장을 반영하는 것이 아니며, 또한 필자의 소속 기관이나 국가의 공식적인 견해가 아닌 개인의 견해임을 밝혀둡니다.

총론-중국은 공사중

I. 변경지역 연구의 르네상스

II. 변경지역 연구항목의 특징

III. 변경지역 연구항목의 주요 내용

IV. 변경지역 연구의 평가

박장배(朴章培)

중국근현대 변경민족 / 동북아역사재단 연구위원

『역대 '중국'의 판도 형성과 '변강' 지배』(공저, 2008, 한신대학교출판부), 『근대 서구의 충격과 동아시아의 군주제』(공저, 2014, 산지니) 등.

박장배 | 동북아역사재단

총론-중국은 공사중

I. 변경지역 연구의 르네상스

중국의 경제적 부상과 발전은 객관적인 현실로 학계의 관심사가 된 지 오래다. 중국의 경제적 도약은 국제정치뿐만 아니라 학술 영역에도 지대한 영향을 미쳤다. 중국 출판계에서 쏟아져 나오는 출판물들은 중국 학계의 역동성을 잘 보여준다고 하겠다. 1990년대 이후 중국의 지식 구조는 문화보수주의가 주류 담론으로 등장하였다는 지적이 있을 만큼 크게 변화하였는데, 현실국가가 지식 구조의 변화를 가속화해가고 있다는 점을 짐작할 수 있다.

중국 국가사회과학기금항목은 중국 최고급의 철학사회과학류 연구항목으로 중국 철학사회과학 연구의 전부라고 할 수는 없지만 그 방향과 수준을 대표한다. '11차 5개년 계획(11·5)' 기간(2006~2010년) 국가사회과학기금 각 성구 연구항목 설정[立項] 상황(앞의 10위까지)을 보면, 6개 지역이 경제가 발달한 동남지역이다. 그리고 '11·5' 기간에 국가사회과학기금항목은 연도 항목을 주체로 하고 중대항목을 용두로 하며 서부항목, 후기 자조(資助)항목 등을 보충으로 하는 6대 항목 자조체계다. 그것은 응용경제, 법학, 중국문학, 언어학, 철학, 경제이론, 교육학, 사회학, 민족 문제, 중국역사, 정치학, 체육학, 도정(圖情)문헌, 과학사회주의[馬列科社], 예술학, 중대입찰[重大招標], 신문학, 외국문학, 관리학, 국제 문제, 종교학, 당사당건(黨史黨建), 세계역사, 통계학, 인구학, 고고학 등 26개 영역을 포함한다.

중국 학술서적의 많은 부분이 국책 프로젝트의 산물이라는 점은 주목해야 할 점이라고 생각된다. 중국에서는 제6차 5개년 계획 시기(1981~1985년)부터 국가 5개년 계획의 차원에서 철학, 사회과학의 중점 연구항목을 지원하기 시작하였다. 이러한 지원은 급기야 10차 5개년 계획 기간(2001~2005년)에는 '동북공정(東北工程)'이라는 대형 국책 연구공정으로까지 확대되었다. 중국 학계 일각에서는 한편으로 연구공정을 추진하면서 다른 한편으로 '변강학과' 창설을 시도하였다. 중국의 역사인식과 지역인식을 이해하기 위한 기초작업으로 중국 '변강학' 관련 학술동향과 대규모 변경 연구 프로젝트의 동향을 전반적으로 조망해볼 필요가 있다.[1]

중국 학계에서 대대적으로 변강을 연구해야 할 필요성은 중국의 현실을 보면 알 수 있다. 중국은 현재 14개 국가와 육지 국경을 맞대고 있고, 6개 국가와 해양경계를 나누고 있다. 또한 중국의 55개 소수민족들은 대부분 변경지대에 거주하며, 변강 문제는 영토변강만이 아니라 민족 및 종교 문제 등과도 겹친다. 중국의 국가 발전전략과 미래 구상에서 변강과 민족 문제는 빼놓을 수 없는 핵심적인 문제라고 할 수 있다.

여기서 주목되는 점은 중국 학계에서 '변강학'의 부상이다. 중국 학계에서는 변경 문제에 대한 국책연구를 수행하면서 동시에 '변강학'이라는 학

1 이 글은 필자의 다음 글과 문제의식을 같이한다. 박장배(2012), 「중국의 동북변경연구공정 이후 주요 역사·지역 연구항목」, 『중국의 동북공정과 한국고대사』, 주류성출판사.

문 분야를 설정하여 그것을 체계화하는 작업을 진행하고 있다. 중국 변강학(Borderland Studies)[2]은 '동북변경연구사업'과 그 후속사업의 학술적 기반이자 몸통 부분이라고 할 수 있다. 그것은 마다정[馬大正] 등 중국 변경지역 연구자들이 적극 제기한 신흥학과다. 이는 변강 이론과 변강 역사, 변강 현실 문제 연구를 망라하는 종합적인 학과다. 변강학은 학과 분류상 1급 학과인 역사학 아래 신설된 2급 학과에 속한다. 이 변강학 구축 운동은 1급 학과인 역사학 아래에 2급 학과를 설치하는 것을 당면 목표로 하며, 장기적으로는 1급 학과로의 승급을 목표로 한다.

2000년대 이전에도 쓰이던 용어인 '변강학'은 2000년대에 들어와 부쩍 강조된다. 변강 개념이 확장되고, 대학과 사회과학원에 변강역사학과가 설치되었다. 중국사회과학원 변강사지(史地)연구중심에 2003년 중국변강학 과정이 설치되고, 2008년 대학원생이 모집되었다. 이러한 움직임을 '변강학 구축 운동'으로 지칭할 수 있다. 그 특징의 하나는 교육기능을 장착하고 있다는 점이다. 이 운동은 중국 정부가 추진하는 각종 대형 학술연구사업과 연동하고 있다. 2003~2008년은 '동북공정'과 '신장항목[新疆項目]'이 추진된 시기다.

변강학의 대두는 중국 학계의 내적 발전과도 연결되어 있다. 근대 이래 중국사에서는 3차례의 '변강 연구 붐'이 일어났다.[3] 19세기 후엽과 1930~1940년대, 1980년대 이래 현재까지 3차례의 연구 붐 가운데 현재의 것은 전문연

2 중국 학계에서 '변강', '변경', '변계(邊界)'라는 세 용어를 사용할 때는 그 지칭하는 폭이 변계선에 이를 때까지 점차 축소되고 있으며, 때로는 '변경'이라는 말이 바로 '변계'를 의미한다. 또한 중국의 55개 '소수민족'들은 대부분 변경지대에 거주하며 자신들의 민족 종교를 통하여 정체성을 유지하는 경우가 많다. 중국의 변강 문제는 영토뿐 아니라 민족 및 종교 문제 등과도 겹친다. 변강학은 이러한 문제에 대응하는 학술적 도구이자 정책수단의 하나다.

3 馬大正·劉逖(1997), 『20世紀的中國邊疆研究』, 黑龍江教育出版社, 서론.

구기관을 설립함으로써 국가적으로 강한 추진력을 가졌다. 1983년 중국사회과학원 산하에 중국변강사지연구중심을 설립함으로써 중국의 변강 연구는 체계적인 연구기능을 구비하게 되었다.[4] 제3차 변강 연구 붐의 발전 과정에서 1988년부터 현재까지 세 차례의 전국적인 규모의 중국변강사지 학술토론회가 개최되었다. 회의 일정은 1988년 10월 22일부터 26일까지, 1999년 9월 12일부터 16일까지, 2006년 8월 6일부터 9일까지다.

이 시기에 중국 학계에는 변강 문제와 깊은 관련이 있는 두 종의 책이 출간되었다. 뤼이란[呂一燃]이 책임편집인 『중국근대변계사(中國近代邊界史)』(四川人民出版社, 2007년)와 린룽구이[林榮貴]가 책임편집인 『중국고대강역사(中國古代疆域史)』(黑龍江教育出版社, 2007년)가 그것이다. 이것들은 중국의 고대 강역과 근대변계를 종합적으로 고찰한 이들 분야의 이정표와 같은 책이다. 2010년 1월 15일 중국변강사지연구중심에서 개최된 '중국 변강 연구의 회고와 전망 좌담회'에서도 이 두 책은 비중 있게 거론되었다.

현재의 변강 연구 붐에서 주목할 점은 우선 변강 개념의 확장 현상이다. 이에 따라 현재의 세계화 시대는 '다변강 시대'라는 시대 규정도 등장하였다.[5] 기존의 영토변강에 더해 이익변강과 전략변강 개념이 부각되었다. 또한 영토가 전통적인 유형의 지리적 강역에서 무형의 '정보강역'으로 확장되었다. '이익변강'과 우선적으로 관련되는 분야는 경제변강과 정치변강이다. 국가의 안보변강은 영토변강보다 크게 마련이다. 다변강의 시대에는 정보변강의 안보

4 중국사회과학원은 2014년 9월 29일 중앙기구편제위원회 판공실의 결정에 근거하여 '중국사회과학원 중국변강사지연구중심'의 명칭을 '중국사회과학원 중국변강연구소'로 변경하게 되었음을 공고하였다. '중국변강연구소'의 승격은 중국 변강학의 괄목할 만한 발전을 웅변하는 사례라고 하겠다.

5 于沛(2005), 「從地理邊疆到"利益邊疆"-冷戰結束以來西方邊疆理論的演變」, 『中國邊疆史地研究』 15-2, 32쪽.

를 지키는 일이 국가안보의 핵심이 된다고 지적하기도 한다.

여기서 또 주목할 것은 중국의 국가사회과학기금 과제 가운데 변강 문제와 관련된 과제가 차지하는 비중이 매년 증가하는 추세를 보이고 있다는 점이다. 대학계통의 변강 연구 학술 활동도 매우 활발하다. 이런 상황에서 변강학 연구의 성과가 교육영역에 반영되는 부분이 늘어나고 있다. 변강학은 교육 무대에 진출함으로써 영향력을 상대적으로 확대해 가고 있다. 여기에는 상하이의 푸단대학처럼 대학에 연구 전통이 있는 경우도 있고, 지정학적 위치상 변경 연구를 활발하게 진행하는 대학도 있다. 현재 중국에는 국가의 정책적 지원에 따라 대학과 중국사회과학원에 변강역사학과[6] 등이 설치되어 유지되고 있다.[7]

6 중국사회과학원 변강사지(邊疆史地)연구중심의 변강역사과[邊疆歷史系]는 2003년에 설치되었고, 2008년부터 현재까지 석사과정에서 6명, 박사과정에서 1명의 대학원생이 학습하고 있다. 중국 변강역사과에는 현재 박사 지도교수 4명, 석사 지도교수 9명이 있으며, 현재의 학과 주임은 李國强 교수이다. 박사 지도교수는 厲聲·邢廣程·于逢春·李芳, 석사 지도교수는 厲聲·邢廣程·于逢春·李芳·李國强·畢奧南·李大龍·許建英·孫宏年이다. 이들은 연구중심의 연구원·부연구원·편집위원들이다(2011년 4월 19일 검색).

7 〈변강사지중심의 변강역사과 과정 설치〉

번호	과정 명칭	개설 학기	과정 종류	수강 대상	수업시수	학점	담당교수
1	중국邊疆역사학통론	1학기	전공기초과	석·박사	80	4	厲聲 등
2	중국역대변강사연구	1학기	전공기초과	석·박사	80	4	厲聲 등
3	근대중국邊界문제	2학기	전공기초과	석사생	80	4	厲聲 등
4	當代중국변계문제	2학기	전공기초과	석·박사	80	4	厲聲 등
5	중국변강민족관계사	2학기	전공과	석사생	80	4	李方·李大龍
6	중국역대邊事와 邊政연구	2학기	전공과	박사생	80	4	厲聲 등
7	중국역대변강정책과 정치제도	2학기	전공과	석·박사	60	3	厲聲 등
8	중국海疆史개론	2학기	전공과	석·박사	80	4	李國强
9	漢唐변강민족사	2학기	전공과	석사생	60	3	李大龍
10	元明淸변강政區연구	2학기	전공과	석사생	60	3	畢奧南

중국 변강학계는 과거에 중국의 영역에 속하였던 변강도 연구 대상으로 인식한다. 대표적인 변강 이론가인 마다정은 현대 중국의 강역 범위를 가지고 역사상의 변강지구를 확정해야 한다면서, 당대에 변강지구에 속하면 고대에도 중국 강역의 일부에 속하고 어떤 부분이 원래 중국 영토의 변강지구에 속하였다면 당연히 변강의 연구 범위에 포함된다고 규정한다. 변강학의 가장 큰 논리적인 맹점은 중심과 주변지역(변강)의 '일체성'을 전제로 한 중원 중심의 접근법이라는 점이다. 변강·주변의 독자성과 다원성은 수사적 표현으로만 존재할 가능성이 상존한다.[8] 이와 같이 변강학은 인접국과의 역사인식과 경계인식에서 충돌할 여지를 안고 있으며, 일차적으로 내부관리용이자 방어논리로 판단된다.

변강학의 부상에는 학계 내적 요인뿐만 아니라 학문 외적인 요인도 크게 작용하였다. '동북공정'과 '신장항목'은 변강학의 부상에서 두 날개 역할을 하였다. 또한 이들 국책 연구사업은 변강학의 다양한 세부 주제를 연구하는 실험실 역할을 하였다. 이들 국책사업은 중국 정부의 5개년 계획에 따라 수행되는 것이다. 10차 5개년 계획 기간(2001~2005년)에는 동북공정이 추진되었고, 대체로 11차 5개년 계획 기간에는 신장항목과 서남변강항목이 추진되었다. 현

11	西域史	2학기	전공과	석사생	60	3	李方
12	漢唐변강軍政제도	2학기	전공과	석사생	60	3	李大龍
13	근대西藏史	2학기	전공과	석사생	80	4	孫宏年
14	漢唐변강官府문서제도	3학기	전공과	석사생	60	3	李方
15	영국과 중국변강	3학기	전공과	석·박사	60	3	許建英
16	南沙群島 史地문제의 종합연구	3학기	전공과	석사생	60	3	李國强
17	元明淸변강史料學	3학기	전공과	석·박사	80	4	畢奧南
18	근대중앙정부와 西藏지방관계	3학기	전공과	석사생	60	3	孫宏年

8 이에 대해서는 다음 저술의 설명을 참고할 수 있다. 임지현 엮음(2004), 『근대의 국경, 역사의 변경』, 휴머니스트.

재 12차 5개년 계획 기간에는 '북부변강항목'이 추진되고 있다. 중국의 민족사 연구에서 남방 소수민족 연구는 '북강남약(北强南弱)'이라는 용어가 있을 정도로 북방에 비해 뒤처졌다. 12·5 계획 기간(2011~2015년)의 국가사회과학지원금 항목 2만 개 중에서 서부항목은 2500항이 될 정도로 상당한 연구비가 투입될 예정이다.

앞으로도 중국 변강학계는 정규 국가 연구사업 지원과 대규모 국책 연구사업을 통하여 변강학의 존재감을 유지할 것으로 판단된다. '변강학'이 홍학(홍루몽학)이나 돈황학처럼 국제적인 시민권을 얻을 수 있을지는 미지수이다. 그러나 현실적 필요에서 상당한 영향력을 유지할 것으로 보인다. 현재는 특히 교육기능을 구비함으로써 연구진의 자체 재생산 구조까지 확립하였다. 변강학은 현실적으로 소외되어 왔던 변경지대와 중국 주변 지역에 대한 연구를 활성화하는 측면도 있다. 이 경우에도 연구의 우선순위는 중국의 일체성을 부각시켜야 할 현실적 필요가 있는 지역과 주제에 있다.

II. 변경지역 연구항목의 특징

동북공정 개시 이래 12년 동안 중국 변강연구학과의 중대 연구 프로젝트는 5개로 동북공정과 신장항목, 서남(西南)항목, 시짱[西藏]항목, 북강(北疆)항목 등이다. 2010년 1월 북강항목의 출범으로 중국 학계는 중국의 육지 변경지대 전체를 포괄하는 일련의 변강 연구 프로젝트를 진행하게 되었다. 일정표상 앞의 네 항목은 종결되었거나 종결되는 중이고, 북강항목은 현재 진행되고 있다.

동북공정은 중국 동북지역을, 신장항목은 신장을, 서남항목은 윈난[雲南]과 구이저우[貴州] 지역을 중심으로 하는 서남지역을, 시짱항목은 티베트를, 북강항목은 내몽골을 중심지역으로 하는 북부 변강을 다룬다. 방어적인 측면에 주목할 경우 이들 변경 연구 프로젝트는 변경 문제에 대응하기 위한 일종의 '학술적 만리장성'이라고 할 수 있을 것이다. 이들 변강 연구 프로젝트군은 중국 부상의 방향을 가늠하는 바로미터 역할을 할 수 있다.

중국의 대규모 연구항목들은 국가 차원의 5개년 계획으로 편성되며 '동북공정' 이후에는 주로 '항목'이라 불리는데, 전국 규모의 역사문화사업과는 구분할 필요가 있으며, 동시에 통합적으로 이해할 필요가 있다. 동북공정, 즉 동북변경 연구사업은 주로 역사 연구사업으로 이해되고 있으나, 사업 추진 기관이나 사업 내용으로 봐서 중국의 대구역 연구사업으로 분류하는 것이 타당할 것이다. 중국의 주요 역사고고학 연구사업들이 중원지역이나 그 외곽지역을 중심으로 하는 것이라면, 대구역 연구사업들은 변경지대를 중심으로 한다는 점에서 자칫 소외될 수 있는 변경의 역사와 문화를 부각시키는 균형잡기 효과도 있다고 생각된다.

그러나 중국의 대구역 연구 프로젝트 사이에는 진도의 차이가 있다는 점에도 유의할 필요가 있다. 동북변경 연구사업과 신장항목은 이미 종결되었고 서남항목도 원래 계획표대로라면 종결되었을 것이다. 이러한 진도 차이를 감안하더라도 동북변경 연구사업의 체계가 대부분 그대로 적용된다는 점에서 일정한 비교연구의 가능성이 있다.

중국에서 동북공정과 신장항목의 양두체제로 진행되었던 지역 연구사업은 2008년 이후 서남, 티베트, 북부변강까지 본격적으로 확대되었다. 이러한 상황 전개는 중국의 육지 변경 관련 연구 프로젝트의 종합적인 현황, 나아가 대만과 해양 변경까지 포괄하는 현황 파악이 시급하며, 각 연구 프로젝트 사이의 비교의 필요성도 크다는 점을 부각시킨다. 이러한 작업은 중국 부상의 실제 내용을 확인하는 것이기도 하다. 중국 중심부에서 축적된 사회경제적 힘이 변경지역에 어떤 영향을 미치는가 하는 점도 주목할 요소일 것이다.

2010년 7월 6~8일, '제2회 해협 양안 티베트학 연구토론회[第二屆海峽兩岸藏學研討會]'라는 학술대회가 베이징 소재 중국장학연구중심(中國藏學研究中心)에서 거행되었다. 이 국제학술토론회는 중국의 티베트 연구 전문기관인 중국장학연구중심과 타이완의 중국문화대학(中國文化大學)의 공동 협력으로 진행되었고 중국과 타이완의 대표적인 학술기관, 연구소, 대학의 전문가들이 대규모로 참여하였다. 토론은 이틀간에 걸쳐 총 네 개의 세션(역사, 당대, 종교, 문화예술)으로 구분되어 진행되었다. 그런데 이 중 주목할 만한 발표문이 있었다. 바로 중국사회과학원 변강사지연구중심 연구원인 리성[厲聲]의 「근 8년 동안의 중국 변강연구학과의 중대 항목[近八年中國邊疆研究學科的重大項目]」이다. 리성의 「근 8년 동안의 중국 변강연구학과의 중대 항목」에 따라 변경 연구사업들을 간략하게 정리해 보면 〈표 1〉과 같다.[9]

이 연구는 중국에서 추진하는 개별 대규모 변경지역 연구사업에 대한 개황을 파악하여 관련 연구사업들에 대한 큰 그림을 이해하고자 하는 실사구시적 작업이다. 중국의 변경 연구 항목들에 대한 현황 파악은 중국의 역사인식과 지역전략 이해를 위한 원천 자료를 확보하고 비교연구를 할 수 있는 실질적인 토대를 마련하는 작업의 일환이다. 사실 한국 학계는 중국 변강학계의 연구동향 파악이 미흡하고 관련 내용에 대한 공유 정도가 높다고 볼 수 없다. 특히 동북공정이나 신장항목 이외에 서남·시짱·북강항목에 대해서는 검토되거나 공유된 내용이 너무 빈약한 편이다.

9 중국장학연구중심(中國藏學研究中心)과 대만 중국문화대학이 공동으로 주최하여 베이징의 중국장학연구중심에서 열린 '제2회 해협 양안 티베트학 연구토론회'(2010.7.6~8)에 중국사회과학원 변강사지연구중심 주임 리성[厲聲] 연구원이 발표한 「근 8년 동안의 중국 변강연구학과의 중대 항목」 참고.

〈표 1〉

번호	약칭	연구사업 명칭	사업기간	사업경비	사업분류	하위 분류항목
1	동북공정	東北邊疆歷史與現狀系列研究工程	2002~2007	매년 300만 위안	5대 항목 분류 ①기초연구류 ②당안문헌류 ③번역류 ④정보 데이터 베이스 구축 ⑤보급서적 집필	110항 하위항목 ①73항 ②『琿春副都統衙門檔』(2006, 238권), 『淸代東北邊疆檔案選輯』(2007, 151권) 등 총 489권 ③노문·한국문과 일문 자료 번역서 20여 부(상당수는 내부자료) ④동북삼성의 역사연구 정보 데이터베이스 구축 ⑤보급판 서적의 출간
2	신장항목	新疆歷史與現狀系列研究	2004~2009	매년 600만 위안	6대 항목 분류 ①기초연구류 ②당안문헌류 ③번역류 ④정보 데이터 베이스 구축 ⑤일부 보급용 서적 집필 ⑥當代 중국변강 典型百村 조사	약 80항의 하위항목 ①60여 하위항목 ②『滿文邊疆當案』(약 6만 건) (2010년 출간 예정), 『淸代檔安選輯』(약 6만 건) (2011년 출간 예정) ③영문·노문 자료의 번역(내부자료로 출간) ④신장의 역사연구 디지털 정보에 대한 결집 ⑥첫번째 뭉치로 20종 출판 (2010. 7)
3	서남항목	西南邊疆歷史與現狀系列研究	2008~2012	매년 400만 위안	2008~2009 110여 항목 추진	
4	시짱항목	西藏項目	2009~2013	매년 400만 위안		
5	북강항목	北部邊疆歷史與現狀系列研究	2010~2014	유사한 규모로 추정		
(6)		(南海邊疆研究項目)				(* 2008년 계획 수립) 프로젝트의 진행 여부와 상관 없이 방대한 해양 연구가 진행됨

보다 구체적으로 말하면, 이 연구는 총론과 6개 소주제별로 각각 연구의 목적 및 필요성, 연구 동향, 연구 방법 및 내용을 서술한 다음 이 연구 성과의 기대효과 및 활용방안 등을 제시하였다. 총론에서는 중국의 변경 문제 연구와 더불어 중국 변강학의 동향을 조망하며 '동북공정'류의 대규모 연구기획이 설계되고 추진된 학술적, 현실적 배경과 개황을 정리한다.

1990년대 장쩌민 정권 시기에 중국 교육계를 중심으로 사회 전반에서 '애국주의 교육'이 상당히 강조되었다. 이것은 중국 학계에 사회주의 사상의 통합력이 약화되면서 문화보수주의 담론이 강화되던 상황과 맥을 같이한 현상이라고 볼 수 있다. 물질문명과 정신문명으로 이분되던 '문명론'이 정치문명과 제도문명 등이 부각되면서 일종의 3대 문명론으로 확장되어 갔다. 거기에 생태문명론도 한 자리를 차지하였으나, 앞의 3대 문명을 중심으로 한 중화문명론이 확산된 것은 1990년대 이래 한 현상이라고 하겠다. '중화민족의 위대한 부흥'의 실체는 형성 중인 '중화문명 다원일체' 구조로 정리할 수 있다고 생각된다. 이것은 문화적 패권주의라고까지 얘기할 수는 없으나 기본적으로 '제국' 개념을 전제로 한 논리라고 생각된다. 보다 현실적인 차원에서 말하자면, 중국 조야는 중국공산당 창립 100주년인 2021년까지 중국 부상 기반 구축을 완료하고, 중화인민공화국 수립 100주년인 2049년까지 명실상부한 세계국가로서의 중국을 구상하고 있다.

따라서 중국의 대구역 연구항목들도 중국의 백년대계, 유라시아 전략과 세계전략과 무관할 수 없다는 것을 염두에 둬야 할 것이다. 그러나 모든 연구항목이나 문화사업들이 일사불란하게 진행될 수도 없고 실제로 그렇게 추진되지도 않았다. 2012년 2월 '12·5시기(제12차 5개년 계획, 2011~2015년) 문화개혁발전 계획요강'을 발표하였는데, 이것은 2012년 10월 중국공산당 제17기 중앙위원회 제6차 회의에서 중앙위원회가 문화건설을 국가 전략사업으로 명확히 규정한 것을 제도화한 것이다. 중국 국무원이 '건국 이래 최대의 문화공정'이라는 '중국 고대 문헌의 백서전서'인 '중화대전(中華大典)' 사업을 비준한 것이 1990년이었다는 점을 상기해 보면, 중국이 자국 중심의 지식질서를 구축하고자 구체적으로 움직이기 시작한 것은 그 뿌리가 깊다고 봐야 할 것이다.

중국 학계에서 한국, 일본, 베트남의 사행록(使行錄)을 집대성하는 사업을 추진한 성과나 2013년 1월에 『동의보감』 영역본을 출간한 사업은 개별적인 사항으로는 반드시 특이한 동향이라고 볼 수 없다. 하지만 긴밀한 연동관계나 유기적 연관관계가 있는 것은 아니더라도 중국 학계의 막대한 투자와 대형 학술기획들은 그 자체로 학술정보 공유의 대상이다. 중국이 청사공정(계획상 2003~2010년)처럼 역사의 한 시대를 정리하고 동북공정처럼 지역별로 정리한 것은 그 성과의 질과 효용성을 차치하고 중국 중심의 지식질서를 구축하는 움직임의 일환으로 볼 여지가 열려 있다. 지역별 연구항목이 역사시대별 연구항목과 정합적으로 어울린다거나 반드시 긴밀하게 연동하는 것은 아니다. 그러나 중국의 글로벌 문화방략에 대한 학술 동향 공유와 실사구시적 분석, 다양한 관점의 평가는 한국 학계나 국제학계에서도 꼭 해야 할 작업이다.

이들 사업은 '동북공정', '서북공정', '서남공정' 식으로 처음부터 일사불란하게 추진된 것이 아니었다. 이들 중에는 외부의 지레짐작으로 실체가 없는 취합 개념도 있다. 현재는 그런 식의 구도가 완성되어 언론의 예언적 분석을 충족시켰다. 그렇지만 여전히 그런 대구역 연구사업들은 체계적으로만 진행되는 것이 아니라 일단 경비부터 책정해 놓고 위탁과 신청 방식으로, 개방적으로 진행되고 있다.

동북공정의 사업체계는 이후에 변강사지연구중심이 추진하는 여타 대형 연구사업에도 그대로 적용될 정도로 이정표적인 역할을 한 것으로 보인다. 신장항목을 보면 이 점을 볼 수 있다. 신장항목은 앞의 연구사업에 '당대(當代) 중국 변강 전형백촌(典型百村) 조사' 정도를 추가하였다고 할 수 있을 정도로 사업구조가 닮았다. 리성은 「근 8년 동안의 중국 변강연구학과의 중대 항목」이라는 발표문에서 '동북공정'과 '신장항목' 이외의 다른 연구 과제군에 대해서는 보다 자세한 내용을 밝히지 않았다. 서남변강항목[西南邊疆歷史與現狀系列研究, 2008~2012년]은 매년 400만 위안의 연구비를 지출하며 2008~2009년에는 110여 항을 추진하였다. 티베트 항목[西藏項目, 2010~2014년]은 매년 400만 위안을 받았고, 북강항목[北部邊疆歷史與現狀系列研究, 2010~2014년]은 아직 연구경비의 총액을 확인하지 못하였으나 여타의 연구사업과 유사한 규모일 것으로 추정된다.

그동안 한국 학계에서는 '동북공정' 중심의 조사와 분석이 이루어졌다. 하지만 이것은 큰 그림을 그리지 못하는 한계를 갖는다는 점에서 새로운 돌파구를 마련할 필요가 있다. 이를 위하여 중국의 문화보수주의 대두 등 지식구조의 재편, 구체적인 역사지역 연구항목의 탄생 배경과 추진 현황, 각 대구역 연구항목들의 비교분석, 지역별 연구항목과 시대별 연구항목의 종합 분석을 신속히 추진할 필요가 있다고 생각된다.

Ⅲ. 변경지역 연구항목의 주요 내용

이 연구는 각 연구의 성과를 종합하고, 나아가 여타 영역의 비교 가능한 연구항목들과 비교분석하여 그 역사적, 현실적 함의를 도출해 보고자 한다. 이를 위하여 각 연구의 내용을 개괄해본다.

「동북변경 연구공정의 성과와 영향 평가」에 대한 이천석의 글은 중국의 동북공정 연구 진행의 흐름과 실태 파악에 주안점을 두고 있다. 그동안 중국의 동북공정 사업은 종료되었지만 사업 과제는 아직도 진행 중이다. 중국의 여러 연구기관과 연구소 그리고 정부 기관이 주관하는 연구항목을 중심으로 연구 과제의 내용, 연구자의 참여, 특히 한국사와 관련성이 높은 사안에 대한 실태를 파악하고 분석하면 향후 연구 방향의 흐름을 가늠할 수 있으리라 판단된다. 이에 성과 분석과 영향 평가로 나눠서 보도록 한다. 첫째, 성과 내용 파악에는 여러 연구사업의 전체 개황 정보를 보여주고 있는 전국철학사회과학규획영도소조(全國哲學社會科學規劃領導小組), 중국고교인문사회과학신식망(中國高敎人文社會科學信息網), 중화인민공화국교육부(中華人民共和國敎育部)를 중심으로 연구항목의 성격, 연구항목의 예산경비의 규모, 연구항목의 기간 등을 종합적으로 분석함으로써 동북변강 연구의 전체 현황을 파악하고 연구의 동향을 어느 정도 가늠해본다. 둘째, 영향 평가에 대한 부분이다. 연구기반의 확대와 설치, 연구영역의 다변화, 학술과 연계된 역사관광자원의 활용성, 그리고 동북진흥전략과 동북공정 간의 상호연계 모색 등으로 나누어 정리해 본다.

그동안 동북공정 연구사업에 대한 비판과 대응의 관점에서 많은 가시적 연구 성과가 나왔으나 종합적인 이해를 위한 체계적인 연구 성과는 미흡한 것도 사실이다. 중국 학계가 동북지역을 대상으로 현재 진행하고 있는 제반 활동 영역과 연구 대상이 차지하는 부분이 한국사와 어느 정도 관련되어 있는지 등 핵심적인 질문에 체계적이고 실증적인 해답을 보여주는 데 그 목적이 있다. 이러한 기초 연구들을 향후 관련 후속연구와 대중 학술정책 수립에 활용할 여지가 있다고 생각된다.

「신장항목의 성과와 영향 평가」에 대한 박선영의 글은 이미 완료된 신장항목의 내용을 정리하고 현재 신장항목 추진 시기 이상으로 막대한 연구비가 투입되고 있는 후속 연구의 일단을 정리한 것이다. 중국 학계는 신장의 역사와 문화 그리고 현재의 정치적·사회적 상황을 연구하여 신장이 중국의 일부분임을 대내외적으로 천명하고자 하는데, 그 노력이 2004~2009년 신장항목으로 구체화되었다. 신장항목은 이론과 현상을 동시에 연구하여 일체화시켜 나가는 작업이다. 신장항목의 결과물로 출판된 저서와 박물관 전시 및 설명 그리고 거리에 나붙은 표어를 분석한 결과 이론과 실제라는 두 개의 바퀴가 조화를 이루고 있음을 확인할 수 있었다.

신장항목에서 중요한 연구 과제는 '변강이론 및 신장지방사 연구', '신장 민족 연구', '신장 문화와 종교 연구', '신장 안정과 발전 연구', '신장과 주변 국가 관계 연구' 5개로 신장항목의 원칙에 부합하게 연구되어 각종 시리즈로 출판되었다.

연구의 핵심은 신장지역을 중국에서 분할할 수 없다는 점을 강조하는 것이다. 또한 신장이 위구르라는 어떤 특정 민족의 신장이 아니라 각 민족 공동의 고향임을 증명하는 것이다. 이는 신장 위구르족의 독립운동에 제동을 걸려는 것이다. 즉 신장이 특정 민족만의 지역이 아니라고 강조함으로써 위구르족 독립운동의 역사성 및 정당성에 문제를 제기하려는 의도다. 신장이 위구르족만의 신장이 아닌 이상 신장지역 종교가 이슬람 중심의 유일한 종교가 핵심이 아니라고 하는 것은 당연한 수순으로 보인다.

결국 신장항목은 신장지역 문화의 다원성과 중국 내지와의 교류 그리고 시대에 따른 융합과 민족단결을 강조하여 신장 문화의 교류가 중화민족 형성과 발전에 영향을 미쳤다고 주장하려는 것이다. 또 위구르족은 중화민족의 일부이고 신장은 중국의 일부라는 것을 강조하여 대내외적으로 선전할 수 있는 이론을 갖추어 나간 것이라고 할 수 있다.

중국은 이런 연구 결과물을 담은 전문 연구서뿐만 아니라 대중들이 읽을 수 있도록 쉽게 쓴 책자도 출판하여 국민 교육용으로 활용하고 있다. 또 영어로도 출판하여 세계적으로도 '신장항목'을 통하여 연구된 관점이 확산될 수 있도록 노력하고 있다.

「서남항목의 실태와 성과 분석」에 대한 정면의 글은 실태 파악이 어려운 '서남항목'의 진행상황을 파악하고자 한 연구다. 지금까지는 서남항목에 관한 정보에 접근하는 것이 쉽지 않았다. 심지어 현지 대학을 방문하는 출장길에 만난 학자들이 설명해주는 정보도 매우 제한적이었다. 투여된 기금 액수나 단편적인 정보들을 통하여 추정하건대, 서남항목에 속한 연구 과제는 200여 건에 달할 것으로 보인다. 그러나 지금까지 파악된 것은 39건에 불과하다. 그나마도 연구기간, 과제 번호, 수주 금액 등 과제에 대한 기본적인 정보들이 다 갖추어진 것이 아니다.

우선, 얻어진 자료들을 분석한 결과를 요약하자면, 서남항목은 매년 400만 위안에 과제당 6만~8만 위안이 투여된 국가사과기금의 '특별위탁항목'이었다. 그리고 중요과제는 위탁의 형태로, 일반과제는 공모의 형태로 진행되었다. 연구 대상은 서남변강, 특히 윈난, 광시, 티베트와 관련된 것들이다. 그리고 연구 과제를 수행한 연구인력 또한 대부분 이들 서남변강 3성 지역 연구기관 소속이었다. 또 몇 가지 자료를 통하여 사업의 추진 배경을 추단해 보았다. 앞으로 연구의 진행에 따라 수정될 수도 있겠지만, 가장 눈에 띄는 것은 '민족(관계)사에서 변강사로의 전환'이었다. 마지막으로, 수집된 연구 과제와 연구 성과물들의 목록을 제시하고, 간단한 분석을 통하여 서남항목의 대체적인 방향을 추정해 보았다. 그 결과 과제의 중심이 '서남'의 변강지역, 대체로 '국경지대'로 향해 있음을 알 수 있었다.

이 시점에서 서남항목의 영향과 그에 대한 평가를 논하는 것은 시기상조다. 그러나 팡톄가 논문 「서남변강사 연구 60년의 회고와 전망」에서 호언한 바와 같이, 몇 년 안에 그 심원한 영향이 명현하게 드러날 것으로 기대한다. 이미 '서남변강연구계열'이 출간되기 시작하였으니, 특히 2008년과 2009년에 선정된 연구 과제들은 그 최종 결과물의 형태로 그 모습을 드러낼 것이다.

아울러 2012년 초에 중국사회과학원에서 출판계획을 공표한 206권의 서남항목 관련 도서들도 서서히 세상에 나타날 것으로 기대된다. 또 2013년 7월 22일에 중국 당국에서 공포한 '12차 5개년 계획[十二五時期, 2011~2015年] 국가 중점 도서, 음상, 전자출판물 출판 계획(國家重點圖書, 音像, 電子出版物出版規劃)'의 증보항목(增補項目)에 포함된 『서남변강 역사와 현상 종합연구[西南邊疆曆史與現狀綜合研究]』(江藍生 主編, 方志出版社)의 출판이 순조롭게 이루어진다면, 서남항목의 전모를 파악하는 것이 가능하리라 기대한다. 이렇듯, 서남항목의 결과물들이 모습을 드러내고, 이에 대한 분석이 지속적으로 이루어진다면, 그 사업에 대한 정확한 평가와 그 영향에 대한 추정과 해석도 가능해질 것이다.

「시짱항목의 실태와 추진 현황」에 대한 심혁주의 연구는 시짱항목의 추진 상황을 정리해보는 작업이다. 이 연구는 최근 중국 내 티베트 연구 동향을 주시하면서 중국 정부의 적극적인 지원 아래 추진되고 있지만, 외부에는 최대한 공개를 하지 않고 있는 국가급 항목, 즉 '시짱항목[西藏歷史與現狀綜合研究項目]'에 대한 동향과 실태 및 연구 성과를 살펴본 것이다. 사실상 시짱항목은 현재 다양한 연구가 지역별, 연구기관별로 진행형이기 때문에 이에 대한 종합적인 평가를 일괄적으로 내리기는 어려운 상황이다. 그러함에도 불구하고 2010년부터 2013년까지 외부에 공개된 시짱항목의 연구 동향과 실태 등을 파악해보고 현황을 분석하였다. 이유는 시짱항목은 중국의 서남변강전략의 중요한 일환이자 중국의 역사관, 민족관, 영토관, 국가관이 응축된 '통일적 다민족국가론'의 중요한 부분이기 때문이다.

따라서 이 연구는 현재 중국에서 추진하는 개별적 대규모 변경지역 연구사업 중 시짱항목만을 연구 대상으로 한정하여 추진 실태와 성과만을 파악하는 실사구시적 성격을 가졌다. 본문에서 다루어진 내용을 정리하면 다음과 같다. 첫째, 최근 몇 년간 중국 내의 티베트 관련 주요 연구기관과 학자들의 동향은 글로벌하면서도 다양하다. 또한 그들은 국내외 티베트 학술회의를 능동적으로 주재하고 있으며 개인적으로는 티베트 관련 프로젝트를 꾸준히 진행하고 있다. 따라서 중국 내 티베트 연구자들의 최근 연구 주제와 방향을 탐색하였다. 이는 최근 중국에서 진행되는 티베트에 대한 학술 경향을 탐지하고 그 의미를 가늠하기 위해서다. 둘째, 중국 내에서 이미 진행된 규모가 있는 티베트 관련 국내·국제 세미나를 추적해보고 그 속에서 활동하고 있는 새로운 신진 연구인력의 신분과 성향을 파악하여 그들이 주도하는 티베트 연구의 새로운 동향과 주제의 흐름을 파악하였다. 셋째, 최근 추진 중인 서부(西部)항목 중 시짱항목에 대한 지원만을 추려내어 그 실태와 현황을 분석하였다. 여기에는 연구 지원 기관과 지원금 규모 그리고 연구 과제와 책임자를 확인하는 작업이 포함되었다. 넷째, 전술의 내용을 바탕으로 중국 정부가 추진하고 있는 시짱항목의 배경과 목적이 무엇인지, 연구 성과의 사회적 공유 작업(출간과 홍보)은 어떤 형태와 결과물로 드러나고 있는지, 그리고 가능하다면 그러한 사업들이 보여주는 함의는 무엇인가에 집중하였다.

이 연구의 결과물은 다음과 같은 몇 가지 방향으로 참조 혹은 활용할 수 있을 것이다. 첫째, 이 연구의 결과물은 학술적 성과물로 연계될 수 있다. 예를 들면 기획총서의 형식으로 일반인 혹은 학계가 공유하여 현 시점에서 중국이 티베트에 대한 정치적, 학술적 지속성을 체계적으로 유지하고 있음을 확인할 수 있을 것이다. 둘째, 이 연구의 결과물은 최근 중국 정부의 서남과 시짱 정책의 기획과 구조를 파악하게 함으로써, 대(對)중국 학술정책 수립에 기본 자료로 제공될 수 있을 것이다. 이러한 작업은 나아가 중국의 변강전략의 의도와 목표 그리고 한·중관계를 다시금 생각해보는 계기를 제공할 수 있을 것이다. 셋째, 이 연구는 물론 실사구시적인 학술 동향을 파악하는 것이 일차적으로 중요하다고 보지만, 정책성 연구의 속성이 강하다는 점에서 중국의 변경 연구 프로젝트와 관련국의 관계에 대해서도 일정한 시사점을 줄 수 있을 것으로 기대된다.

「북강항목의 실태와 추진 현황」에 대한 이평래의 연구는 북강지구, 즉 내몽골자치구[內蒙古自治區]를 대상으로 하는 국가급 대형 연구 사업의 추진 현황을 정리한 것이다. 북강항목은 2010년 1월 전국철학사회과학규획판공실의 비준을 거쳐 국가사과기금특별항목으로 지정받은 후, 8월 23일 정식으로 개시하였으며, 그 해 말부터 연구자를 공모하여 현재 진행 중인 사업이다. 북강항목의 기간은 2010~2014년이고, 연구 분야는 공식적으로 ①연구계열, ②당안문헌정리계열, ③번역(및 데이터베이스 구축) 세 방면에서 진행한다. 이 항목의 지도소조[領導小組] 판공실은 내몽골자치구 사회과학원(자치구 사과원)과 중국변강사지연구중심 두 곳에 두지만 자치구 사과원 판공실에서 합동 처리하는 것으로 되어 있다. 과제는 공모와 위탁 두 가지 방식으로 수행된다. 지금까지 세 번의 연구자 공모(2010년 말, 2012년 말, 2013년 말)와 두 번의 과제 공모(2012년 9월, 2013년 10월)가 확인된다. 세 번의 연구자 공모 주제는 모두 연구계열(기초연구와 응용연구)이고, 나머지 두 계열은 없다. 이들이 위탁 형식으로 이루어지는가는 알 수 없다. 위탁 연구가 어떤 방식으로 수행되는가를 알려주는 자료를 찾지 못하였기 때문이다. 북강항목은 정식 연구자 공모로부터 2년이 된 진행 중인 사업이다. 따라서 연구 결과물이 공간되지 않은 것이 많고, 나왔다고 하더라도 이제 막 출간 중이라서 이들을 모두 입수하는 데 한계가 있었다. 그래서 필자는 세 번의 연구자 공모 주제, 북부변강역사와 현상연구 문고[北部邊疆歷史與現狀研究文庫]에 이 항목의 지원을 받은 것으로 언급되어 있는 주제 발표 논문(11편)과 단행본(2종 3책)을 통하여 이 항목의 성과를 개략적으로 분석하였다.

주제는 사업명 그대로 변강의 역사와 현재의 상황을 두루 포괄하고 있다. 이를 통하여 이 사업이 변강 안정과 민족 단결이라는 기타 변강 사업의 선례를 따르고 있음을 거듭 확인할 수 있었다. 특히 정부 홍보성 및 민생 해결 차원의 연구가 두드러지게 많았는데 이 또한 변강의 안정에 기여할 것이라는 점에서 사업 취지에 부합한다고 할 수 있다. 그리고 결과물이 나온 후에 평가할 문제지만 연구 주제 중 몽골국의 과거와 현재에 관한 사항이 많다는 것도 주목되는 부분이다.

이 항목의 연구가 현재 진행 중이어서 결과물이 부족하고, 사업 관련 자료의 확인이 어려워 당해 사업의 전모를 온전하게 파악하는 데는 한계가 있을 수밖에 없다. 그럼에도 필자가 관심을 두었던 것은 그 동안에도 유사한 주제의 연구를 수행해왔는데 무슨 이유로 이런 사업을 벌이겠는가 하는 점이다. 필자의 생각으로는 중국 입장에서 보면 변강 연구사업은 일종의 '필요악'과 같은 것으로 보인다. 중국은 육지나 바다를 막론하고 국경을 접하고 있는 나라가 많다. 또한 그들이 변강지구라고 말하는 곳에는 소수민족이 집중 거주하고 있다. 따라서 국경을 보위하고 변강을 안정시키는 것은 국가의 안위에 필수적인 요소이다. 흔히 말하는 5대 변강사업·육로 변강사업 혹은 해로 변강사업은 기본적으로 여기에서 출발한다고 보아도 좋고 실제로 변강사업 취지는 여기에서 크게 벗어나지 않는다. 즉 단기적으로는 변강 소수민족 지구를 안정시키고, 장기적으로는 국경 문제에 대비하는 것이 모든 변강사업의 목적이다.

북강항목의 실시 이유는 크게 두 가지다. 하나는 현재 중국의 강역으로 되어 있는 내몽골자치구가 역사적으로 중원과 불가분의 관계를 맺고 있었다는 것을 입증하고, 당해 지구를 영토 및 민족적 측면에서 안정시키는 데 있다. 또 하나는 현재 독립국인 몽골국이 역사 및 문화적으로 본래 중국의 한 부분이었다는 것을 가능한 방법으로 확인함으로써 몽골국에 대한 영향력을 확대하고 20세기 이전의 지배권을 되찾자는 데 있다. 이런 점에서 이를 살펴보는 것은 중국 정부(또는 학자들)의 자국 내 소수민족과 과거의 중원 왕조의 지배하에 있었던 인접 국가에 대한 인식의 한 단면을 확인하는 작업이고, 이는 중국과의 역사 서술 논란이 발생할 때 하나의 사례로 유용하게 활용할 수 있을 것이다.

그리고 이 연구의 참고자료로 이평래의 '초원문화연구공정'에 대한 분석도 함께 싣는다.[10] 초원문화연구공정(이하 초원공정이라 약칭)은 내몽골자치구 사회과학원이 주관하는 10년 기한의 국가급 대형 연구사업이다. 2004년 7월 12일에 정식으로 시작된 제1기 공정(2004~2007년)과 제2기 공정(2008~2011년)이 종료되었고, 현재는 제3기 공정(2012~2014년)이 진행되고 있다. 매년 100만 위안(1기 총 400만 위안, 제2기와 제3기 총 600만 위안)을 투입하여 학술연구, 문화총서 출간, 학술회의 및 기타 관련 사업을 추진한다.

이 연구공정은 공간적으로 몽골초원을 포함한 중국 전역의 초원지대를 아우르고, 시간적으로 선사시대에서 현재까지를 망라한다. 연구 분야는 역사, 고고, 민속, 문화인류, 군사, 예술, 인물 등 문화로 통칭할 수 있는 전 범위를 포괄한다. 구체적으로 이 사업은 초원문화의 내적 함의, 즉 내용과 특질을 밝히고, 초원문화의 중화문화 발전사상에서의 지위와 영향을 탐구하며, 초원문화의 현대적 의미를 조명하고, 이를 뒷받침하기 위한 초원문화학과를 개설하고 인재를 양성하는 것이다.

이 사업은 외형적으로 문화를 연구하는 순수 학술연구처럼 보인다. 문화 및 정신적 측면에 초점을 둔 사업이라는 점에서 여타 학술사업과 구별되는 초원공정은 경제 목적에서 시작되었고 문화를 내세우고 있다. 여기에서 정치성이 배제된 것은 아니며, 기본적으로 북강항목과 유사하게 정치성을 가진 연구

10 중국학계가 역사적 차원의 동북공정과는 별개로 민족적·문화적 차원의 '장백산문화론' 관련 사업을 추진한 것처럼, 북강항목과는 별개로 초원공정을 추진한 것으로 보인다.

사업이라 할 수 있다.

이 사업을 위하여 2001년 8월 자치구 사회과학원 산하에 초원연구소가 설립되었다. 이 연구소는 초원문화를 학술적으로 연구하고 이것들을 산업에 활용하기 위한 각종 학술사업과 행사를 추진하였다. 초원공정은 2004년 7월 12일에 개시되었는데, 그 개막식과 같은 행사가 2004년 8월 6~15일에 열린 초원문화제라고 할 수 있다. 초원공정의 제1기(2004~2007년)가 끝난 후 2008년 4월에 제2기와 제3기 공정이 동시에 입항(立項)되었다.

3기에 걸쳐 수행 중인 초원공정의 가장 중요한 학술적 임무는 초원문화가 황허문화 및 창장문화와 더불어 중화문화의 3대 구성요소 중 하나임을 입증하는 데 있다. 내몽골자치구 정부는 2012년 10월 초원공정 등 주요 학술문화 공정을 평가하여 초원문화가 우수한 문화자원임이 입증되었다고 평가하였다. 이러한 내용을 보면, 초원공정은 문화산업을 육성하고 민족문화대구(民族文化大區)를 건설하기 위한 목적으로 추진되었다는 것을 확인할 수 있다.

이 책의 연구 과제에는 포함되지 않으나 북강항목과 관계가 깊은 연구 프로젝트가 중국 학계에서 진행되고 있다. 그것은 '몽골족 기원과 원조(元朝) 제릉(帝陵) 종합연구' 사업으로, 몽골 선사시대 역사를 과학적으로 규명하는 것을 학술목표로 삼고 있다. 구체적으로 칭기즈칸이 몽골고원을 통일하기 전 몽골민족의 기원·형성·발전의 초기 역사를 체계적으로 해석하고, 삼림초원민족 부상의 원인·메커니즘·특징 및 중국과 세계 역사문화 발전에 미친 영향을 밝히고자 기획되었다. 달리 말하면, 이 사업은 몽골족의 발상지인 내몽골 후룬베이얼[呼倫貝爾] 지역의 야외조사와 고고학적 발굴 작업을 통하여 몽골족 기원과 관련한 국제학계의 잘못된 학설들을 바로잡고 그 지역의 역사적 지위를 확립하고자 하는 것이다. 또한 역대 북방 유목민족정권 제왕의 능침제도 변화를 체계적으로 정리하여, 한문화의 황제릉 요소가 유목민족정권 제릉제도, 특히 몽골제국과 원제국에 미친 영향과 융합되는 과정을 탐구하고자 하는 것이다.

이 사업은 국가사회과학기금 중대위탁사업으로 2012년 8월에 정식으로 시행되었으며, 앞으로 8~10년을 기한으로 하고 있다. 책임기관은 중국사회과학원 과연국(科研局)이고, 수행기관은 중국사회과학원 고고연구소, 내몽골자치구 문물국, 후룬베이얼시 인민정부이다. 이 사업 수행기관은 5~6년 동안 『후룬베이얼민족문물고고대계』 10권을 중국어판과 영문판으로 발간하여 국제학계에 몽골족 기원사업 연구 성과를 소개할 계획이다.

Ⅳ. 변경지역 연구의 평가

앞서 개괄한 바와 같이, 중국 학계는 최근 들어 이전과는 비교도 할 수 없을 만큼 대규모의 연구 역량과 기금을 투자하여 변강 문제와 관련된 일련의 연구 사업을 추진하고 있다. 중국에서는 연구와 함께 출판에도 공을 들이고 있다. 대형 변강 역사지리 연구총서인 '중국변강연구문고'는 12차 5개년 계획의 중점출판항목, 2010년 국가출판기금지원항목으로, 2012년부터 헤이룽장교육출판사에서 출간되기 시작하였다. 각각 50권씩인 초편과 2편은 '중국변강연구문고초편(初編)-근대희귀변강명저점교와해제'와 '중국변강연구문고' 2편으로 구성되었다. 초편과 2편은 각각 동북변강권, 북부변강권, 서북변강권, 서남변강권, 해상강역[海疆]권, 종합권 등 6권으로 구성되었다. 출판사의 소개에 의하면, 이들 저작은 기본적으로중국 변강학 연구의 수준을 대표한다.

이들 연구사업들은 빛과 그림자를 가질 것이지만, 분명한 것은 역사문화 인식 내용의 상당 부분이 달라질 것이라는 점이다. 이런 점에서 중국 학계의 성과뿐 아니라 국제학계의 성과도 균형 있게 소화하는 작업이 필요할 것으로 생각된다. 학술교류는 일방적인 보급과는 거리가 있는 개념이지만, 중국 학계에서도 '독백'에 그치지 않기 위하여 중국 내 연구 성과의 해외보급 사업을 추진하는 것으로 보인다.

이들 다양한 변강 연구 프로젝트에 대한 학술적 평가는 보다 종합적인 분석을 통하여 이루어져야 할 것이다. 이 연구는 변강 연구 전체상을 파악한 것이 아니라 기본적으로 불완전한 자료를 가지고 관련 연구사업을 개괄적으로 파악한 것이다. 이런 측면이 아니더라도, '동북공정' 한 가지만 분석하고 평가한다든지, 한 학문 분야의 영역에서만 파악하고 평가하는 것도 보다 종합적이고 입체적인 평가를 하기에는 부족함이 있을 것이다. 또한 현 시대 중국 국가권력의 학술문화정책 속에서 이들 연구 프로젝트를 조망하고 평가해야 할 필요도 있을 것이다. 이 연구는 이러한 작업을 위한 기초작업의 하나라고 할 수 있다.

동북변경 연구공정의 성과와 영향 평가

I. 서론 – 연구의 목적과 필요성

II. 동북공정의 추진 배경

III. 동북공정의 성과 내용 분석

IV. 동북공정의 영향 및 평가

V. 결론

이천석(李天碩)

국제정치사 / 영남대학교 정치외교학과 강사
『중국의 동북공정과 한국고대사』(공저, 2012, 주류성), 「중국 동북변강정책과 문화공정」(『국제정치연구』 15집 2호, 2012) 등.

이천석 | 영남대학교

동북변경 연구공정의 성과와 영향 평가

I. 서론-연구의 목적과 필요성

이 글은 중국의 '동북공정' 연구 진행의 경과와 결과에 대한 실태 파악에 주안점을 두고 있다. 중국에서 동북공정 사업을 추진한다는 사실이 한국 언론과 학계에 알려진 이후, 한국 언론에는 동북공정 관련 보도가 줄을 이었다. 한국 학계에서도 동북공정 연구사업에 대한 대응 차원에서 많은 가시적 연구 성과를 내놓았다.

중국 학계의 일각에서 추진한 동북공정 사업은 종료되었지만, 사업 과제가 아직도 진행 중이라는 점을 감안하면 중국 학계가 진행하고 있는 연구 방향에 대한 세밀한 검토와 입체적 분석이 필요하다. 이제 비판과 대응 차원의 연구에서 벗어나 입체적 접근을 통하여 동북공정의 연구 성과물이 담고 있는 중국의 의도와 진의가 무엇인지 인지할 필요가 있다.

중국 학계의 논리와 관점이 동북공정 이후의 새로운 연구공정사업에서 확대·재생산되고 있다고 볼 수 있는 충분한 증거가 있다. 중국 당국과 학계는 장성공정을 추진하여 그 결과물을 발표하고, 관련 문물에 대한 후속 발표를 지속적으로 내놓고 있다. 중국 측이 동북공정 사업을 종결한 것이 아니라 다양한 형태로 계속 진행하고 있다는 의혹이 한·중 교류와 협력 관계의 발전에 도움이 되지 않는다는 것은 두말할 나위가 없을 것이다.

동북공정 이후 진행되는 연구공정들에 대해서는 단순한 대응 차원이 아니라 보다 실사구시적인 실체 파악이 필요하다. 보다 구체적으로 말하자면, 중국의 여러 연구기관과 연구소 그리고 정부 기관이 주관하는 연구항목을 중심으로 연구 과제의 내용, 연구자의 참여, 특히 한국사와 관련성이 높은 사안에 대한 실태 파악과 이에 대한 연구 분석을 통하여 향후 연구 방향의 흐름을 가늠하는 작업이 필요하다. 물론 2012년 한국고대사학회에서 한 차례 정례 학술회의를 진행하여 동북공정 이후 연구 동향에 대한 실태 파악을 한 적이 있다. 하지만 여전히 미흡한 부분이 많다.

중국 학계는 동북 변강지역의 사안을 연구 과제로 삼고 여러 기관에서 나누어 연구를 진행해 왔다. 동북공정은 여타 공정이나 항목 형태와 마찬가지로 동북지역의 역사와 현상뿐만 아니라 민족 문제 연구에도 관심을 기울였다. 그러나 무엇보다도 동북공정의 본령은 변강 문제 연구다. 동북공정을 변강정책의 맥락에서 보면 이는 2002년에 갑자기 돌출한 연구 프로젝트가 아니다. '하나의 중국'을 유지하기 위하여 중국 정부가 일관되게 추진한 것은 '변강'지역과 소수민족의 중국화 전략이다. 이러한 전략에 따라 1983년 중국 사회과학원 소속 '변강사지연구중심'이 설립되었다. 한국 학계의 많은 이들이 동북공정을 우려의 시선으로 보는 것은 동북공정의 과제와 그 내용 때문이다. 특히 중국이 추진한 역사 편입작업이 한국인들에게 역사 정체성의 위기로 다가온 것이다.

동북공정(동북변경 연구사업)은 사회과학원 소속 변강사지연구중심이 랴오닝성, 헤이룽장성, 지린성 등 동북3성과 함께 동북 변강지역의 역사와 현실 문제를 체계적으로 연구하기 위하여 추진한 연구 프로젝트다. 다시 말해 중국 동북3성 지역의 역사와 지리, 그리고 민족 등에 관한 문제를 집중적으로 연구하는 국가적 중점사업으로, 이 지역의 과거와 현재 그리고 그로 인해 파생하는 장래의 일에 이르기까지 모두 연구 대상으로 하는 것이다. 동북공정은 애초부터 정치적 목적이 강한 국가 프로젝트의 성격이 짙은 만큼 한국 학계도 이에 상응하는 연구 노력이 절실히 필요하다고 인식해 왔다.

동북공정은 본래 계획상 2007년 2월 기점으로 사업이 종료되었다고 말할 수 있으나, 종료 이후에도 연구 결과물은 지속적으로 나왔다. 2012년 열린 한국고대사학회 학술회의는 이러한 문제에 대한 실태를 파악하기 위한 노력이었다. 2012년 대구 팔공산에서 '중국의 동북공정과 한국고대사'라는 주제로 학술회의가 열려 여러 논문이 발표되었다. 이와 같은 나름의 성과에도 불구하고, 여전히 동북공정 연구 관련 지침서나 규정집 등의 실태와 내용에 대한 충분한 분석이 나오지 않았다. 또 유물과 유적에 대한 국제적인 공동연구가 진행되지 않는 것은 차치하고, 국제적인 논란이 발생한 이후 비공개성은 더욱 강화되고 있는 실정이다. 이러한 중국 학계의 폐쇄성과 비공개적 연구사업 추진은 다양한 추측과 예단을 낳고 있다. 우리는 이러한 한계에서도 실체에 접근하기 위한 노력을 꾸준히 기울여야 한다. 비록 동북공정 사업은 종결되었지만 그 여진이 지속되고 있기 때문에 우리는 관련 연구를 지속적으로 확인하면서 관련 연구에 대한 실태와 동향, 그리고 전략에 맞는 분석을 하지 않을 수 없다. 물론 여전히 연구 실태를 파악하는 데는 한계가 있다.

이 글은 총 5장으로 구성하고 있다. 제1장은 서론에 해당하는 장으로 연구의 목적과 필요성을 간략히 설명한다.

제2장은 동북공정의 추진 배경을 다룬다. 동북공정이 나오게 된 계기를 밝히는 장으로 여러 요인들이 함께 상호작용하면서 추진된 배경을 설명한다.

제3장은 연구성과의 내용을 분석한다. 연구성과 내용은 몇몇 웹사이트를 통하여 살필 수 있는데, 중국의 여러 연구사업의 전체 개황 정보를 쉽게 보여주는 곳은 전국철학사회과학규획영도소조(全國哲學社會科學規劃領導小組), 중국고교인문사회과학신식망(中國高敎人文社會科學信息網), 중화인민공화국교육부(中華人民共和國敎育部) 등이다. 여기에 나오는 여러 연구항목을 조사해 보면 연구항목의 성격, 예산경비의 규모, 연구 기간 등을 파악할 수 있다. 이를 통하여 동북변강 연구에 대한 전체 현황 파악과 연구의 동향을 어느 정도 가늠해 볼 수 있다. 보다 구체적인 실태에 접근하기 위해서는 관련 연구성과에 대한 정리가 필요하다. 필자는 동북공정 사업 종료 이후 2007년부터 지금까지 발표된 저서의 발간 내력과 내용 분석, 석박사 논문의 편수와 주제 내용 파악, 그리고 학술지에 실린 각종 연구 논문의 편수와 연구 주제별 분류와 연구 내용 등으로 파악해 보았다.

제4장은 동북공정의 영향 평가 부분이다. 연구기반의 확대와 설치, 연구영역의 다변화, 학술과 연계된 역사관광자원의 활용성, 그리고 동북진흥전략과 동북공정 간의 상호연계 모색 등으로 나누어 정리해 본다.

이 글은 동북공정과 관련된 연구 간행물, 연구논문, 특히 공식적인 정부 웹사이트를 통하여 확보한 정부 관련 문서와 연구소 발간의 웹문서 등을 연구자료로 활용하였다. 사업 관련자들을 소개하는 자료를 볼 수 없는 상황에서 이런 식의 접근은 차선책이라고 할 수 있다. 하지만 개괄적인 추세와 실태를 파악하기에는 충분하리라 본다.

Ⅱ. 동북공정의 추진 배경

2002년 2월 중국사회과학원 중국변강사지연구중심(中國邊疆史地研究中心)이 주도한 '동북공정'은 주로 동북지역의 역사 문제와 장래에 다가올 위기를 사전에 차단하기 위한 예방 차원에서 추진한 것이었다. 다시 말해 동북지역이 안고 있는 변강지역의 소수민족 문제와 북한 불안정성에 대한 대응, 그리고 통일한국의 도래에 대비하여 간도 북방 문제를 사전에 예방하고자 한 것이다. 이러한 동북지역 변강 문제의 태동 계기는 과거를 거슬러 가보면 19세기 중엽 이후 서구 열강의 중국 침략이다. 이에 따라 중국 전역에 변강의 위기가 시작되었다. 특히 중국 동북지역의 경우 헤이룽장 연안과 우수리 지역에 러시아가 남하하고, 일본이 진출함으로써 중국이 국가적 위기에 처하게 된 것이다. 이로 인하여 변강 연구가 태동하게 되었고, 그 이후 중국은 학계와 정부 중심으로 동북지역의 안정에 대처해야 한다는 위기의식을 가지게 되었다. 중국 정부와 학계는 변강사지연구중심과 지역 관련 대학 및 연구소를 동원하여 역사와 현상의 문제를 연구하게 되었다.

동북공정은 중국사회과학원 중국변강사지연구중심이 동북 변강지역[滿洲]의 역사와 현실 문제를 연구하기 위하여 2002년 2월에 공식적으로 출범시킨 국가 비준 프로젝트로, 5년간 연구사업을 벌이고 2007년 1월에 완료되었다. 이 공정의 예산은 중국 정부에서 1000만 위안, 중국사회과학원에서 125만 위안, 동북3성에서 375만 위안을 공동 출자하여 조성되었다. 5년 동안 1500만 위안이 투입된 것이다.

이 공정의 연구는 기초연구와 응용연구로 나눠 진행하였다. 그 과제는 중국의 강역이론 연구, 동북지방사 연구, 동북민족사 연구, 고조선·고구려·발해사 연구, 한·중관계사 연구, 중국 동북 국경지역과 러시아 극동지역 관계사 연구, 한반도 정세 변화가 중국 동북 국경지역 안정에 미치는 영향 연구 등이 었다. 특히 한국 역사와 한반도의 정세 관련 연구가 대부분을 차지하였다.

중국의 지도를 보면, 국경선과 해안선이 매우 길다. 과거 왕조 시기에는 만리장성이 국경선(변경, 변계)으로 안과 밖을 구분하는 요소로 작용하였다. 동북공정은 학술 문제에만 국한할 것이 아니라 정치 문제로 인식해야 한다. 변경지역의 안정은 국가의 안정과 직결된 문제이기도 하다. 더불어 중국은 국내 소수민족 문제와 대외 환경을 조절할 목적으로 변강지역에 관한 연구에 착수하였다. 국가 주도로 동북지역의 역사와 지리에 관한 연구 프로젝트를 추진한 것이다. 이는 흔히 '동북공정'으로 지칭되어 왔다. 동북공정은 정치색이 강한 학술 연구 프로젝트다. 실제로 동북공정은 중국 국내뿐만 아니라 복잡한 국제 관계와도 직결되는 중요한 문제로 인식되고 있다. 진저주[金哲洙]에 따르면 동북공정은 학술적·정치적인 문제는 물론 애국주의 전통을 드높이고 국가의 통일과 안전, 영토주권의 완결, 강역의 안정, 민족 단결을 유지하기 위하여 추진되었다.[1]

동북공정 추진 배경에는 변강의 잠재적·실재적 위기가 자리하고 있다. 변강의 위기를 고려하여 중국 정부는 소수민족에게 중국 국민으로서의 정체성을 확고히 하고, 변강지역을 중국의 영토로 확고히 다지려 하고 있다. 국가적 정체성에 대한 강조는 '국민적 통합'뿐만 아니라 '영토적 통합'도 이끌어 내는 데 목적이 있다. 이처럼 변강 문제는 소수민족 문제이기도 하고, 영토 문제 그리고 영토주권 문제이기도 하다.

중국 당국은 변강 문제 처리에 있어 '통일적 다민족국가' 개념을 현재와 마

1 金哲洙(2003), 「開展東北邊疆問題研究的幾個問題」, 馬大正 主編, 『中國東北邊疆研究』, 中國社會科學出版社, 7~9쪽.

찬가지로 과거 역사에도 적용하고 있다. 중국 측은 '현재 중국 영토 안에 존재하였던 고구려 민족과 발해 민족은 중국 민족에 속하고, 이들의 역사적 활동 역시 중국 역사에 속한다'는 주장을 내세운다. 이런 맥락에서 동북공정의 추진 목적은 '통일적 다민족국가론'의 완성인 것이다.

중국 정부와 학계가 동북공정을 추진하게 된 배경은 다음과 같다. 첫째로 소수민족 문제를 들 수 있다. 현재에도 진행 중인 신장[新疆]항목, 서남항목, 북강항목에서 보듯이 동북공정 역시 중국 변강지역 연구 프로젝트다. 중국이 변강지역의 역사와 현안에 대한 학술연구를 조직적이고 대규모로 시행하게 된 이유는 변강지역의 소수민족 문제가 심각한 정치적 문제로 대두되었기 때문이다. 따라서 동북공정을 이에 대한 궁극적 해결을 위한 대응정책으로 보아도 무방하다.

특히 중국 사회는 1989년 천안문 자유화 물결과 더불어 구소련과 동유럽 사회주의 국가의 붕괴라는 국제정치적 변동의 영향을 받았다. 공산주의 체제의 몰락은 구소련의 붕괴뿐만 아니라 구소련 내 소수민족 해방과 연방 소속 국가의 독립도 낳았다. 이러한 사태의 여파는 중국 내의 소수민족에게도 영향을 미칠 수 있다. 중국 정부는 그동안 소수민족에 대하여 동화정책, 억압정책, 융화정책 등을 실시해 왔다. 그러나 소수민족 정책만으로는 명실상부한 민족 통합을 달성하는 데 심대한 한계가 있었다.

중국 정부는 국가적 분열을 예방하고 국가의 통합 이데올로기를 조장하여 국가의 통합성 위기를 극복하려고 노력하였다. 여러 공정을 만들게 된 것은 그러한 노력의 일환이다. 연구공정이라는 과제를 통하여 소수민족의 원심력을 차단하고, 시급히 소수민족 문제의 근본적 대안을 마련하려는 것이다. 이들 공정의 공통된 특징은 소수민족의 역사와 문화를 중국사로 편입하려는 것이다.[2] 이러한 중국사 편입의 이론적 단초는 '통일적 다민족국가론'에 두었다.

중국 헌법도 자국을 '여러 민족이 공동으로 이룩한 통일적 다민족국가'로 규정하고 있다.

둘째, 고구려사에 대한 남북한 학자들의 민족주의적 역사인식에 대응하기 위한 것이다. 1993년 고구려의 수도였던 지린성 지안시에서 한국, 북한, 중국 학자가 참석한 가운데 열린 고구려 국제학술회의에서 중국 학자 쑨진지[孫進己]와 겅톄화[耿鐵華]의 고구려사 발표 내용과 관련하여 북한 학자 박시형이 현재의 시각으로 과거 역사를 규정하는 것에 대하여 단호한 어조로 비판하고, 한국 학자들도 항의를 하였다. 1980년대 이후 중국 동북지역의 역사에 대한 남북한 학자들의 민족주의적 역사인식은 중국 당국자들에게 동북지역과 관련한 위협으로 다가왔다. 동북공정 영도소조 조장인 왕뤄린[王洛林]의 다음과 같은 주장이 이를 잘 보여준다. "고대 중국 동북 지방의 속국 정권인 고구려, 발해 등이 고대 조선족의 독립국가라는 것을 논증하기 위하여 남북한의 일부 사람들은 오늘날 중국 동북 변강이 역사적으로 고대 조선의 영토였다고 떠들고 있다. 그들은 중국 지린성 옌볜지구의 근대 조선인 이민 문제에 불과한 '간도 문제'를 '변계 문제'로 삼아 영토를 요구하고 있고, 새로운 교과서나 매체를 이용하여 제멋대로 기이한 논리를 퍼트리고 있다"[3]

셋째, 한·중 수교 이후 한국인들의 민족주의적 발언을 문제삼고 있다. 일부 한국인들은 동북지역을 방문하여 고구려와 발해 유적지를 답사하면서 '만주 고토 회복'이라는 민족주의적 태도를 보인다. 아울러 2001년 한국 국회는 '재중 동포의 법적 지위에 관한 특별법'을 상정하여 조선족을 한민족의 일원

2 중국의 소수민족 역사를 중국 역사로 전환시키는 정책 혹은 공정을 통하여 소수민족의 정책을 재구성하려는 것이다. 여러 소수민족을 용광로에 집어넣어 하나로 녹여 내는 정책인 셈이다.

3 王洛林(2003), 「加强東北邊疆研究, 促進學科建設」, 馬大正 主編, 『中國東北邊疆研究』, 中國社會科學出版社, 4쪽.

으로 간주하는 조치를 하였다. 이러한 것들이 중국 정부를 당혹케 하였다. 중국 정부는 더 이상 한국인의 이러한 태도를 좌시하지 않겠다는 인식을 하게 되었다.

넷째, 한반도 위기 가운데 북한 위기를 들 수 있다. 1990년 중반 북한 대홍수와 기근으로 말미암아 북한에 경제를 포함한 총체적 위기가 발생하여 장차 북한 난민들이 동북지역으로 유입될 수 있다는 우려가 나왔다. 이에 따라 중국 정부는 중국 학계를 중심으로 동북지역의 전반적 위기 관리 차원에서 연구 프로젝트를 시행할 필요성을 인식하게 되었다.

다섯째, 북한 붕괴 이후 통일한국이 간도 영유권을 주장할 것을 우려하고 있다. 영유권 분쟁에 대처하기 위하여 역사적인 사전 작업을 하는 것이라고 할 수 있다. 간도협약은 일본이 한국의 외교권을 박탈하고 중국과 맺은 협약이다. 이 협약은 일제강점기에 체결된 모든 조약은 1945년 해방 이후 효력이 사라진 만큼 무효다. 동북공정은 간도 문제와 같은 동북 변경지방의 분쟁 요소를 최소한으로 줄이고, 국제적으로 우위를 선점하기 위한 사전 정지 작업이라 볼 수 있다.

여섯째, 동북지역은 국제정치적 위상과 경제적 이점이 큰 지역이다. 동북아 전략 차원에서 정치적·경제적 위상이 커지면서 동북 변강은 중요한 전략적 지위를 지니고 있다. 동북아 지역은 과거 역사에 비추어 보면 유목국가가 농경국가로 이동하기 위하여 거쳐야 하는 관문이었으며, 지정학적으로 중요한 위치에 있다. 또한 강대국이 서로 공존하면서 정치적·경제적 이해관계가 높은 지역이기도 하다. 최근 동북지역은 '동북아 오일 허브'로 성장하고 있으며, 상품과 석유 물류 중심지로 부상하고 있어 이 지역에 대한 관심이 어느 때보다 높다.

다시 언급하면, 한반도와 중국 동북지역의 연관성을 차단함으로써 장차 있을지도 모를 분쟁에 대비하고, 동북지역의 소수민족 문제를 궁극적으로 해결하여 '민족적 통합과 영토적 통합'을 확고히 하려는 데 그 목적을 두고 있다.

Ⅲ. 동북공정의 성과 내용 분석

동북공정의 성과는 크게 두 가지로 나눠 살펴본다. 하나는 연구 기반 실태와 추진 현황의 분석이며, 다른 하나는 연구 자료물에 대한 내용 분석이다.

동북공정이 종료된 후 그 성과로 다수의 연구물이 나왔고, 관련 외국 저작물이 번역 출간되었으며, 일정한 규모의 자료와 데이터도 구축되었다. 물론 동북공정의 결과물이 일부만 공개되었기 때문에 자세한 내용을 파악하기는 어렵다. 하지만 동북공정 이전과는 비교할 수 없을 정도로 풍부한 연구 성과를 거두었다고 볼 수 있다.

1. 연구 기반 실태와 현황

먼저 비중이 높은 프로젝트인 중국의 '국가사회과학기금항목[國家社科基金項目]'과 '전국철학사회과학규획판공실(全國哲學社會科學規劃辦公室)'[4]을 중심으로 연구 프로젝트의 과제물 선정, 과제 성격과 연구 규모, 학술 지원비, 그리고 연구자 실태 등을 파악할 수 있다. 이 항목과 기구는 각 사업체계 항목을 비롯한 동북공정 연구에서 중요한 역할을 담당한다. 따라서 이들 자료에 접근하는 것이 과제 성격과 주제, 과제 주무부서, 연구자 동향, 연구비 규모를 파악하는 데

4 http://www.npopss-cn.gov.cn/GB/219555/index.html(2013년 10월 1일 검색).

우선적으로 필요하다. 그 외 웹사이트인 '중국지린망[中國吉林網]', '지린대학 변강고고연구중심[吉林大學邊疆考古研究中心]', '통화사범학원[通化師範學院]', '중국사회과학원 중국변강사지연구중심', '중국문물신식망(中國文物信息網)' 지린대학 신문망[吉林大學新聞網]을 통하여 관련 내용을 파악하고자 한다.

최근 한국고대사학회는 중국 지린성 지안시에서 최초로 발견돼 학계 등 사회에 관심을 불러일으킨 '지안 고구려비'에 대한 종합 검토 시간을 가졌다. 이 학술회의에 참석한 퉁화사범학원 겅톄화 교수, 지안시박물관 쑨런제[孫仁杰] 연구원은 비석의 발견 경위, 조사 과정, 비석의 진위 판정 과정, 판독문 도출 과정을 정리하여 발표하였다.[5] 이 자리는 양국 학자들이 견해를 밝히고, 양국이 공동연구를 추진하는 계기를 마련하였다는 데 의의가 있다.

2013년 7월 3일 퉁화사범학원에서 '2013년 고구려와 동북민족연구연회[2013年高句麗與東北民族研究年會]'를 개최하였다. 베이징, 지린, 랴오닝, 헤이룽장, 내몽골 등지의 대학, 사과원(社科院), 고고소(考古所), 박물관 등 연구기구의 전문학자 60여 명이 참가하였다. 여기에서는 동북민족 및 고구려 연구 관련 상황들이 다뤄졌다. 그 중 2012년 지안 마셴허[麻線河]에서 발견된 '지안마셴고구려비[集安麻線高句麗碑]'가 관심의 초점이 되었다. 이 비와 관련되는 비문 지식, 비가 세워진 연대, 비의 성질, 비문 단구, 비문이 담고 있는 역사정보에 대해 광범위한 토론이 있었다.

2007년 지린성 사회과학기금항목 홈페이지[6]에는 「근대 조선반도 정세의 변천과 만청제국 적응대책의 실패[近代朝鮮半島局勢的變遷與晚清帝國因應對策的

5 『뉴스천지』, 2013년 4월 14일.

6 吉林社科網, "吉林省社會科學院承担吉林省社會科學基金項目(1980~2008)" http://www.jlass.org.cn/?mod=info&act=view&id=1436(2013년 11월 7일 검색).

失敗]」(雷大川)가 실려 있다. 2008년 지린성 사회과학기금항목 홈페이지[7]에는 「중·한관계 및 우리 지린성 민족지구에 대한 한국 현재 민족주의 문제의 영향과 대책연구[韓國當前民族主義問題對中韓關係及我省民族地區的影響與對策研究]」(張玉山)가 실렸다.

이들 항목을 비롯해서 지린성은 지난 11차 5개년(2006~2010년) 기간에 지린 철학사회과학연구에 505개 항목을 지원하였다. 11차 5개년 시기의 항목 수는 10차 5개년(2001~2005년)의 360개 항목보다 40% 늘었다. 11차 5개년 시기에는 총 720만 위안의 사회과학기금을 사용하였다. 이는 10차 5개년의 249만 위안보다 471만 위안(189%)이나 많은 것이다. 이처럼 해를 거듭할수록 성장세가 눈에 띌 정도로 많은 연구 성과를 거두고 있다.

더욱이 현재 진행되고 있는 12차 5개년(2011~2015년) 시기 지린성 사회과학기금 입안 현황을 보면, 현재(2013년)는 12차 5개년 기획 3년차다. 기획연구의 전체 현황은 예전과 비슷하다. 현재 '경비와 신청 및 과학연구 발전 등'에 의하면, 18대 중점연구 항목(18大重點研究專項) 20개, 일반 항목[一般自選] 130개, 박사지원 항목[博士扶持] 50개, 마르크스이론 및 건설공정 항목(이하 '마공정' 항목, 馬工程專項) 10개, 외국어 연구 항목[外語研究專項] 20개, 그리고 20개 지린특색문화연구기지[吉林特色文化研究地] 30개 항목으로 구성되어 있다. 그 중 일반자선 항목은 13개 학과 영역과 합작한 연구 항목이고 항목 연구경비는 약 300만 위안이다.

그리고 연도별 신청 현황을 보면 2011년 3종류 항목(중점, 일반, 마공정)에 총 1255편[份], 2012년 4종류 항목(중점, 일반, 마공정, 박사지원)에 총 1615편, 2013년

7 吉林社科网, "吉林省社會科學院承担吉林省社會科學基金項目(1980~2008)" http://www.jlass.org.cn/?mod=info&act=view&id=1436(2013년 11월 7일 검색).

5종류 항목(18대 중점, 일반, 마공정, 박사지원, 外語研究專項)에 총 1919편이다. 신청 수량은 연 23% 성장하고 있다. 특히 응용과제 비율이 증가하고, 과제의 선정과 논증 품질이 전년에 비해 나아졌고, 젊은 학자의 비율도 증가하였다.

지린성이 맡은 국가사회과학기금항목의 완성도가 높다. 11차 5개년 시기에 완성해야 할 항목 175개 중 145개를 완성하여, 완성률은 82.9%이다. 완성된 항목 중 전문저서는 112개, 연구보고서 20개, 논문집 13개, 연구논문은 1500여 편이다. 그 중 우수 26개, 양호 83개, 합격 10개, 검증 면제 1개로, 항목의 우량 비율은 90.8%에 달한다.[8]

특히 지린대학은 지린성 2012년 국가사회과학기금 신규항목[新立項目] 책임자회의에서 37개 항목에 선정되었다. 그중 중점항목이 2개, 일반항목이 21개, 청년항목이 14개이다. 2011년에는 선정된 항목수가 16% 늘었는데, 2012년에는 3% 증가하는 데 그쳤다. 이것은 베이징대학, 중국인민대학, 난징대학, 난카이대학에 이어 전국 대학 중 5위에 해당한다. 항목 선정 수와 대학별 순위가 3년 연속 상승하였다. 2012년 국가사회과학기금항목에 응모된 항목은 2만 5243항목이고 선정된 항목은 3291항목으로 선정 비율은 13%였다. 지린대학은 모두 276항목을 신청했는데 이는 2011년에 비해 10% 증가한 것이다. 선정된 항목 중에서 중점항목은 2011년에 비해 1개가 늘었고, 총경비는 575만 위안으로 전년에 비해 26만 위안이 증가하였다.[9]

교육부(教育部) 철학사회과학연구 중대과제공관항목(哲學社會科學研究重大課題

8 吉林省哲學社會科學規劃基金辦公室,"十二五(2011~2015年)"規劃綱要. http://www.jlpopss.gov.cn/?news-1815(2013년 10월 1일 검색).

9 社會科學處, "吉林大學37項課題獲2012年度國家 社科基金年度項目立項資助" http://news.jlu.edu.cn/new/?mod=article&act=show&id=17818(2013년 11월 8일 검색).

攻關項目)[10]인 '중국 동북아전략과 정책 연구'의 책임자인 지린대학 류칭차이[劉淸才] 교수는 이 항목의 주제가 북핵 위기와 한반도 및 동북아지역 영토주권과 해양권익 쟁점 문제라고 하였다. 이 항목은 2012년 12월에 완료되는 것으로 되어 있고, 항목 연구비는 70만 위안이었다.

또 다른 항목인 국가사회과학기금중대항목 '동북지역문화연구(東北地域文化硏究)'[11]의 연구비는 60만 위안, 연구 기간은 5년이다. 수석전문가 장푸구이[張福貴], 하부항목 책임자인 지린대 철학사회학원 빙정[邴正] 교수를 비롯하여 연구팀은 32명으로 구성되어 있다. 이 연구는 ①배경 연구, ②이론 연구, ③전문주제 연구, ④관련 연구, ⑤자료 집대성 등 5개 영역으로 나뉘며, 하부항목 과제도 설정하고 있다. 하부항목 과제로는 동북민족의 변천과 동북문화의 역사적 변천 연구, 동북문화의 특징 및 그 표징(表徵) 형태 연구, 동북문화와 동북 문학예술 연구, 동북문화와 동북지역 문화의 융합과 비교 연구, 동북문화와 동북지역 사회경제발전 연구, 동북 방언문화 연구가 있다.

'국가철학사회과학연구 12차 5개년 규획[十二五規劃]'[12]의 전체적인 항목 수를 예상하면, 12차 5개년(2011~2015년) 기간의 연도별 지원항목[資助年度項目]은 2만 개 안팎이다. 그 중 중점항목은 약 3000개, 일반항목 약 1만 개, 청년항목 약 7000개, 자조(資助)중대항목은 1200개이다. 또 기초연구항목은 약 600개, 응용연구항목 600개, 자조(資助)서부항목 약 2500개, 후기자조항목 약 2000개, 국가철학사회과학성과문고항목 약 400개, 중국학술번역항목은 약 300개

---

10 中國吉林網, "教育部哲學社會科學研究重大課題攻關項目'中國東北亞戰略與政策研究' 開題會擧行" http://www.chinajilin.com.cn/lilun/content/2010-06/11/content_1979767.htm(2013년 10월 1일 검색).

11 http://news.jlu.edu.cn/new/?mod=article&act=show&id=17555(2013년 10월 1일 검색).

12 http://www.npopss-cn.gov.cn/GB/219468/14820244.html(2013년 10월 1일 검색).

등이다.

'국가철학사회과학연구 12차 5년 규획'에 해당하는 '2012년도 국가사회과학기금 자조항목 명단(2012年度國家社會科學基金資助項目名單)'[13]에 오른 과제항목은 23개 학과 분류를 포함하여 총 3291개이다. 이것을 항목 분류로 보면 중점항목은 160개, 일반항목 1806개, 청년항목은 1325개이다. 그 가운데 한국 관련 내용은 8개이다. 그 내용은 〈표 1〉과 같다. 그 외 조선족을 포함하면 11개이다. 〈표 1〉과 〈표 2〉에서 보듯이 숫자상으로는 미미하나 지난 몇 년간 추이를 보면 비교적 성장세가 두드러진다.

그 가운데 우리의 관심을 끄는 고대사 사례를 보면 다음과 같다. '고구려, 발해문화 발전 및 그 관계 연구[高句麗, 渤海文化發展及其關係研究]'[14]는 2010년 제2기 국가사회과학기금 중대공모항목[重大招標項目]으로 선정되어 지원비 60만 위안을 받았다. 항목 수석전문가는 지린대학 쾅야밍[匡亞明] 특별초빙교수, 지린대학 동북역사와 변강연구중심 주임이며 변강고고연구중심의 문학원 고고학과 웨이춘청[魏存成] 교수다. 이 항목은 고구려·발해고고유적 중 문화양상을 반영할 수 있는 자료를 위주로 하며, 문헌기록과 기타 학과의 수단을 결합하여 고구려·발해문화 및 그 관계에 대한 깊은 연구를 체계적으로 진행한다. 항목의 전체 구조는 ①고구려 문화발전 연구, ②발해문화 발전과 그 주체민족인 말갈족의 문화발전 연구, ③고구려·발해문화 관계와 고구려·발해 역사 정립에 대한 연구라는 3개 중요 부분으로 구성되며, 5개 하위과제를 두고 있다.

이러한 사례들을 보면, 동북공정 종료 이후에도 중국 학계 일각에서 동북

13 http://www.npopss-cn.gov.cn/GB/219469/17942372.html(2013년 10월 1일 검색).

14 http://news.jlu.edu.cn/new/?mod=article&act=show&id=17599(2013년 10월 1일 검색).

〈표 1〉 2012년도 국가사회과학기금 자조항목(資助項目) 명단

번호	항목 명칭	책임자	공작단위	소재 성시	항목 분류 (예기성과)	계획완성 기간	학과 분류
1832	명대 중국조선일본 3국관계와 동아국제질서 연구 (明代中國朝鮮日本三國關係與東亞國際秩序研究)	가오옌린 (高艷林)	난카이대학(南開大學)	天津	一般項目 (專著)	2015.6	中國歷史
12BZS073	발해국 역사문화 연구 (渤海國歷史文化研究)	류샤오둥 (劉曉東)	헤이룽장성박물관(黑龍江省博物館)	黑龍江	一般項目 (專著)	2014.6	中國歷史
12BZS090	발해와 신라의 역사관계 (渤海與新羅的歷史關係)	리둥후이 (李東輝)	옌볜대학(延邊大學)	吉林	一般項目 (專著)	2014.12	中國歷史
12BSS010	고대중조 이민사 연구 (古代中朝移民史研究)	쑨훙 (孫泓)	중국사회과학원(中國社科院)	社科院	一般項目 (專著)	2015.3	世界歷史
12BSS016	중일한 개항과 도시사회 변천 연구 中日韓開港與城市社會變遷研究(1840~1900)	장샤오강 (張曉剛)	다롄대학(大連大學)	遼寧	一般項目 (專題論文集研究報告)	2015.12	世界歷史
12CSS006	조선반도 긴장국면과 한미신탁위기 연구 朝鮮半島緊張局勢與美韓信任危機研究(1953~1976)	량즈 (梁志)	화둥사범대학(華東師範大學)	上海	青年項目 (專著)	2014.9	世界歷史
12BGJ006	조선영도체제 연구 (朝鮮領導體制研究)	퍄오젠이 (朴鍵一)	中國社會科學院亞太與全球戰略研究院	社科院	一般項目		國際問題研究
12BGJ005	朝鮮半島問題與中美國際問題國家戰略研究	장룽판 (姜龍范)	延邊大學人文社會科學學院	吉林	一般項目		國際問題研

공정에서 수행된 연구과제가 활발하게 추진된다는 점을 알 수 있다.

아래의 표는 중국에서 비중이 높은 과제 항목들로 '2005~2013년 국가사회과학기금 항목'들이다. 여기에 제시된 과제들은 2007년 이후에 종료된 과제들과 2007년 이후에 선정되어 수행된 것들이다. 각 표들은 과제들을 주제

〈표 2〉 2013년도 국가사회과학기금 자조항목 명단

번호	항목 명칭	책임자	공작단위	소재 성시	항목 분류 (예기성과)	계획 기간	학과 분류
13AZ S007	七至十世紀朝鮮半島漢文石刻整理研究	拜根興	陝西師範大學	陝西	重點項目	2013.6	中國歷史
13BK G011	渤海瓦當研究	宋玉彬	吉林省文物考古研究所	吉林	一般項目	2013.6	考古學
13CZ S046	明代遼東與朝鮮邊境史事研究	朴彦	江西師範大學	江西	青年項目	2013.6	中國歷史
13BS S037	美國對朝鮮的政策研究(1958~1976)	鄧峯	上海交通大學	上海	一般項目	2013.6	世界歷史
13CK G007	朝鮮半島青銅武器的生產與流通研究	成璟瑭	吉林大學	吉林	青年項目	2013.6	考古學
13CS S025	東北亞視覺下俄, 蘇對朝鮮移民政策研究(1860~	南慧英	哈爾濱師範大學	黑龍江	青年項目	2013.6	世界歷史

별로 정리해본 것들이다. '결항 시기'는 과제가 종료된 시점을 의미하고, '진행 중'으로 표시한 것은 과제 연구가 진행되고 있음을 말한다.

1) 고구려 편

번호	항목 명칭	책임자	공작 단위	항목 유형	입항 시기	결항 시기	성과 명칭	학과 분류항목 (성과형식)
1	고구려 관제 연구 (高句麗官制研究)	楊軍	吉林大學文學院歷史系	一般項目	2005.5.18	2008.6.30	高句麗官制研究	中國歷史 (專著)
2	고구려, 발해 문화 발전 및 관계 연구 (高句麗, 渤海文化發展及其關係研究)	魏存成	吉林大學	重大項目	2010.12.1	진행 중		中國歷史

번호	항목 명칭	책임자	공작 단위	항목 유형	입항 시기	결항 시기	성과 명칭	학과 분류항목 (성과형식)
3	조선경내 고구려 벽화묘의 발견과 연구 (朝鮮境內高句麗壁畵墓的發現與研究)	趙俊杰	吉林大學邊疆考古研究	青年項目	2011. 7.1	진행 중		考古學

표에 기재된 입항 시기와 결항 시기의 의미를 먼저 확인해 볼 필요가 있다. 입항 시기는 과제 선정 시기이며, 결항 시기는 과제 종결 시기다. 표를 보면, 고구려 관련 내용은 2007년 이후를 기준으로 3편이 나왔다. '고구려 관제연구'는 2005년 시작하여 2008년 6월 30일에 완료되었다. 그리고 '고구려, 발해문화발전 및 관계연구'는 2010년 12월 1일 과제가 접수되었고 지금도 진행되고 있다. 마지막으로 '조선경내 고구려 벽화묘의 발견과 연구'는 2011년 7월 1일 시작되었으며 지금도 진행되고 있다.

2) 발해 편

번호	항목 명칭	책임자	공작 단위	항목 유형	입항 시기	결항 시기	성과 명칭	학과 분류항목 (성과형식)
1	발해말갈민족 원류 연구 (渤海靺鞨民族源流研究)	郭素美	黑龍江省社會科學院	一般項目	2007. 6.24	2012. 6.11	渤海靺鞨民族源流研究	民族問題研究 (專著)
2	발해이민 연구 (渤海移民研究)	苗威	東北師範大學歷史文化學院	一般項目	2010. 6.17	진행 중		中國歷史
3	고구려, 발해문화 발전 및 그 관계 연구 (高句麗, 渤海文化發展及其關係研究)	魏存成	吉林大學	重大項目	2010. 12.1	진행 중		中國歷史

번호	항목 명칭	책임자	공작 단위	항목 유형	입항 시기	결항 시기	성과 명칭	학과 분류항목 (성과형식)
4	발해와 신라 역사관계 (渤海與新羅的歷史關係)	李東輝	延邊大學渤海史硏究所	一般項目	2012. 5.14	진행 중		中國歷史
5	발해국 역사문화 연구 (渤海國歷史文化研究)	劉曉東	黑龍江省博物館	一般項目	2012. 5.14	진행 중		中國歷史
6	발해 와당 연구 (渤海瓦當研究)	宋玉彬	吉林省文物考古研究所	一般項目	2013. 6.10	진행 중		考古學

발해편 도표를 보면, 동북공정이 종료된 시점인 2007년 기준으로 발해 관련 연구물은 6편이다. 고고, 역사, 민족 관련 부문만을 선별 정리한 것이다. '발해말갈민족 원류 연구'는 2007년 6월 24일 시작되어 2012년 6월 11일 종결되었다. 이 밖에 '발해이민 연구'와 '발해와 신라 역사관계' 연구를 비롯한 5편은 동북공정 과제가 종결된 이후인 2010년에 시작되어 현재 연구가 지속되고 있다. 이하의 내용 역시 동일하다.

3) 조선 편

번호	항목 명칭	책임자	공작 단위	항목 유형	입항 시기	결항 시기	성과 명칭	학과 분류항목 (성과형식)
1	정다산 철학사상과 18, 19세기 조선조 유학 (丁茶山的哲學思想與18, 19世紀朝鮮朝儒學)	姜日天	中國人民大學哲學院	一般項目	2007. 6.4	진행 중		哲學

번호	항목 명칭	책임자	공작 단위	항목 유형	입항 시기	결항 시기	성과 명칭	학과 분류항목 (성과형식)
2	아국에 대한 조선식량문제의 영향 및 대책 연구 (朝鮮粮食問題對我國的影響及對策研究)	張鋒	吉林省社會科學院朝鮮韓國研究所	一般項目	2007.6.4	진행 중		國際問題研究
3	17~19세기 중엽 조선에 대한 중국실학의 영향 (17~19世紀中葉中國實學對朝鮮的影響)	李英順	延邊大學人文學院	西部項目	2007.7.10	2010.2.5	17~19世紀中葉中國實學對朝鮮的影響	中國歷史 (專著)
4	조선민족 반일투쟁 연구 (朝鮮民族反日鬪爭研究)	崔鳳春	廣西師範大學歷史文化與旅游學院	西部項目	2007.7.10	진행 중		國際問題研究
5	조선전쟁 남아있는 문제 연구 (朝鮮戰爭遺留問題研究)	馮東興	河南大學	青年項目	2012.5.14	진행 중		國際問題研究
6	명대 중국조선일본 삼국 관계와 동아국제질서 연구 (明代中國朝鮮日本三國關係與東亞國際秩序研究)	高艷林	南開大學歷史學院	一般項目	2012.5.14	진행 중		中國歷史
7	조선영도체제 연구 (朝鮮領導體制研究)	朴鍵一	中國社會科學院亞太與全球戰略研究院	一般項目	2012.5.14	진행 중		國際問題研究
8	조선에 대한 미국정책 연구 (美國對朝鮮的政策研究(1958-1976))	鄧峰	上海交通大學	一般項目	2013.6.10	진행 중		世界歷史
9	명대 요동과 조선 변경 사사 연구 (明代遼東與朝鮮邊境史事研究)	朴彦	江西師範大學	青年項目	2013.6.10	진행 중		中國歷史

4) 조선족 편

번호	항목 명칭	책임자	공작 단위	항목 유형	입항 시기	결항 시기	성과 명칭	학과 분류항목 (성과형식)
1	中國朝鮮族聚居區民族和睦成因研究	劉智文	吉林省民族研究所	青年項目	2001.7.1	2007.3.9	中國朝鮮族聚居區民族和睦成因研究	民族問題研究(專著)
2	第五次人口普查提示的中國朝鮮族人口面臨的問題及解決的對策	梁玉今	延邊大學	一般項目	2001.7.1	2011.9.23	第五次人口普查提示的中國朝鮮族人口區的問題及解决的對策	民族問題研究(研究報告)
3	朝鮮族民俗文化及其中國特色研究	許輝勳	延邊大學	一般項目	2003.8.11	2008.2.29	朝鮮族民俗文化及其中國特色研究	民族問題研(專著)
4	東北朝鮮族聚居區社會主義市場經濟體制的完善	車哲九	吉林省民族研究所	一般項目	2004.5.9	2008.9.30	東北朝鮮族聚居區社會主義市場經濟體制的完善	民族問題研究(專著)
5	朝鮮族基礎教育的科學反思與理論創新研究	朴泰洙	延邊大學師範學院教育	西部項目	2005.7.1	2008.12.31	朝鮮族基礎教育的科學反思與理論探索	民族問題研(專著)
6	中國朝鮮族新聞出版文化與構建社會主義和諧社會研究	李逢雨	延邊大學朝鮮－韓國學學院	一般項目	2007.6.4	2011.4.6	中國朝鮮族新聞出版文化與構建社會主義和諧社會研究	新聞學(研究報告)
7	東北朝鮮族聚居區社會结構變動及其影響研究	崔成男	吉林省民族干部學校	一般項目	2007.6.4	2010.7.23	東北朝鮮族聚居區社會结構變動及其影響研究	民族問題研究(專著)
8	近代朝鮮越境移民, 中國朝鮮族形成及其對東北邊疆形勢影響的研究	衣保中	吉林大學東北亞研究院	一般項目	2008.6.4	진행 중		民族問題研究

번호	항목 명칭	책임자	공작 단위	항목 유형	입항 시기	결항 시기	성과 명칭	학과 분류항목 (성과형식)
9	圖們江邊境地區開發對提高邊疆朝鮮族聚集地區開放型經濟水平之研究	金華林	延邊大學世界經濟學科	西部項目	2008.7.4	진행 중		民族問題研究
10	延邊朝鮮族青少年學生的民族認同研究	朴泰洙	延邊大學朝鮮族教育研究所	一般項目	2009.6.4	진행 중		民族問題研究
11	經濟全球化背景下東北朝鮮族的民族認同和國家認同研究	朴光星	中央民族大學民族學與社會學學院	青年項目	2010.6.17	진행 중		民族問題研究
12	中國朝鮮族三語教育五十年與國家認同關係研究	張貞愛	延邊大學外國語學院	西部項目	2010.7.1	진행 중		民族問題研究
13	中國朝鮮族女性跨國婚姻與民族認同研究	全信子	延邊大學人文社會科學	西部項目	2010.7.1	진행 중		民族問題研究
14	城市化進程中東北地區朝鮮族傳統文化傳承的人類學調查研究	崔英錦	哈爾濱師範大學教育科學學院	一般項目	2011.7.1	진행 중		民族問題研究
15	朝鮮族跨界民族關係與地緣政治研究	孟慶義	烟台大學人文學院	西部項目	2011.7.1	진행 중		民族問題研究
16	東北朝鮮族基督教信仰與地方公共秩序研究	聶家昕	瀋陽師範大學	青年項目	2012.5.14	진행 중		社會學
17	中國朝鮮族聚居邊疆地區貧困人口現狀與脫貧對策	沈萬根	延邊大學社會科學基礎部	西部項目	2012.5.25	진행 중		民族問題研究
18	朝鮮族中華民族認同歷史過程研究	孫春日	延邊大學民族研究院	西部項目	2012.5.25	진행 중		民族問題研究

번호	항목 명칭	책임자	공작 단위	항목 유형	입항 시기	결항 시기	성과 명칭	학과 분류항목 (성과형식)
19	城市化背景下朝鮮族鄕村社區重構研究	安成浩	浙江大學	青年項目	2013.6.10	진행 중		民族問題研究
20	人口迁移與延邊朝鮮族人口負增長關係研究	楊雪	吉林大學	一般項目	2013.6.10	진행 중		人口學
21	朝鮮族跨國人口流動對東北邊疆地區和諧穩定的影響研究	朴今海	延邊大學	一般項目	2013.6.10	진행 중		民族問題研究
22	我國朝鮮族歷史發展與國家認同建構研究	劉智文	通化師範學院	一般項目	2013.6.10	진행 중		民族問題研究

5) 조선반도 편

번호	항목 명칭	책임자	공작 단위	항목 유형	입항 시기	결항 시기	성과 명칭	학과 분류항목 (성과형식)
1	朝鮮半島北南統一進程及其對我國的影響	徐文吉	吉林大學東北亞研究院	一般項目	2003.8.11	2011.10.19	朝鮮半島的時局與對策研究	國際問題研究(專著)
2	朝鮮半島危機管理研究	李效東	軍事科學院世界軍事研究部	一般項目	2006.7.1	2009.12.17	朝鮮半島危機管理研究	國際問題研究(專著)
3	中國的東北亞區域發展戰略與朝鮮半島問題	金强一	延邊大學東北亞研究院	一般項目	2009.6.4	진행 중		政治學
4	朝鮮半島緊張局勢與美韓信任危機研究(1953~1976)	梁志	延邊大學東北亞研究院	青年項目	2012.5.14	진행 중		世界歷史

번호	항목 명칭	책임자	공작 단위	항목 유형	입항 시기	결항 시기	성과 명칭	학과 분류항목 (성과형식)
5	朝鮮半島問題與中美兩國國家戰略研究	姜龍范	延邊大學人文社會科學學院	一般項目	2012.5.14	진행 중		國際問題研究
6	朝鮮半島青銅武器的生産與流通研究	成璟瑭	吉林大學	青年項目	2013.6.10	진행 중		考古學
7	改革開放后中國與朝鮮半島關係的歷史考察研究	董潔	中央黨校	青年項目	2013.6.10	진행 중		黨史·黨建
8	七至十世紀朝鮮半島漢文石刻整理研究	拜根興	陝西師範大學	重點項目	2013.6.10	진행 중		中國歷史

6) 동북 편[15]

번호	항목 명칭	책임자	공작 단위	항목 유형	입항 시기	결항 시기	성과 명칭	학과 분류항목 (성과형식)
1	古代中國東北民族朝貢制度研究	程妮娜	吉林大學文學院歷史系	重點項目	2006.5.30	진행 중		中國歷史
2	20世紀上半期東北地區水旱災害防治與農田水利建設研究	金穎	遼寧大學歷史文化學院	一般項目	2007.6.4	2012.6.7	20世紀上半期中國東北地區水旱災害防治與農田水利建設研究	中國歷史 (專著)

15 여러 항목 가운데 세 항목, 즉 중국역사, 세계역사, 고고학 항목만 선별 발췌하였다. 당연한 이야기지만, 이 연구는 이 논문들이 모두 학술적으로 문제가 있다는 전제를 갖고 분석하는 것이 아니라, 그 주제와 내용이 어떤 학술적 의의와 현실적 의미를 갖고 있는지 살펴보고자 하는 것이다.

번호	항목 명칭	책임자	공작 단위	항목 유형	입항 시기	결항 시기	성과 명칭	학과 분류항목 (성과형식)
3	日本殖民統治對東北農民生活影響實證研究(1931~1945年)	李淑娟	哈爾濱師範大學歷史系	一般項目	2007. 6.4	2011. 6.30	日本殖民統治對東北農民生活影響實證研究(1931-1945年)	世界歷史(專著)
4	東北地區民間滿族譜牒的調查, 搶救, 整理與研究	于鵬翔	吉林師範大學歷史文化	一般項目	2008. 6.4	2013. 1.16	東北民間滿族譜牒調查搶救整理與研究	中國歷史(專著)
5	近代以來東北區域生態環境與社會變遷研究	趙英蘭	吉林大學文學院	一般項目	2008. 6.4	진행 중		中國歷史
6	從華北到東北: 義和團時期的中俄戰爭	蘇位智	山東大學歷史文化學院	一般項目	2008. 6.4	진행 중		中國歷史
7	日本侵華期間對東北地區農村勞動力的掠奪研究	高嵩峰	中共遼寧省委黨校	青年項目	2010. 6.17	진행 중		中國歷史
8	山東北部先秦時期鹽業考古研究	王青	山東大學	一般項目	2010. 6.17	진행 중		考古學
9	東北地域文化研究	張福貴	吉林大學	重大項目	2010. 12.1	진행 중		中國歷史
10	清代中期以來東北地區人口與社會歷史資料整理研究	李中清	上海交通大學	一般項目	2011. 7.1	진행 중		中國歷史
11	近代東北城市化進程中城鄉關係研究	荆蕙蘭	大連理工大學人文與社會	一般項目	2011. 7.1	진행 중		中國歷史

번호	항목 명칭	책임자	공작 단위	항목 유형	입항 시기	결항 시기	성과 명칭	학과 분류항목 (성과형식)
12	漢文化東傳與古代東北社會變遷研究	李德山	東北師範大學古籍所	重點項目	2011. 7.1	진행 중		中國歷史
13	唐代營州邊疆管理與東北亞區域穩定研究	宋卿	吉林大學文學院歷史系	青年項目	2012. 5.14	진행 중		中國歷史
14	近代以來日本人在中國東北的早期活動及其影響研究	王希亮	黑龍江省社會科學院	一般項目	2012. 5.14	진행 중		中國歷史
15	中國東北少數民族文獻整理與研究	姜维公	長春師範學院歷史學院	一般項目	2012. 5.14	진행 중		中國歷史
16	《滿鐵調查報告》與東北鄉村社會研究(1906~1945)	李淑娟	哈爾濱師範大學	重點項目	2012. 5.14	진행 중		中國歷史
17	民國時期東北移民與邊疆安全問題研究	高强	寶鷄文理學院	西部項目	2012. 5.25	진행 중		中國歷史
18	東北亞與歐亞草原考古學译丛	楊建華	吉林大學	重大項目	2012. 10.1	진행 중		考古學
19	遼河航運與東北經濟一体化研究	張士尊	鞍山師範學院	一般項目	2013. 6.10	진행 중		中國歷史
20	東北亞視覺下俄, 蘇對朝鲜移民政策研究(1860~1937)	南慧英	哈爾濱師範大學	青年項目	2013. 6.10	진행 중		世界歷史
21	近代東北民間信仰研究	劉揚	吉林省社會科學院	青年項目	2013. 6.10	진행 중		中國歷史
22	東北地區舊石器遺址黑曜岩石制品微痕研究	方啓	吉林大學	青年項目	2013. 6.10	진행 중		考古學
23	東北亞地區領土爭端的歷史由來研究	李宗勳	延邊大學	一般項目	2013. 6.10	진행 중		世界歷史
24	南京國民政府東北政務委員會研究(1927~1934)	佟德元	贛南師範學院	青年項目	2013. 6.10	진행 중		中國歷史

2. 연구물 내용 분석

동북공정 추진 시기에도 많은 연구물이 발표되었지만, 종료 이후에도 매년 꾸준히 발표되고 있다. 그 형태는 단행본, 연구논문, 소책자 등이다.

동북공정 종료 이후 현재까지 중국 학계에서 발표한 논문과 저술을 중심으로 연구물의 내용을 살펴보도록 한다. 시기별로 분류하여 첫째, 고구려사 관련 연구, 둘째, 발해사 관련 연구로 나눠서 살펴본다.

1) 고구려사 연구

동북공정이 종료된 2007년 2월부터 현재에 이르기까지 발표된 중국 학계의 고구려사 연구물을 살펴본 결과 동북공정 실시 기간에 비해 양적 수준은 비슷한 것으로 파악되었으나 내용 면에서는 다소의 변화가 감지되었다. 중국 학계는 고구려사의 중국사 귀속 주장을 바탕으로 고조선과 발해도 고구려와 관련된 역사적 맥락에서 재구성 작업을 지속하였다. 이들 고대사를 중국사로 귀속시키기 위한 논리 개발을 지속하고 있는 것이다.

그 가운데 논의의 중심이 되고 있는 고구려사를 중심으로 연구 현황을 파악할 필요가 있다. 고구려 역사 관련 연구물은 단행본 12권,[16] 박사학위논문

16 姜維公(2008), 『高句麗歷史研究論文提要』, 吉林文史出版社; 耿鐵華 · 李樂營(2008), 『高句麗與東北民族研究』, 吉林大學出版社; 劉炬 · 付百臣 等(2008), 『高句麗政治制度研究』, 香港亞洲出版社; 李德山(2008), 『隋唐時期東北邊疆民族與中央王朝關係史研究』, 香港亞洲出版社; 孫玉良 · 孫文范(2008), 『簡明高句麗史』, 吉林人民出版社; 付百臣(2009), 『高句麗研究文集』, 香港亞洲出版社; 馬彦 · 華陽(2010), 『國內外高句麗研究論文論著目錄』, 香港亞洲出版社; 楊秀祖(2010), 『高句麗軍隊與戰爭研究』, 吉林大學出版社; 苗威(2011), 『高句麗移民研究』, 吉林大學出版社; 耿鐵華 · 李樂營(2012), 『高句麗研究史』, 吉林大學出版社; 耿鐵華(2012), 『高句麗好太王碑』, 吉林大學出版社; 集安市博物館(2013), 『集安高句麗碑』, 吉林大學出版社.

5편,[17] 석사학위논문 11편,[18] 학술논문 334편 중 216편(64.7%)[19]으로 파악되었다. 고구려 고고학 연구물은 단행본 14권,[20] 박사학위논문 17편,[21] 석사학

17 金錦子(2007),「五至七世紀中葉朝鮮半島三國紛爭與東北亞政局」, 延邊大學; 房奕(2007),「東亞國際秩序瓦解過程中的中古各國關係」, 復旦大學; 李樂營(2008),「高句麗宗教信仰研究」, 東北師範大學; 李大龍(2009),「《三國史記·高句麗本紀》研究」, 中央民族大學; 張士東(2012),「從高句麗語看高句麗與周邊民族關係」, 吉林大學.

18 鄭京日(2007),「高句麗"弓矢文化"初論」, 延邊大學; 劉文健(2007),「高句麗與南北朝朝貢關係研究」, 吉林大學; 酈日紅(2007),「論高句麗的歷史與物質文化」, 中央民族大學; 姜明勝(2008),「隋唐與高句麗戰爭原因及影響探析」, 延邊大學; 李婷(2008),「流入日本的百濟, 高句麗遺民研究」, 陝西師範大學; 張國亮(2008),「唐征高句麗之戰的戰略研究」, 吉林大學; 王程程(2011),「高句麗五部歷史研究」, 東北師範大學; 李巍(2012),「《資治通鑑》中隋唐高句麗史料研究」, 福建師範大學; 姜麗麗(2012),「高句麗與夫余文化對比研究」, 福建師範大學; 李薇(2012),「如何回應韓國學生提出的有關東北亞歷史的敏感問題」, 遼寧大學; 馬文超(2012),「公元3至5世紀初高句麗的民族融合」, 東北師範大學.

19 〈표 3〉 참조.

20 孫仁杰·遲勇(2007),『集安高句麗墓葬』, 香港亞洲出版社; 張福有(2007),『高句麗王陵通鑒』, 香港亞洲出版社; 張福有·孫仁杰·遲勇(2007),『高句麗王陵通考』,香港竝出版社; 耿鐵華·崔明(2008),『中國高句麗王城王陵及貴族墓葬』, 吉林文史出版社; 耿鐵華(2008),『高句麗古墓壁畵研究』, 吉林大學出版社; 王雲剛(2008),『高句麗王城王陵及貴族墓葬』, 上海世界圖書出版公司; 張曉晶·張葛(2008),『高句麗設計美學研究』, 吉林人民出版社; 王禹浪·王文軼(2008),『遼東半島地區的高句麗山城』, 哈爾浜出版社; 吉林省文物考古研究所(2009),『吉林集安高句麗墓葬報告集』, 科學出版社; 吉林省文物考古研究所·集安市博物館(2010),『集安出土高句麗文物集粹』, 科學出版社; 張福有·孫仁杰·遲勇(2010),『高句麗千里長城』, 吉林人民出版社; 張曉晶·張葛(2011),『高句麗藝術設計文化研究』, 吉林人民出版社; 耿鐵華主編(2012),『高句麗好太王碑』, 吉林大學出版社; 集安市博物館(2013),『集安高句麗碑』, 吉林大學出版社.

21 孫力楠(2008),「東北地區公元2~6世紀墓葬壁畵研究」, 吉林大學; 宋兆祥(2008),「中上古漢朝語研究」, 華中科技大學; 李新全(2008),『高句麗早期遺址及其基源研究』, 吉林大學; 徐海准(2009),「《樂學軌範》唐部樂器之研究」, 上海音樂學院; 趙英日(2009),「儒學思想對朝鮮半島醫學的影響研究」, 廣州中醫藥大學; 趙俊杰(, 2009),「4~7世紀大同江載寧江流域封土石室墓研究」, 吉林大學; 鄭元喆(2010),「高句麗山城研究」, 吉林大學; 高然(2010),「五燕史研究」, 西北大學; 姜雲(2010),「韓國風流思想的歷史嬗變與價值研究」, 延邊大學; 鄭春穎(2011),「高句麗遺存所見服飾研究」, 吉林大學; 馮楠(2011),「潮濕环境下磚石類文物風化機理與保護方法研

위논문 7편,[22] 학술논문 334편 중 118편(35.3%)으로 파악되고 있다.

동북공정 연구 과제에서 차지하는 고구려사와 관련된 과제는 얼마 되지 않으나 연구 결과물은 지속적으로 발표되고 있다. 이 밖에 발해 연구물, 근현대사 연구물, 해외문헌과 번역물이 소개되고 있다. 동북공정 종결 이후 고구려 고고학적 연구물을 제외한 고구려사 관련 단행본 12권의 내용을 간략히 소개하면 다음과 같다.

통사류에 해당하는 쑨위량[孫玉良]·쑨원판[孫文范]의 『간명고구려사(簡明高句麗史)』(지린인민출판사, 2008)는 중국 지린성 사회과학원 학술연구총서에 해당한다. 이 저서는 총 13장 62절로 구성되어 있다. 고구려의 건국에서 멸망에 이르기까지 전 과정을 다루고 있다. 제1장은 고구려 족원과 족칭(族稱)의 변천사, 제2

究」, 吉林大學; 林炳僖(2011), 「韓國神話歷史」, 中國社會科學院研究生院; 師存勳(2011), 「李奎報咏史詩研究」, 中央民族大學; 李林(2011), 「石室丹青」, 中央美術學院; 孫顥(2012), 「高句麗陶器研究」, 吉林大學; 孫顥(2012), 「高句玉陶器研究」, 吉林大學; 趙林毅(2012), 「應用于岩土質文物保護加固的兩种傳統材料的改性研究」, 蘭州大學.

22 徐景剛(2007), 「東北世遺高句麗墓葬建築構制的现代研究」, 東北師範大學; 周博(2008), 「集安高句麗世界文化遺產旅游可持續發展研究」, 東北師範大學; 宋偉(2008), 「古墓壁畫中的高句麗體育文化研究」, 東北師範大學; 范鵬(2008), 「高句麗民族服飾的考古學觀察」, 吉林大學; 馮楠(2008), 「高句麗石質文物風化機理及保護方法研究」, 吉林大學; 契海琴(2008), 「集安高句麗墓室壁畫中的人物風俗圖特徵研究」, 延邊大學; 姜贏鑫(2008), 「高句麗壁畫的形態流變」, 吉林藝術學院; 郭秀(2008), 「高句麗墓室壁畫的裝飾表現手法研究」, 福建師範大學; 代俊波(2009), 「基于Web的高句麗电子文獻數據庫平台的構建」, 吉林大學; 姜雨風(2009), 「平壤地區高句麗封土石室墓研究」, 吉林大學; 陳爽(2010), 「高句麗兵器研究」, 吉林大學; 田罡(2010), 「高句麗古墓壁畫中的民俗研究」, 內蒙古大學; 王婷(2011), 「高句麗服飾探析」, 東北師範大學; 劉明(2012), 「集安高句麗墓室壁畫題材研究」, 渤海大學; 陳玲玲(2012), 「文化遺產旅游可持續評價和資源管理」, 中國地質大學(北京); 李睿哲(2012), 「高句麗遺迹出土磚瓦研究」, 吉林大學; 佟士樞(2012), 「遼寧高句麗山城遺址保護研究」, 瀋陽建築大學; 金君和(2012), 「朝鮮平壤地區高句麗城郭研究」, 延邊大學; 王策(2013), 「朝鮮玉桃里高句麗墓葬研究」, 吉林大學.

장은 고구려의 건립, 제3장은 고구려의 대외확장, 제4장은 고구려와 중원 왕조의 관계사, 제5장은 고구려와 주변 국가 관계, 제6장은 고구려 도읍지[王都]의 변천과 도성(都城)의 특징과 변화발전사, 제7장은 고구려 사회 성격과 통치 기구, 즉 5부 체제, 집권제와 군현제 그리고 계급 구성에 대한 내용, 제8장은 고구려 경제활동, 제9장은 고구려 사회생활과 민속부문, 제10장은 고구려의 문화부문, 제11장은 고구려의 건축양식, 제12장은 석조벽화(石雕壁畵)와 비석에 새겨진 글자의 책 머리말[碑刻題記], 제13장은 고구려 정권의 멸망 진단과 민족 해체이다. 고구려의 시공간 영역을 모두 다루고 있는 것이다.

먀오웨이[苗威]의 『고구려 이민 연구(高句麗移民研究)』(지린대학출판사, 2011)는 중국 교육부에서 기획한 '교육부 인문사회과학연구항목(教育部人文社會科學研究項目)'[23]이라는 연구 과제의 결과물이다. 이 저서는 서론을 포함해서 9장 38절로 이루어져 있으며, 고구려 초기부터 멸망 이후까지를 시대의 흐름에 맞춰 다룬다. 제5장까지는 고구려를 중심으로 이민의 흐름을 파악하였고, 제6장에서는 고구려 멸망 후 이민의 사례를 분석하였다. 특히 8장에서는 당 시대 고구려 이민 후예의 모습을 다루었다. 이 책의 구성을 보면, 제1장 고구려 형성과 굴기, 제2장 3~4세기 고구려 이민, 제3장 5~6세기 말 고구려 이민, 제4장 5~6세기 말 고구려 이민 및 그 이민 후예사, 제5장 6세기 말~7세기 중엽 고구려 멸망 전의 이민, 제6장 고구려 멸망 및 그 이민 사례분석, 제7장 고구려 멸망 후의 인구 방향, 제8장 당 시대 고구려 이민 후예, 제9장 고구려 이민 문제에 관한 사고(思考) 등이다. 이 책은 먀오웨이라는 신진학자가 새로운 시각으로 다루고 있다는 점에서 기존의 책과는 차별화된다.

23 상세한 내용은 "中國高校人文社會科學信息網" 홈페이지(http://www.sinoss.net/shujuku/ybxm/) 참조.

양슈쭈[楊秀祖]의 『고구려 군대와 전쟁 연구[高句麗軍隊與戰爭硏究]』(지린대학출판사, 2010)는 고구려 정권의 유지는 군대와 전쟁과 밀접한 관계가 있다는 내용으로, 고구려 건국에서 멸망까지 군대와 전쟁의 기본 상황을 논술하고 있다. 고구려 군대의 사병 구조, 무기 장비, 방어진지, 전법(戰法) 그리고 크고 작은 수백차례의 전투에 대해서 종합적으로 서술하였다. 고구려 군대가 고구려 정권의 유지에 기여한 역할을 분석하였다. 고구려 정권의 생성, 발전, 쇠망의 역사 과정에서 볼 때, 고구려 정권의 흥망은 군대와 전쟁과 불가분의 관계다. 전체 구성은 6장 14절로 이루어져 있다. 제1장은 전한(前漢)에서 후한(後漢) 시기 고구려 정권의 건립과 군사 확장 활동, 제2장은 위진(魏晋) 시기 고구려 군사 확장, 제3장은 남북조 시기 조선반도 남부지역으로의 고구려 발전, 제4장은 수당(隋唐) 시기 동(同) 중원 왕조의 전쟁에서 쇠망, 제5장은 고구려 각 시기 군대의 기본상황 및 무장장비, 제6장은 고구려 군대의 전략 전술 및 방어 공사 등을 다루고 있다. 특히 5장에서는 고구려 군사 방어진지의 총체적 개황(槪況)과 고구려 중요 산성, 요새, 작은 성[城堡]을 소개하며 고구려 천리장성(千里長城)을 언급하고 있다. 이 저서의 독특한 매력은 기존의 연구 경향과 다르게 고구려의 군사 전략과 전술 등 군사적인 측면을 상세하게 소개하고 있다는 점이다.

겅톄화·리웨잉[李樂營]의 『고구려연구사(高句麗硏究史)』(지린대학출판사, 2012)는 지린성에서 기획한 '지린성 사회과학연구기지항목(社會科學硏究基地項目)'의 연구 성과물이다. 이 저서는 서론을 포함한 10장으로 구성되어 있다. 그 내용은 다음과 같다. 제1장 호태왕비(好太王碑) 발견과 연구-고구려 연구의 출발, 제2장 고구려 유적 조사연구, 제3장 신중국 성립 후 고구려 문물유적 보호와 조사-연구의 부흥, 제4장 문화대혁명 중의 고구려 문물유적-연구의 단절과 지속, 제5장 개혁 개방 후의 고구려 연구-전면, 제6장 개혁 개방 후의 고구려 연구 성과, 제7장 '동북공정'과 고구려 세계유산, 제8장 21세기 과학연구 기구의 연구 성과, 제9장 21세기 대학교와 전문대학의 연구 성과, 제10장 고구려 연구 성과 통계와 설명이다.

이 밖에 고구려사를 이해하는 데 있어 비문의 중요성을 고려하여 고고학적으로 취급하지 않고 고대사를 연구하는 저서로 지안시박물관[集安市博物館]에서 펴낸 『지안고구려비[集安高句麗碑]』(지린대학출판사, 2013)와 겅톄화의 『고구려호태왕비(高句麗好太王碑)』(지린대학출판사, 2012) 등이 있다. 『고구려호태왕비』는 지린성이 기획한 '지린성 사회과학 12차 5개년 규획항목[社會科學十二五規劃項目]'인 동시에 '지린성교육청 고구려연구기지성과(高句麗研究基地成果)'의 연구 과제물이다.

이처럼 동북공정 종결 이후 지금까지 많은 연구물이 발표되었다. 여기서 우리는 중국 학계의 연구가 가지는 몇 가지의 특징들을 살펴볼 수 있다.

첫째, 중국 학계에서 고구려사 귀속 문제를 둘러싼 연구방법의 모색이 전개되고 있다는 점이다. 고구려와 중원을 별개로 보지 않고 하나의 체계로 보려는 경향이 많다. 여러 연구 논문에서도 이를 입증하고 있다.

둘째, 고구려 족원 문제가 다양한 방법으로 논의되고 있다. 종족의 구성 문제를 언급하고 연구를 꾸준히 진행하고 있다. 중국 학계에서는 고구려사와 한국사를 단절시키기 위하여 고구려의 족원을 중화민족의 일부라고 주장한다. 고구려 족원에 대한 견해로는 상인(商人)설, 고이(高夷)설, 염제(炎帝)설 등 중원민족에서 기원했다는 설이 많았다. 최근에는 예맥(濊貊)설을 포함하는 다민족 기원설이 새롭게 제기되고 있다.

셋째, 한국 학계의 고구려사 인식을 반박하기 위한 역사 자료에 대한 연구가 증가하고 있다. 중국 학계 대부분의 인식은 중국 사서의 사료적 가치를 높이 평가하고, 반대로 한국사 사료인 『삼국유사(三國遺事)』, 『삼국사기(三國史記)』 「고구려 본기」의 가치를 저평가하는 태도를 보이고 있다. 중국 학계에서는 이들 사료가 중국 사료를 바탕으로 하였다며 이들 자료의 이용을 소홀히 하였으나 최근에는 다수의 논문에서 이들 자료의 활용도를 높이고 있다. 이는 중국 학계의 태도 변화를 보여주는 것이다.

넷째, 고구려 초기에 대한 관심이 높아지고 있다. 고구려의 종족 기원이나 한 군현과의 관계를 내세워 고구려를 중국사의 범주로 넣으려는 고구려사의 중국사 귀속설을 주장하는 논문들이 다수를 차지하였으나 동북공정 종료 이후에는 고구려 초기의 정치제도나 정치체제를 설명하는 내용들도 나오고 있다. 대표적인 예는 고구려 5부에 대한 연구가 증가하고 있다는 점이다. 즉 고구려의 연구 범위가 확대되고 있다는 점이다. 대표적인 저서는 류쥐[劉炬]·푸보천[付百臣]의 『고구려 정치제도 연구(高句麗政治制度硏究)』(창춘출판사, 2008)다. 논문도 정치 일반[24]은 물론 정치관계사,[25] 정치제도,[26] 정치권력에 해당하는 고구려 왕권,[27] 그 외 군사전략[28] 및 전쟁사[29]에 관한 내용도 비중 있게 다루고 있다.

---

24 祝立業(2007), 「從貴族交替執政到泉氏家族專柄國政: 試析高句麗後期國內政治局面的形成」, 『東北史地』 第6期.

25 房奕(2007), 「遼東公孫政權與東亞諸族的關係」, 『學術月刊』 第9期.

26 薛海波(2007), 「高句麗早期“那部體制”探析」, 『東北史地』 第2期; 祝立業(2007), 「以王權爲中心的高句麗政治制度考察」, 『東北史地』 第1期; 劉炬(2008), 「高句麗政治制度的性質, 特点及成因」, 『東北史地』 第2期; 楊軍(2008), 「高句麗早期五部考」, 『西北第二民族學院學報(哲學社會科學版)』 第5期; 王旭(2008), 「高句麗貴族制度及其發展」, 『長春師範學院學報(人文社會科學版)』 第9期; 李大龍(2009), 「由解明之死看高句麗五部的形成與變遷: 以桂娄部爲中心」, 『東北史地』 第3期; 楊軍(2009), 「高句麗“加爵”與“食邑”考」, 『北方文物』 第2期; 何海波·魏克威(2009), 「國內高句麗五部研究綜述」, 『長春師範學院學報(人文社會科學版)』 第9期.

27 馬彦(2009), 「二至三世紀時期的高句麗王權」, 『東北史地』 第3期.

28 秦升陽·梁啓政(2007), 「高句麗軍事問題述略」, 『東北史地』 第2期; 張曉晶·張葛(2008), 「高句麗軍用裝備設計研究」, 『內蒙古民族大學學報(社會科學版)』 第6期; 侯波(2008), 「隋煬帝攻伐高句麗」, 『世界博覽』 第10期; 德祥(2011), 「唐太宗到過金州?」, 『東北之窗』 第18期; 王禹浪·王文軼(2012), 「高句麗在遼東半島地區的防御戰略: 以遼東半島地區的高句麗山城爲中心」, 『大連大學學報』 第4期; 天行健

다섯째, 고구려사 관련 고고학 자료의 정리가 지속적으로 행해지고 있으며, 더욱 체계적으로 이뤄지고 있다. 고구려 유적과 유물의 가치를 십분 활용하여 중원문화와의 연관성을 밝히려는 데 초점을 두고 있기 때문에 이들 연구 동향에도 지속적인 관심을 가질 필요성이 있다. 우리로서는 중국 동북지역에 산재해 있는 많은 고구려와 발해 유물에 대한 접근이 쉽지 않아 고대 유물에 대한 연구가 상당히 취약할 수밖에 없다. 특히 중국 측이 유물에 대한 정보를 공개하지 않고 연구를 진행하여 공동연구 참여는 불가능하다. 다만 중국 학계에서 발표한 고구려, 발해 관련 고고학적 연구에 대한 학술논문에만 접근이 허용될 뿐이다. 이는 연구 파악에 많은 제한이 있다는 점을 보여준다.

여섯째, 고구려 관련 연구의 주제가 다양하다. 고구려 이민 혹은 유민에 대한 연구,[30] 고구려 음악, 체육, 교육, 종교 및 신앙, 그리고 풍속, 민속문화 등과 관련된 문화적 연구 등 다채롭다. 특히 정치적 경향에 대한 연구, 군대 및

(2012), 「隋唐爲何一定要征服高句麗」, 『工會博覽(下旬刊)』 第6期; 崔艶茹(2012), 「貞觀十九年唐軍攻打高句麗建安城的進軍路線考」, 『東北史地』 第1期; 華陽(2012), 「論李勣東征事迹考」, 『黑河學刊』 第11期; 張曉東(2013), 「唐朝前期的海上力量與東亞地緣政策:以唐新戰爭前後爲中心」, 『國家航海』 第1期.

29 李大龍(2007), 「高句麗與東漢王朝戰事雜考: 以《三國史記·高句麗本紀》的記載爲中心」, 『東北史地』 第1期; 耿鐵華(2009), 「高句麗軍隊與戰爭研究的新成果」, 『通化師範學院學報』 第5期; 劉軍(2009), 「地緣政治視野下的隋唐征高句麗之戰」, 『黑龍江史志』 第2期; 徐星華(2010), 「楊秀祖先生《高句麗軍隊與戰爭研究》首發座談會隆重學行」, 『通化師範學院學報』 第6期; 梁啓政(2011), 「讀《高句麗軍隊與戰爭研究》書後」, 『通化師範學院學報』 第7期; 李金超(2011), 「試論泗水之戰對5世紀初朝鮮半島政局的影響」, 『黑龍江史志』 第3期; 王德恒(2011), 「改變東北亞絲路格局的白江口之戰」, 『知識就是力量』 第9期; 張曉東(2011), 「唐太宗與高句麗之戰跨海戰略: 兼論海上力量與高句麗之戰成敗」, 『史林』 第4期; 劉琴麗(2012), 「碑志所見唐初士人對唐與高句麗之間戰爭起因的認識」, 『東北史地』 第1期.

30 苗威(2010), 「高句麗移民後裔高仙芝史事考」, 『通化師範學院學報』 第11期; 苗威(2009), 「從高云家世看高句麗移民」, 『博物館研究』 第1期; 拜根興(2009), 「在唐高句麗遺民遺物, 遺迹的現狀及其分布」, 『中國歷史地理論叢』 第1期.

〈표 3〉 동북공정 이후 중국 학자들의 고구려사 논문 주제

주제	2007	2008	2009	2010	2011	2012	2013	편수	비율(%)
고분, 왕릉, 묘	4	2	3	2	2	8	1	22	6.59
벽화	2	3	1	3	1	2	1	13	3.89
고고학, 와당		1	2	1	2	4		10	2.99
비문, 금석문, 탁본	1	1	2		1		9	14	4.19
산성, 성곽, 성터	2	8	6	7	5	5	2	35	10.47
유물, 유적	3		5	4	3			15	4.49
건축			2	5		2		9	2.69
민족, 종족 족원		2		2	2	3	1	10	2.99
귀속문제						1		1	0.3
정치사	5	5	5	1	1	4	2	23	6.89
역사 지리					2	1	2	5	1.5
고분, 왕릉, 묘	4	2	3	2	2	8	1	22	6.59
사료 해석		3		1	2	2		8	2.4
전쟁사, 군사, 정벌	2	2	2	1	6	5	1	19	5.69
대외 관계사	1	3	5	4		2	1	16	4.79
문화		2	1	1	2	4	1	11	3.29
민속, 풍속, 언어			3	1	2	1	1	8	2.4
신화, 전설		1	3	4			1	9	2.7
연구사	15	4	6	10	6	10	1	52	15.57
종교, 신앙, 제사	2	2			2			6	1.8
이민, 유민사			2	2	4		1	9	2.7
지방행정, 성읍	2	2						4	1.2
조공, 책봉		1	1	1			1	4	1.2
고구려 왕조사			2		2	2		6	1.8
건국, 천도, 멸망			3					3	0.9
문화유산, 공원관광		1		1	1	3		6	1.8
사회경제, 도성환경			1	1		1		3	0.9
음악, 체육, 교육	1	2	1	2				6	1.8
복식(옷)	1		2			2	1	6	1.8
조의선사		1						1	0.3
합계	41	46	58	54	46	62	27	334	100

군사 전략에 대한 연구, 성벽·성터와 같은 장성에 대한 연구 등이 동북공정 종료 이후의 연구 패턴으로 자리 잡고 있다. 쑹쥐안[宋娟]은 「고구려도성배경초탐(高句麗都城环境初探)」[31]에서 "고구려 도성(都城) 환경[環境]의 패턴 특징 중 하나는 지리적 위치와 자연환경의 유사성이며, 다른 하나는 도성 환경 선택의 경향이다. 고구려의 도성은 고구려 정치, 경제, 문화 중심이며 전쟁 타격의 중점 대상이 된다"고 하였다. 이는 고구려 도성이 자연환경의 이점을 살려 만들어졌으며 동시에 공격 타격에 취약하기도 하다는 특징을 말해준다.

이상 몇 가지의 특징은 중국 학계의 최근 연구 경향을 보여주는 것이다. 〈표 3〉은 동북공정 종료 이후 현재까지 중국 학계에서 발표된 고구려사 관련 논문들을 주제별로 분류하여 편수를 헤아린 것이다. 여전히 건축, 고분, 유물 등 고고학적 내용이 많은 편수를 차지하고 있다. 이 밖에 정치사, 군사, 전쟁사의 연구도 꾸준히 실시되고 있음을 알 수 있다.

2) 발해사 연구

고구려사 연구에 이어 발해사 연구에 대해서도 동북공정 종결 시점인 2007년 이후 현재까지 연구 현황을 검토한 바, 고구려사 연구에 비해 발해사 연구는 양적으로나 내용적으로 다소 빈약하다. 발해사 연구 역시 중국사로 귀속시키기 위한 개발 논리를 전개하고 있다.

발해와 관련된 연구물은 단행본 총 12권, 박사학위논문 1편, 석사학위논문 19편, 학술논문 108편으로 파악되었다. 이를 발해사와 발해 고고학적 연구로 나누어 보면, 발해사와 관련된 연구물은 단행본 5권,[32] 박사학위논문 0편, 석

31 宋娟(2010), 「高句麗都城環境初探」, 『通化師範學院學報』 第7期.

32 林攀(2010), 『失落的渤海古國』, 華齡出版社; 馬一虹(2011), 『靺鞨, 渤海與周邊國

사학위논문 9편,[33] 학술논문 108편 가운데 76편(70.4%)[34]이다. 발해 고고학적 연구물은 단행본 7권,[35] 박사학위논문 1편,[36] 석사학위논문 10편,[37] 그리고 학술논문 108편 중 32편(29.6%)으로 파악되고 있다.

발해 관련 연구물을 정리해본 결과 동북공정 연구 과제에서 차지하는 발해사 연구물은 숫자가 상대적으로 많지 않다. 발해사와 관련 있는 단행본의 내

家, 部族關係史硏究』, 中國社會科學出版社; 鄭永振·李東輝·尹铉哲(2011), 『渤海史論』, 吉林文史出版社; 劉沛東(2013), 『大唐渤海國(共3册)』, 中國文史; 梁玉多(2013), 『渤海史論集』, 中國文史出版社.

33 孔凡平(2007), 「論渤海文化與公元7-10世紀東北亞各國文化的關係」, 延邊大學; 郭繼武(2007), 「唐代前期營州都督府治所的變遷」, 中央民族大學; 徐大偉(2008), 「金毓黻《渤海國志長編》的文獻學價値硏究」, 東北師範大學; 崔環宇(2009), 「渤海與日本的外交觀差異及原因探析」, 延邊大學; 陳旭(2010), 「渤海國前三代王對唐政策及其變化硏究」, 黑龍江省社會科學院; 趙偉(2011), 「唐渤海國交聘日本商品産地硏究」, 長春師範學院; 包鴻梅(2011), 「渤海國與日本的文化交流硏究」, 黑龍江大學; 周宏文(2012), 「渤海國上京龍泉府城市地理硏究」, 東北師範大學; 富金松(2012), 「試論渤海前期對日本的外交關係及性質」, 延邊大學.

34 〈표 3〉 참조.

35 魏存成(2008), 『渤海考古』, 文物出版社; 黑龍江省文物考古硏究所 編(2009), 『渤海上京城(套裝上下册)』, 文物出版社; 黑龍江省文物考古硏究所 編(2009), 『寧安虹鱒魚場: 1992~1995年度渤海墓地考古發掘報告(上下)』, 文物出版社; 李陳奇·趙哲夫(2010), 『海曲華風: 渤海上京城文物精華』, 文物出版社; 王洪峰(2012), 『六頂山渤海墓葬--2004~2009年清理發掘報告(精)』, 文物出版社; 趙虹光(2012), 『渤海上京城考古』, 科學出版社; 宋玉彬(2013), 『俄羅斯濱海邊疆區渤海文物集粹』, 文物出版社.

36 王樂(2009), 「中國境內渤海陶器硏究」, 吉林大學.

37 崔鮮花(2007), 「渤海服飾的考古學探索」, 吉林大學; 徐冉(2007), 「渤海上京宮城第三, 四宮殿復原硏究」, 哈爾濱工業大學; 趙越(2007), 「渤海瓦當硏究」, 吉林大學; 李霞(2008), 「渤海上京城城门復原硏究」, 哈爾濱工業大學; 孫志敏(2008), 「渤海上京城內苑復原硏究」, 哈爾濱工業大學; 王志剛(2008), 「六頂山渤海墓葬硏究」, 吉林大學; 王海(2009), 「吉林省渤海國中京城市布局及宮殿建築硏究」, 河南大學; 金銀玉(2011), 「寧安虹鱒魚場渤海墓葬硏究」, 吉林大學; 周志明(2012), 「渤海石刻文獻硏究」, 東北師範大學; 鄭鑫(2012), 「延邊地區渤海遺址空間分布與地理環境關係硏究」, 延邊大學.

용은 다음과 같다.

통사류에 해당하는 정융전[鄭永振] · 리둥후이[李東輝] · 인쉬안저[尹鉉哲]의 『발해사론(渤海史論)』(지린문사출판사, 2011)은 다음과 같은 내용을 지니고 있다. 발해국사 연구현상과 인식, 발해국의 건립, 발해국의 공고와 발전, 발해국의 강성 시기, 발해국의 쇠망, 발해국의 사회 경제, 발해국의 정치제도, 발해국의 문화, 마지막으로 역사 진보를 주요 실마리로 삼아 되도록 객관적이고 실사구시적으로 발해국 역사를 밝히고 있다.

이 저서는 총 12장 37절로 이루어져 있다. 제1장은 발해국사 연구현상과 인식, 제2장은 발해국의 건립, 제3장은 발해국의 견고[鞏固]와 발전, 제4장은 발해국의 강성 시기, 제5장은 발해국의 쇠망, 제6장은 발해국 유민의 반거란(反遼) 투쟁, 제7장은 발해국의 사회 경제, 제8장은 발해국의 정치제도, 제9장은 발해국의 강역과 행정구역, 제10장은 발해국의 수륙 교통과 대외교류, 제11장은 발해국의 문화, 제12장은 발해국사 연구 가운데 쟁점[爭論焦點]과 중국의 인식을 각각 다루고 있다.

량위둬[梁玉多]의 『발해사논집(渤海史論集)』(중국문사출판사, 2013)에는 26편의 논문과 부록이 실려 있다.

마이훙[馬一虹]의 『말갈, 발해와 주변국가, 부족관계사 연구[靺鞨, 渤海與周邊國家, 部族關係史研究]』(중국사회과학출판사, 2011)는 6~10세기 말갈부족 및 고대국가 발해의 성질을 고찰하고 말갈, 발해와 주변국가, 부족의 관계를 탐구하였다. 말갈, 발해가 고대 동북아 국가, 민족, 역사, 문화에 미친 역할과 작용도 분석하였다. 고대의 이질적인 문화, 이질적인 민족의 대항, 교류 및 융합에 대한 연구는 오늘날 동북아 각국, 각 지역의 상호 이해와 합작을 위하여 역사적 참조사례를 제공한다.

이 책은 서론을 포함한 14장 42절로 이루어져 있다. 제1장은 말갈부족의 출현, 분포지역과 족속에 관한 내용, 제2장은 말갈 여러 부(諸部)와 발해의 관계(주로 흑수부를 중심으로), 제3장은 동돌궐 칸국에 대한 말갈의 신속(臣屬)과 문화교류, 제4장은 말갈과 교혼[流鬼] 관계, 제5장은 말갈과 고대 일본의 관계, 제6장은 말갈과 조선반도 여러 국가와의 관계, 제7장은 동북아 각국의 발해관(주로 당, 일본, 신라를 중심으로), 제8장은 발해와 당조(唐朝) 관계 연구, 제9장은 발해와 후기 동돌궐 칸국 간의 관계(주로 발해 건국 초기의 주변 환경), 제10장은 발해와 당조의 압번사(押蕃使) 관계, 제11장은 발해와 당 유주 절도사부 관계, 제12장은 8세기 중기 발해와 일본 관계의 약간의 문제, 제13장은 9세기 발해와 일본 관계(주로 동아시아 무역권의 발해 대일무역), 제14장은 발해와 신라 관계 연구를 각각 다룬다. 특히 주목되는 부분은 제1~6장에서 발해국 형성에 일익을 담당한 말갈 부족을 강조하는 대목이다. 여기에서 일반적으로 고구려의 일파로 보고 있는 대조영의 발해 건국 부분을 간과하였다는 점은 고구려와 발해의 관련성을 지우기 위한 것으로 보인다.

류페이둥[劉沛東]의 『대당발해국(大唐渤海國)(共3册)』(중국문사, 2013)은 3권짜리 역사소설이다. 내용은 3부로 나누고, 총 65장으로 구성되어 있다. 이 책은 당대 북부강역의 각 민족의 영웅계보를 소설 형식으로 쓰고 있다.

헤이룽장성 문물고고연구소(文物考古研究所)가 편찬한 『발해상경성(渤海上京城)(套裝上下册)』(문물출판사, 2009)은 국가문물국 중점지원 과학연구 과제다. 이 저서는 전국 중점문물 보호단위 헤이룽장성 닝안시에 있는 당대 발해국 상경 경룡천부 유적에 대한 1998~2006년도 조사발굴 보고서다. 이 보고서는 발해 궁성 건축의 구조를 규명하였다. 이 보고서는 광범위하고 심도있는 조사발굴을 통하여 발해 상경성의 외성 정남문, 정북문, 중앙대로, 궁성 중축선상의 궁전, 어화원(御花園) 대형 건축 등 유적과 유물을 전면적으로 알려준다. 이 보고서는 지금까지 나온 보고서 중 발해 상경성에 대한 고고학적 내용이 가장 풍부하고 가장 상세하다. 또 발해의 역사, 정치, 경제, 문화 및 중앙정권과 관계 등의 방면에서 대단히 높은 학술가치를 지니고 있으며, 중국 고대 도시제도에 대한 연구의 측면에서도 중대한 의의를 갖고 있다.

리천치[李陳奇] · 자오저푸[趙哲夫]는 『해곡화풍: 발해상경성문물정화(海曲華風: 渤海上京城文物精華)』(문물출판사, 2010)를 내놓았다. 이 책은 전국중점 문물보호단위인 헤이룽장성 닝안시의 발해국 상경 용천부 유적의 출토문물에 대한 그림과 기록을 담고 있다. 발해 상경성의 채색 적외선 항공사진, 발해 상경성 평면도, 석(石)건축 유물, 유약건축 유물, 도기(陶)건축 유물, 금속건축 유물, 사회생활 유물, 불교 유물 등을 싣고 상세하게 소개한다. 이들 유물은 매우 높은 연구적 가치와 감상적 가치를 지니고 있다.

왕훙펑[王洪峰]이 펴낸 『육정산 발해묘장-2004~2009년 청리발굴보고(六頂山渤海墓葬-2004~2009年清理發掘報告)(精)』(문물출판사, 2012)는 백두산 북록의 지린성 돈화시 중부에 위치한 육정산 묘군(墓群)을 다룬다. 이 묘군의 직할 면적은 약 1만 2000㎢이다. 이 묘군은 분지 가운데 가장 탁 트인 곳에 있다. 주위는 고산의 낮은 구릉이 둘러싸고 있고, 지리환경이 빼어나다.

이 책은 5장 16절로 구성되어 있다. 제1장은 묘군(墓群) 개요, 제2장은 묘군 재조사, 제3장은 묘장 발굴, 제4장은 부속시설 유적, 제5장은 묘군 관련 문제 연구토론을 다룬다.

자오훙광[趙虹光]의 『발해상경성고고(渤海上京城考古)』(과학출판사, 2012)는 각각 1980~1985년, 1997~2007년 발해 상경성 유적의 대형 들판 발굴 내용을 담고 있다. 고고발굴 자료를 비교적, 전체적, 체계적, 과학적으로 상세하게 소개하고, 연구 성과들에 대한 1단계 개괄과 총결산을 한다. 이 유적에 대한 고고학적 연구에 따르면, 발해국의 정치체제 및 그 도시 편제 등은 기본적으로 수당왕조의 제도를 원본으로 삼는다. 『발해상경성고고』는 고고학, 박물관학, 역사학, 고(古)건축학, 민족학 등 관련 영역의 연구자들이 읽고 참고할 만하다.

이 책은 4장으로 구성되어 있다. 제1장은 고고학 역사기록[考古史記], 제2장은 고고학 유적[考古遺存], 제3장은 고고학 연구, 제4장은 고고학 필기기록을 다루고 있다. 이 가운데 관심을 끄는 부분은 제2장과 제3장이다. 제2장은 고고학 유적으로, ①여러 궁전의 형태, ②여러 성문의 형태, ③외곽성, 수도의 내성, 궁성, ④가로(街路)의 종류를 다룬다. 제3장은 고고학 연구로, ①성터와 성을 건축한 규칙과 연대 그리고 배수시설, ②궁전의 건축구조와 특징, ③성문의 유형과 특징, ④철기공예와 와당(瓦當)의 유형, 배열, 연대에 관한 연구 내용을 싣고 있다.

쑹위빈[宋玉彬]의 『러시아빈해변강구발해문물집수[俄羅斯濱海邊疆區渤海文物集粹]』(문물출판사, 2013)는 러시아과학원 원동분원(遠東分院) 원동민족(遠東民族) 역사·고고·민족연구소와 중국 지린성 문물고고연구소의 과학연구 합력 결과이다. 책의 제1부분에서는 발해국 유적을, 제2부분에서는 발해 시기의 유물을 소개하고 있다.

헤이룽장성 문물고고연구소가 펴낸 『닝안홍준어장: 1992~1995년도 발해묘지고고발굴보고[寧安虹鱒魚場: 1992~1995年度渤海墓地考古發掘報告]』(문물출판사, 2009)는 상하 두 권이다. 상권 1장과 2장은 고분 분포와 지층 관계, 고분에 관한 것들을 다룬다. 하권에 있는 3장에서는 묘지 성질 및 그 관련 문제 연구, 4장에서는 고분 성질 등을 살피고 있다.

웨이춘청의 『발해고고(渤海考古)』(문물출판사, 2008)는 서론을 포함하여 3장 21절로 구성되어 있다. 3절로 구성되어 있는 서론의 제1절(말갈족의 기원과 발전)에서 발해를 구성하는 민족을 말갈족으로만 호칭하는 점이 특이하다. 또 발해라는 명칭은 주로 정권이나 유물에 대해서 쓰고 있다. 제1장에선 수도가 있는 곳[都城城址], 즉 중경현덕부와 동경용원부, 상경용천부, 도성의 발전 변화와 특징을 설명하고 있다. 제2장은 대외교통과 관련 유적을 다루고 있다. 영주길과 관련 유적, 조공길과 관련 유적, 신라길, 일본길, 거란길, 흑수말갈길과 관련 유적을 다루고 있다. 제3장은 7절로 구성되어 있는데, 주로 여러 지역 고분[墓葬]의 성격과 발해고분의 특징을 다루고 있다.

린판[林攀]의 『잃어버린 발해국[失落的渤海古國]』(화령출판사, 2010)은 총 4편으로 구성되어 있다. 제1편은 발해국 발견, 제2편은 발해 건국 과정, 제3편은 발해국 유람, 제4편은 바람 따라 사라진 문명[隨風而逝的文明]에 대한 내용이다.[38]

〈표 4〉는 동북공정 사업이 종료된 2007년부터 현재까지 발해사 학술논문 108편을 주제별로 집계한 것이다. 분량을 보면 연구물은 매년 20편 안팎이 나왔으나 2010년 이후부터 적어지는 경향이 있다. 이들 학술 연구물은 발해사 연구와 발해의 건국 주체 논의, 그리고 발해 성곽, 오경, 발해 유물에 관한 내용이 다수를 차지하고 있다. 특히 눈에 띄는 발해 관련 주제는 조공책봉인데 2012년까지 없다가 2013년에 1편이 소개되었다. 이 밖에 국호와 연호에 대한 연구, 유민과 이민의 연구, 발해 말갈의 문화와 음악에 대한 연구는 2011년까지 꾸준히 성과가 나왔으나 2012년부터는 나오지 않고 있다. 이와 달리 유물과 고고학적 연구는 지속적으로 진행되고 있는 것으로 파악된다.

38 이 책이 다루는 대상은 먼지로 뒤덮였다가 베일이 벗겨져 사람들 앞에 나타난 불타버린 문명, 잃어버린 고대국가인 발해다. 발해문명은 하룻밤 사이에 아예 고요히 사라졌다. 상점가가 즐비하고 위엄이 있었던 제국의 도시는 야만인들에 의한 단 한 번의 큰 화재 이후, 잿더미와 흉물스러운 돌, 깨진 기와, 들풀이 우거진 성터만이 남았다. 사람들은 이제 신비함이 충만했던 잃어버린 고대국가를 다시 생각해 보려고 하고 있다.

〈표 4〉 동북공정 이후 중국 학자들의 발해사 논문의 주제

주 제	2007	2008	2009	2010	2011	2012	2013	편수	비율(%)
건국주체, 종족, 대조영	3		2	2	2	1	1	11	10.2
국호, 연호	1	2	1	4	1			9	8.3
대외관계사			1	1				2	1.85
조공, 책봉							1	1	0.9
유민, 이민	1	1			1			3	2.7
발해사 연구	6	3	1	1	2	1	2	16	14.4
성곽, 오경	2	3	9		2	3		19	17.6
고분, 왕릉, 묘장	1		1			1		3	2.7
유물, 고고학, 벽화	1	3	2	2	1		1	10	9.26
발해국 귀속				1				1	0.9
발해말갈 민족정권		2	1			1		4	3.7
왕위계승		1	2					3	2.7
대무예, 대흠무, 공주		2			1			3	2.7
발해말갈 문화, 음악	2	2	3	2	3			12	11
학술 연구토론회		2			1			3	2.7
『삼국사기』사료			1		1		1	3	2.7
김부식 역사관					1	1		2	1.85
최치원 역사인식							1	1	0.9
발해경제	1							1	0.9
민족정책		1						1	0.9
합계	18	22	24	13	16	8	7	108	100

Ⅳ. 동북공정의 영향 및 평가

1. 연구기반의 조성과 확대

동북공정 추진 이후 하나의 두드러진 현상으로는 전문연구자의 양적 확대를 들 수 있다. 그 가운데 고구려 전문연구자는 아니지만 장푸유[張福有]를 눈여겨

볼 만하다. 그는 고구려 역사연구보다는 고구려와 관련된 유물 연구에 심혈을 기울이는 인물이다. 특히 고구려 고분, 성곽에 대한 조사와 연구들에 그의 입김이 크게 작용하고 있다. 대표작은 2007년 간행된 『고구려왕릉통고(高句麗王陵通考)』를 비롯하여 『고구려왕릉통감(高句麗王陵通鑑)』, 『지안고구려묘장[集安高句麗墓葬]』과 2010년에 간행된 『고구려천리장성(高句麗千里長城)』 등이다. 모두 장푸유의 지원과 지휘 아래 현장조사한 결과물을 담은 것이다. 향후에도 그의 역할은 더욱 확대될 것으로 보인다.

연구자의 양적 확대보다 더욱 주목할 점은 동북공정 이후 관련 연구가 국가 기관인 사회과학원 소속 변강사지연구중심에서 지방 동북3성의 사회과학원과 다수의 연구기관으로 이관되었다는 점이다. 중국의 동북변경 연구는 그 기반이 확대되어 이전보다 더 많은 연구기관에서 진행하고 있다. 또한 변강사지연구중심과 여타 연구기관에서 변강학과 대학원 과정을 신설하면서 후속연구자 양성까지 담당하고 있다.

2003년 중국사회과학원 변강사지연구중심에 중국변강학 과정이 설치되고, 이어 2008년 변강학과 대학원 과정 개설이 추진되었다.[39] 변강학의 논리는 중국의 내부적 통합을 위하여 창안된 이론, 즉 '통일적 다민족국가론'을 기초로 출발하였다. 변강 문제는 영토 및 국경 문제는 물론 민족 문제와 종교 문제도 포함한다. 이러한 변강 문제를 해결하기 위한 노력으로 변강 연구가 진행되었고, 구체적으로 변강학이 생겨나게 되었다. 변강학은 변강 이론과 변강 역사, 변강 현실 문제를 포함하는 종합적인 학문이다. 또한 변강학은 국경 문제, 영토 문제를 다루는 동시에 지정학적 측면을 다루고 있다. 변강학은 논리적으로 내지와 변강을 나누는 이분법적 속성이 있다. 변강은 내지에 비해 상

39 자세한 것은 변강사지연구중심 홈페이지 참조, http://bjzx.cass.cn/news/129982.htm (2013년 11월 25일 검색).

대적으로 중국 안보에 취약할 여지가 다분하며, 동시에 중국은 변강에 인접한 국가들에 민감하지 않을 수 없었다. 역설적으로 변강학 연구는 주변국에 영향력을 확대하는 수단으로 활용될 소지가 다분하다.

중국 변강 문제의 중요성에 따라, 많은 연구기관 및 기구는 변강에 대한 논의와 정책개발을 하고 있다. 특히 동북지역 변강에 관한 연구는 동북3성을 중심으로 각종 연구기구와 연구기관이 담당하고 있다. 예컨대, 지린대학 소속 '동북아연구중심'은 국제 문제 전임 연구기구이며, 동시에 관련 영역 고급 인재 배양기구이기도 하다. 현재 '동북아연구중심'은 박사과정 6개, 석사과정 7개를 개설하고 있다.[40]

또한 다롄대학 소속인 '중국동북사연구중심'이 있다. 주요 과제는 중국 동북변강사지 연구다. 여기에서는 동북강역 연혁과 동북역사지리 연구, 동북지역 민족민속과 종교 연구, 동북지역 문화와 경제 연구, 동북아지역 문화교류와 국제관계 연구를 담당한다. '중국동북사연구중심'은 랴오닝 사회과학원 중국동북사와 만학(滿學)연구기지, 랴오닝성 동북공정 연구기지로 비준을 받은 곳이다. 이곳은 성 내외에 광범한 연계를 수립하였고, 1차로 국내외 저명한

---

40 http://nasc.jlu.edu.cn/jidigaikuang/2012-07-04/83.html(2013년 11월 25일 검색).
〈지린대학 동북아연구중심 학위과정 설치〉

번호	동북아연구중심	
	박사과정	석사과정
1	세계경제(世界經濟)	세계경제(世界經濟)
2	인구, 자원과 환경경제학(人口, 資源與環境經濟學)	인구, 자원과 환경경제학(人口, 資源與環境經濟學)
3	지역경제학[區域經濟學]	지역경제학[區域經濟學]
4	국제정치(國際政治)	국제정치(國際政治)
5	인구학(人口學)	인구학(人口學)
6	세계사(世界史)	세계사(世界史)
7	-	세계문학과 비교문학[世界文學與比較文學]

동북사 연구 전문가를 겸직교수로 초빙하였다. '중국동북사연구중심'은 대학원 과정을 개설하고 고차적인 중국동북사 연구집단을 형성하고 있다고 한다.

지린성 정부 소속인 지린성 사회과학원은 일정한 학술지위를 갖춘 전문가 그룹을 형성하고 있다. 그 중 박사생 지도교수 1인, 연구원 44인, 부연구원 73인이 있으며, 국가급 성급 특수보조금을 받는 21인도 있다, 지린성 사회과학원은 1급 학과 10개, 2급 학과 28개를 두고 있다. 지린성 사회과학원에는 연구기구에 해당하는 14개 연구소가 있다. 이 중에는 한국과 관련한 '역사연구소'와 '조선·한국연구소'도 있다.

또한 지린성 사회과학원 직속기구로 '지린성동북아연구중심'과 '지린성 고구려연구중심'이 있다.[41] '지린성동북아연구중심'의 일상적 업무는 과제 연구와 학술교류 활동, 잡지 『동북아연구(東北亞硏究)』 출판이다. '지린성 고구려연구중심'은 2004년 8월에 설립되었으며 고구려 문제 연구와 협조를 담당한다. '지린성 고구려연구중심'의 주요 임무는 다음과 같다. 성 전체의 고구려 연구 등 변강사지에 관한 중대 과제를 기획하고 중점과제를 확정한다. 또 고구려 등 변강사지 중대 문제를 연구하는 성 내의 대학, 과학연구원과 전문가, 학자의 조직, 협조, 연락, 복무공작에 대한 책임, 고구려 연구집단 건설 기획, 전문인력 양성 확대 및 교류활동에 대한 책임, 고구려 연구 성과의 선전과 보급공작에 대한 책임, 학술 월간지 『동북사지(東北史地)』 편집출판 등을 담당한다.

이들 연구중심은 중국 내 다른 성(省)의 유관기구, 미국·러시아·일본·한국·북한·몽골·독일 등의 유관기구와 광범하고 긴밀한 협력관계를 수립하고자 한다.

앞으로 변강학 연구는 동북공정과 육지변강 연구를 넘어 많은 관련 연구로

41 자세한 것은 吉林社科網 참조, http://www.jlass.org.cn(2013년 11월 25일 검색).

확대되고 활용될 것으로 예상된다. 최근에는 해강(海疆)에 대한 연구의 빈도가 높아지고 있다. 한국 학계로서도 이어도 문제 등 해양 문제는 좌시할 수 없는 사안이다. 한국 학계는 중국 학계의 변강학 연구의 새로운 경향을 새로운 시각으로 깊이 있게 검토하여야 할 것이다. 또한 고구려사 등 고대사에 치중해서 역사왜곡의 대응 차원으로만 바라보는 시각에서 벗어나야 하며, 한반도 주변의 현상에 대한 연구를 활성화하여야 한다.

한국도 변강 문제 연구자를 양성하기 위한 관계기관이나 연구소의 설치가 필요하다. 특히 변강을 둘러싼 동북지역과 한반도를 예의주시할 수 있는 연구시스템의 구축과 변강에 대한 주변국의 동향과 정책을 분석할 수 있는 연구기능의 확대가 필요하다. 또한 변강 연구와 교육을 담당할 전문학과의 신설과 지원이 절실히 요구된다. 마지막으로 국내외 변강 관련 자료를 수집·연구할 수 있는 자료센터의 신설과 확대가 시급하다. 지금은 변강에 대한 인식의 전환이 필요한 때다.

2. 연구영역의 다변화

우선 중국 학계는 다양한 영역으로 연구 시야를 확대해가고 있다. 동북공정은 동북변강을 연구대상으로 삼아 동북변강이론과 동북변강 지구의 다양한 주제를 다루고 있다. 최근에는 한국 고대사의 비중이 낮아지고 있다. 반면 동북지역의 다원성을 고려하여 여러 소수민족·국가와 관련한 연구를 확대하고 있다. 민족 연구 역시 영역을 넓혀나가고 있다. 이 밖에 중·러 영토 문제와 양국 간의 거래와 시장의 확대도 연구 주제로 삼고 있다. 이처럼 동북변강의 연구는 다변화하고 있다. 이를 간략히 정리해 보면 다음과 같다. 첫째, 기초연구를 벗어나 응용연구에 보다 많은 관심을 기울이고 있다. 동북공정은 발족과 동시에 과제지침에 따라 기초연구[42]에 해당하는 역사와 지리에 관한 이론적 연구를 진행하였으나 동북공정 작업이 종료되는 시점을 전후하여 기초연구 영역에서 탈피하여 이론에 근거를 둔 응용연구 과제로 전환하고 있다. 응용연구는 기초연구를 바탕으로 진행하고 있다. 기초연구를 근거로 삼아 동북지역에서 일어나는 새로운 변화에 대한 전략과 정책을 연구하고 있는 것이다. 예컨대 동북지역에서 영토분쟁을 빚은 중·러와 관련해서는 양국이 직면하고 있는 문제라 할 수 있는 것들, 즉 양국의 시장 확대와 에너지 공동개발, 분쟁이 된 일부 섬에 대한 반환 문제, 환경과 생태의 공통 인식, 에너지 부문에서의 협력방안 등이다. 또한 북한 국경지역에서의 경제적 협력방안과 공동개발, 북한의 시장개방 문제도 연구과제다. 특히 동북지역 백두산 개발 문제가 새롭게 부상하고 있다. 이에 따라 백두산을 기점으로 하는 환경 생태 문제와 유무형(有無型) 문화의 융합을 통한 관광자원 개발, 천연자연의 개발과 사회간접시설을 활용한 관광지구의 개발 등 여러 주제에 대한 연구가 진행되고 있다.

둘째, 사회과학 영역에 해당하는 환경, 교통, 문화, 법률 등에 관한 연구 주제의 비중이 상대적으로 증가하는 경향이 있으며, 세부 연구주제와 내용이 사안별로 정치경제적 환경과 정책 변화에 영향을 받는 현상이 나타나고 있다.

42 다음은 기초연구에 대한 주제들이다. 첫째, 중국 변강이론 연구로 강역, 변계 설정 문제, 번속, 속국, 조공제도 연구 등이 있다. 둘째, 동북지방사 연구가 있다. 동북 변강영토, 계무교섭, 변계조약 문제 연구, 발해유적 현상조사 연구, 간도 문제 연구, 근대 이후 일본·러시아의 중국 동북 역사지리에 대한 조사와 연구 등이 있다. 셋째, 동북민족사 연구가 있다. 고조선 역사, 족원, 문화 연구, 동북변강구 과계민족 연구, 명·청 시기 東北族群 의식과 변강사회 연구 등이 있다. 넷째, 중·조관계사 연구가 있다. 조선반도 고(古)문명 기원, 조선반도 국(國)·족(族) 연구 등이 있다. 다섯째, 중국 동북변강과 러시아 원동지구 정치, 경제관계사 연구 등이 있다. 여기에는 중국 동북변강과 러시아 원동지구 민족정책 비교 연구, 중러 동단 변계연혁 및 계무 문제 연구 등이 있다.

국가 전략적 차원에서 변강과 주변국 간, 즉 동북지역과 한반도를 둘러싼 핵심적 이익을 포함하는 안보, 군사, 경제, 문화, 해양주권 등에 관한 연구들이 진행되고 있다. 동북지역은 조선족 통합 등 현안이 많은 곳이다. 또 변강 안정을 위하여 중요한 곳이다. 따라서 중국의 각급 정부와 학계는 역사와 지리, 인문학적 측면에 대한 것보다 사회현상에 대한 연구에 더 관심을 기울이고 있다. 특히 동북지역은 이 지역의 잠재적인 특성도 있지만 주변국가와 밀접한 영향을 주고 받는 만큼 관련 정책 연구의 필요성이 높은 곳이다.

셋째, 한국 고대사 부문의 연구 비중이 하락하는 경향이 있다. 고대사 중심의 연구에서 차츰 벗어나 동북지역 전체에 대한 연구경향으로 변화하고 있다. 국가급 연구 프로젝트에 해당하는 국가사회과학기금항목이나 성급의 사회과학기금항목 그리고 지방 연구기관이나 대학 연구소에서 내놓은 연구 내용물을 보면 한국 고대사 영역의 비중이 미미하다는 사실이 이를 방증한다. 고구려사, 발해사 연구는 쇠퇴하는 경향을 보이는 반면, 동북지역의 소수민족의 특성에 대한 연구, 중국과 동북지역에 왕국을 건설한 여러 민족들에 대한 연구, 발해지역의 고고학 연구, 조선의 이민사 연구, 간도 기원 연구 등은 증가하고 있다. 이제 중국 학계는 한국 고대사 영역의 논쟁에 대해서는 어느 정도 입장 정리를 한 것으로 보인다. 한국 측의 문제제기에도 불구하고 중국 측은 고구려와 발해가 한국과는 별개의 중국 지방정권이라는 입장을 거듭 강조하고 있다.

넷째, 동북지역의 환경생태 영역에 대한 정책을 비롯한 연구가 진행되고 있다. 동북지역 자연과 문화의 보호와 개발을 위하여 생태학적 연구의 필요성이 지적되고 있다. 생태 연구에 주목하는 것은 여행업과 관광업을 발전시키면서 생태지역도 보존하여야 하기 때문이다. 쉬치[徐琦]에 따르면, 생태문명 건설과 관련하여 중국공산당은 2012년 11월 18대 보고에서 '환경'과 '생태'를

대대적으로 강조하였다.[43]

'생태와 관광산업'의 융합에 대한 지방정부의 관심은 각별하다. 지린성 정부는 2013년 10월 29일 '지린성의 관광과 문화산업의 융합적 발전 추진에 관한 제언[關于推進我省旅游與文化産業融合發展的提案(89號)]'에서 "중요한 자연경관을 가지고 있다. 지린성 백두산[長白山], 향해(向海), 삼각용만(三角龍灣), 정월담(净月潭)을 비롯한 자연경관이 동북 흑토지 문화와 관동 지역적 특색문화에 침투하지 않는 것이 없다. …… 백두산은 웅장한 아름다움을 지닌 자연경관뿐만 아니라 지린문화를 대표하는 상징적 기호이다"라고 했다.[44] 동북3성의 정부는 생태환경과 문화 관람을 접목하는 관광산업을 육성하기 위하여 관련 연구를 진행하고 있다.

현재 중국 학계는 이상의 주제에 대한 연구를 보다 확대해 나가고, 이들 연구 프로젝트의 성과물을 바탕으로 정책 연구와 정책 개발을 진행하고 있다.

3. 학술과 연계된 역사 관광자원

근래 고구려 여러 성곽은 만리장성의 연장선 운운하는 언론보도가 있었다. 이러한 보도에 많은 한국인들은 비상한 관심을 기울였다. 중국에서는 동북지역 고구려 산성에 대한 고고학적 조사를 비교적 짧은 기간에 마치고, 고고학적

43 徐琦, "把生態文明建設放在突出地位: 黨的十八大報告新意解讀," 2012. 11. 12. 자세한 것은 中華人民共和國環境保護部 참조, http://www.zhb.gov.cn/zhxx/hjyw/201211/t20121112_241815.htm(2013년 11월 29일 검색).

44 吉林省政府網, "我省各級政府對旅游産業與文化産業融合發展高度重視-關于推進我省旅游與文化産業融合發展的提案及答復(89号)", 2013-10-29 참조http://www.jl.gov.cn/zwgk/yatabl/dpttta2010/2011_38837/201310/t20131029_1555005.html(2013년 11월 25일 검색).

자료를 체계적으로 정리하고 있다. 고구려 산성과 함께 고구려 고분에 대한 발굴조사도 진행되어, 그 연구 성과가 언론과 학술지에 발표되고 있다.[45]

이러한 연구들의 목적은 고고학적 자료를 바탕으로 고구려와 중원문화의 연관성을 밝히고 고구려 역사를 자민족 중심으로 전환하려는 데 있다. 근래 장성공정을 통하여 고구려 천리산성을 만리장성의 연장선으로 왜곡한 것은 중국이 한국사의 영역을 어떻게 침해하는지를 보여주는 사례다. 또한 조선족의 문화 가운데 무형문화재를 중국의 문화로 전환하려는 일련의 모습도 나타나고 있다. 한국과 중국은 함께 공유하는 문화가 많지만, 한국의 고유한 문화가 침해받는다는 사실은 앞으로 문화 갈등이 생길 여지가 있음을 말해준다.

중국 학계가 진행하는 고구려와 발해 역사 등에 대한 연구는 단순한 학술 연구가 아니다. 우선, 고구려사 활용측면에서 보면, 고구려사 귀속 문제에서 벗어나 고구려사, 발해사와 연계된 유적의 대중적인 전시와 관람(박물관)을 통하여 고구려와 발해사는 중국 역사라는 인식을 갖도록 교육적 측면에서 홍보하고 있다. 일례로, 헤이룽장성 박물관 웹사이트의 '진열전람' 항목의 하위항목인 '역사진열(歷史陳列) 소개'를 보면, 구석기시대부터 1911년 청 제국 멸망까지를 11개 부분으로 나누고 있다. 그 중 한국 고대사와 관련성 있는 부분은 제5부분과 제6부분이다. 제5부분에서는 "청동문화를 거쳐 철기시대에 이르

45 다롄시 개발구 교육위생국 문체처 楊吉東에 의하면, 개발구 大李家鎭 城子村의 산꼭대기 산성은 내성과 외성으로 구성되어 있다. 현지 주민들이 말하는 첫 번째 성과 두 번째 성이다. 현재 170여 m만 남아있다. 전문가 고증에 의하면, 하나의 성은 2000년 전 고구려시기의 군사유적이다. 근래 발견된 두 번째 성터는 현재 400m가 존재한다. 두 성의 거리는 1.5km이다. 군사방어의 각도에서 보면, 두 산성은 서로 호응하며, 완벽한 전략방어체계를 구성한다. 金州박물관관장 王明成에 따르면, 두 번째 성터는 당시 토착민의 생활습성을 보여주며 동시에 고구려시기 전쟁방어체계의 연구에 구체적 실례를 제공한다. "高句麗古城墻在開發區睡了近2000年", 大連新聞網, 2009-05-15 http://kj.sach.gov.cn/news_detail.asp?t_id=8824(2013년 11월 20일 검색).

는 시기의 빈번한 전쟁은 문화의 상호 교류와 침투를 낳았고, 사회발전을 촉진하였다. 말갈인은 자신들의 힘으로 주변 이웃 부족을 물리쳤고, 해동성국 발해국을 건국하였다"고 기술하고 있다. 발해의 건국 주체는 고구려 후예가 아니라 말갈인이라는 것이다. 제6부분에서는 홀한주도도부-해동성국(忽汗州都都府 - 海東盛國)이라는 제목을 달고 하단에 "8세기 초 당조(唐朝)는 동북 동부에 '홀한주도독부'를 설치하였다. 속말말갈 수령 대조영을 홀한주도부, 발해군왕으로 책봉하고, 관할구역은 발해국으로 칭하였다. 당조 관할하의 지방정권으로 삼았다. 그 법령제도는 당조를 모방하였다고 기술하고 있다.[46]

또 다른 사례로는 랴오닝성 박물관 요하문명전 안내문을 들 수 있다. '요하문명전'은 '문명서광(文明曙光)', '상주북토(商周北土)', '화하일통(華夏一統)', '거란왕조', '만족굴기(滿族崛起)' 등 5개의 부분으로 구성되어 있다. 그중 '화하일통' 부분에서는 "요하유역은 동북아지역과 중원의 교통의 중추에 있고, 예로부터 농경민족과 유목민족이 잡거, 상호충돌, 교류, 융합하던 곳이다. …… 서부의 선비 모용씨, 북방의 부여와 동부의 고구려 등이 이 지역에서 활동하였고, 중국 역사상 전례 없는 규모의 민족 대융합을 가져왔다. 이들은 화하문명에 새로운 활력을 주입하였고, 최후에 중국 봉건사회의 수당성세를 맞이하였다"고 기술하고 있다.[47]

지린성 정부가 추진한 '용담산개발건설공정[龍潭山國家考古遺址公園]'도 하나의 사례다. 이것은 2억 위안(약 370억 원) 이상의 예산이 투입된 대형 프로젝트로 알려지고 있다. 이 공원 개발계획은 부여·고구려·발해사를 비롯해 여진족 금

46 헤이룽장성박물관 웹사이트 http://www.hljmuseum.com/show.php?contentid=139(2013년 11월 9일 검색).

47 랴오닝성박물관 웹사이트 http://www.lnmuseum.com.cn/news/(2013년 11월 9일 검색).

나라, 만주족 청나라에 이르기까지 모두 포괄하는 역사 프로젝트다.[48] 개발계획의 안내문에 따르면, 공원 정문은 한나라 양식으로, 부여유적지박물관은 당나라 양식으로 조성한다. 문제가 되는 점은 '발해군왕접지처(渤海郡王接旨處)'라고 적힌 동상이다. 이것은 발해왕이 당나라 사신 앞에 무릎을 꿇은 채 조서를 받는 형태의 조형물이다.[49] 이 조형물은 발해가 중국의 지방정권이자 속국이라고 주장하려는 것이다.

둘째로 고구려, 발해 문화유산과 백두산을 활용한 관광산업전략을 들 수 있다. 중국은 각 지방정부로 하여금 박람회를 유치하여 관광자원으로 삼도록 하고 있다. 중국은 동북공정과 후속 연구를 통하여 역사문화유산을 경제적 자원으로 활용하려 하고 있다. 다시 말해서 역사와 유물의 실체 관계 연구 결과를 토대로 동북3성의 유물의 경제성을 높여 관광산업에 이용하려고 한다. 그 외 인프라 시설의 구축을 통하여 보다 쉽게 백두산 관광을 하도록 하고 있다.

지린성 정부는 11차 5개년 계획기간에 '세계문화유산 지안 고구려 유적', '중화명산 백두산[長白山]' 등을 활용한 관광산업 발전을 중점사업으로 선정하였다.[50] 또 랴오닝성 정부는 선양에서 '세계문화와 자연유산 박람회'를 개최하여 고구려 장군총과 오녀산성(五女山城)을 중국 문화유산이라고 홍보하고 있다. 발해역사 유적이 많이 분포된 지역인 헤이룽장성은 발해 역사문화 유적의 관광자원화에 많은 노력을 기울이고 있다. 성 정부는 국가계획 11차 5개년(2006~2010년) 방침에 따라 유적의 발굴, 정비, 보호, 전시를 진행하였다. 이 밖

48 자세한 내용은 "지린성 '용담산개발건설공정' 들여다보니…", 『세계일보』 2012. 6. 18. http://www.segye.com /Articles /Main.asp(2012년 6월 17일 검색); 재인용.

49 "지린성 '용담산개발건설공정' 들여다보니…", 『세계일보』 2012. 6. 18 참조. http://www.segye.com /Articles /Main.asp(2012년 6월 17일 검색); 재인용.

50 "関于吉林省國民經濟和社會發展 第十一个五年規劃綱要的報告" http://www.gov.cn/test/2006-03 /03/content_216859.htm(2012년 6월 27일 검색).

에 백두산 생태환경, 조선족의 생활풍속 등을 접목시켜 유적지 개발, 스키장 및 온천 휴양촌 건설, 조선족 민속촌 건설 등도 하고 있다.

2011년 12월, 지린성 성위원회 9기 12차 전체회의에서 지린성 성위원회는 "장백산 문화 브랜드를 조성하고, '장백산문화건설계획요강'을 실시한다"고 결정했다. 이것은 백두산 문화자원을 재통합하여, 지린문화를 대표하는 상징 기호로 삼기 위한 것이다. 또한 2012년 5월 6일 폐막한 지린성 10차 당대표 대회에서는 지린지역 역사문화 건설을 강화하고, '장백산 문화' 상품을 개발하기로 결정하였다.[51] 12차 5개년(2011~2015년)에 따르면, 관광여행 상품의 다양화가 강조되고 있다. 여기에서 관광은 자연관광, 도시관광, 역사유적관광, 민족·민속관광, 국경관광으로 분류되어 있다.[52]

또 지린성 문화청이 제출한 '지린성 문물국 2013년 활동요점[吉林省文物局2013年工作要点]'은 "화룡발해중경 국가고고유적공원을 건설해야 한다. 칭화대학이 작성한 '화룡발해중경 국가고고유적공원규획'은 화룡발해중경 국가고고유적공원 건설을 핵심으로 문물보호이용, 휴한관광농업, 민족민속을 하나로 결합하는 오아시스생태문화여행지역을 건설하여 백두산여행과 유기적 결합

51 "大美長白山 文化顯風韻: 聚焦我省長白山文化建設", 『中國吉林網』, 2012. 6. 27. http://www.chinajilin.com.cn/content/2012-06/27/content_2565100.htm(2012년 7월 4일 검색).

52 관광여행상품은 다음과 같다. 첫째, 백두산, 화산체험, 압록강 그리고 두만강을 중심으로 자연관광을 즐기는 것이다. 둘째, 고구려, 요·금 시대 유적, 백두산 제사[封禪] 재현 상품 등 역사유적 관광이다. 셋째, 민족·민속관광이 있다. 동북3성에는 조선족, 만주족, 몽골족 등 여러 민족의 민속문화가 있다. 특히 민족명절, 민속박물관, 동북민속품, 민속풍속 등이 있다. 넷째, 국경관광이다. 조·중 국경선을 따라 훈춘·투먼 항구, 동북아 3대 명산(백두산), 장백현 탑산공원, 지안현 댐, 백산 용산호, 압록강 등에서 레프팅을 즐길 수 있도록 다양한 관광상품을 개발하고 있으며, 교통 인프라 건설에도 힘쓰고 있다. 자세한 내용은 "吉林省旅游業發展十二五規劃", http://wenku.baidu.com/view/750c50146c175 f0e7cd13782.html(2012년 6월 27일 검색).

을 실현하는 방안이다"[53]라고 밝히고 있다. 이처럼 고고유적공원 건설도 여러 부문과 연계하는 방안을 검토하고 있다. 특히 민족민속과 연결하고, 생태문화 지역을 활용하는 방안이 모색되고 있다.

이처럼 고구려와 발해 유적이 많이 분포된 동북3성은 유적들을 관광자원으로 활용하여 경제적 효과도 얻고, 고구려 문화유산이 중국 문화유산이라고 홍보하는 선전·전시효과도 거두려 하고 있다. 다시 말해, 동북공정과 그 후속 사업은 고구려사·발해사는 중국 역사이고 고구려·발해 문화유적은 중국의 문화유적이라는 논리를 국내외 관광객들에게 선전하는 문화적 효과와 경제적 특수를 기대하는 이중의 목적을 지니고 있다.

셋째, 동북공정 이후 동북3성에 분포되어 있는 장성문물에 대한 연구와 함께 유·무형 자원에 대한 관심도가 높아가고 있다. 장성문물과 관련한 장성보호공정(2005~2014년)은 국무원 부서의 중대문물보호공정이며, 그 중 장성 자원 조사는 장성자원 기반을 밝혀내는 중요 조치다. 2008년 제3차 전국문물조사야외조사를 통하여 지린성 쓰핑시,[54] 창춘시, 퉁화시, 옌벤[延邊]주 등에서 고구려, 한, 동하(東夏) 시기의 장성유적을 발견하였다. 한대 부여국의 봉화 유적도 발견하였다. 일찍이 중국 학계의 관심을 받은 청대 유조변은 유선형 유적의 특징을 갖고 있고, 장성의 범주에 편입되었다. 관련 전문가들은 지린성 내의 유적의 분포, 형상, 축성방식 등이 지린 경내 고대 역사적 사실에 대한 문헌기록과 기본적으로 일치한다는 사실을 확인하였다. 이들 발견 성과는

53 林省文化廳, "吉林省文物局2013年工作要点", http://wht.jl.gov.cn/(2013년 11월 19일 검색).

54 吉林省文物局文物保護處, "吉林省第三次全國文物普查暨 長城資源調查工作總結大會在四平市召開"http://news.xinhuanet.com/politics/2012-05/03/c_123070894.htm(2013년 11월 19일 검색).

중국의 현존하는 기타 시대의 장성자원을 한층 풍부하게 하였다는 평가를 받았다. 장성 연구는 중화민족의 진귀한 문화유산의 실물자료를 제공하였다. 통화현 '남태자옛도시[南台子古城址]'는 현재까지 발견된 진 · 한 장성의 가장 동쪽 끝으로 여겨지고 있다. 지린성은 2010년 3월 26~28일에 옌지시에서 장성자원조사공작회의를 개최하고, 4월 중순 장성자원 야외조사공작을 시작하였다. 동시에 국가문물국의 요구에 따라 지린성 12차 5개년 기간 장성보호총체공작계획을 편제하였다. 지린성의 장성보호공정은 국가장성보호 12차 5개년 계획에 포함되었다.[55]

지린성 문화청은 '지린성 문물국 2013년 공작요점[吉林省文物局2013年工作要点]'을 통하여 "고구려 고고유적공원 회랑지대를 건설해야 한다. 지안 고구려 국가고고유적공원의 관리전시수준을 전면적으로 제고하여, 통화 자안산성, 류하라통(柳河羅通)산성[56] 본체 수리와 통화 만발발자(萬發撥子)[57] 방안 편제공작을 잘하여 지린 특색을 갖춘 우리 성 동남부를 관통하는 고구려 고고유적공원 회랑지대를 형성하자"고 강조하였다.[58]

---

55 長春日報, 2010년 3월 29일자 "吉林省加入國家長城保護工程項目组", http://www.jl.xinhuanet.com/shangye/2010-03/29/content_19364799.htm(2013년 11월 19일 검색).

56 류하라통(柳河羅通)산성은 전국중점문물보호단위이며, 통화시 류하현 동북 30㎞ 라통산진의 라통산 중부 주봉산에 있다. 248년에서 291년 사이에 건립된 고구려 절노부에 중요한 전략 지점이다. http://baike.baidu.com/view/1058745.htm(2013년 11월 18일 검색).

57 유적 면적은 15만㎡이고, 동서로 나뉘어져 있다. 서부는 생활거주지이고, 동부에서는 상당한 수량의 고분이 발견되었다. 이들 고분은 토갱묘(土坑墓), 적석묘(積石墓), 방단적석묘(方壇積石墓), 계단적석묘(階壇積石墓) 등으로 나뉘며, 여성을 주체로 삼은 40여 명의 합장묘도 발견되었다. http://jingdian.landtu.com/jingdian/wanfaboziyizhi.html(2013년 11월 18일 검색).

58 吉林省文化廳 http://wht.jl.gov.cn/(2013년 11월 19일 검색).

지린성 정부는 2013년 10월 '우리 성의 관광과 문화산업의 융합 발전 추진에 관한 제안과 답변[關于推進我省旅游與文化産業融合發展的提案及答復(89號)]'에서 다음과 같이 밝혔다. "지린성은 비(非)물질문화유산 자원이 매우 많다. 한족, 조선족, 만주족, 몽골족 등 각 민족문화는 서로 아름답게 어우러지고, 이색적인 것이 연이어 나타났다. 2009년, '중국 조선족 농악무' 항목 역시 중국 유일한 '인류비(非)물질문화유산대표작명부'에 등재된 무용류 항목이다. 만주족 설화, 동북이인전(二人轉) 등 27개 항목이 국가급비물질문화유산명부에 등재되었다. 동풍농민화(東豊農民畵), 만주족치파오[旗袍] 제작기법 등 190개 항목이 성급 비(非)물질문화유산명부에 등재되었다. 현재, 성 전체는 국가급 비(非)물질문화유산 대표전승자 5인과 성급 대표전승자 57인을 보유하고 있다"[59]

이처럼 동북3성은 장성 연구를 기반으로 하는 장성보호공정(2005~2014년)뿐만 아니라 유무형 문화자원을 활용하여 문화적 가치를 발굴하는 활용방안도 내세우고 있다. 문화자원 발굴을 통하여 지방정부는 문화적 가치를 더욱 높이고자 하고 있다. 특히 정책적 지원에 따라 문화유산자원의 우수성을 부각시키고 관리와 사업을 접목하며, 궁극적으로 많은 부침을 한 고대국가와 민족의 역사적 근원을 뒤로 한 채 이 지역의 새로운 역사를 쓰고 있다. 중국은 동북 지역에 대한 역사 연구와 개발을 통해 문화강국을 꿈꾸고 있으며 중국 문화의 우수성을 세계로 전파하려는 노력을 국가 차원에서 진행해 나가고 있다.

---

59 http://www.jl.gov.cn/zwgk/yatabl/dpttta2010/2011_38837/201310/t20131029_1555005.html(2013년 11월 28일 검색).

4. 동북진흥전략과 상호연계 모색

'중국 동북 노후공업기지 진흥전략'(이하 동북진흥전략)은 중국 4세대 지도부가 추진한 지역발전정책으로 2003년에 공식 입안되었다. 2003년 10월 중공중앙, 국무원이 '동북지구 등 노후공업기지 진흥전략 실시에 관한 몇 가지 의견'을 지방정부에 하달한 이후 2013년에 이르기까지 10년 동안 이 정책이 실시되고 있다.

동북공정과 동북진흥전략의 공통점은 동북지역(만주)의 안정이라는 목적을 갖고 있다는 것이다. 양자는 중국의 동북변강정책의 일환이기도 하다. 동북공정은 정치적·국제관계학적 측면에서 추진된 중국의 동북아전략이라면, 동북진흥전략은 경제적 차원에서 나온 것이다. 국내의 지역 경제 불균형 해소뿐만 아니라 동북아 지역 경제와 합작이라는 측면도 고려한 것이다. 특히 중국은 동남해 연안 개발의 성과를 토대로 서부지역 대개발 전략을 추진하였고, 이어 동북지역에도 지역적 불균형 해소를 위하여 경제적 측면을 고려한 동북변강의 경제전략을 추진하였다. 이것이 '동북진흥전략'이다. 다시 말하여 동북진흥전략은 경제적 측면에 중점을 둔 정책으로 동북변강 문제 해법인 동시에 지역진흥전략인 것이다. 동북진흥전략은 낙후된 동북지역의 경제적 활용성을 높여 이 지역을 동북아 경제와 무역의 중심지로 발전시키려는 전략이다. 그리고 이것은 중국 신지도부의 청사진과 관련성이 많다. 자신들의 정치권력의 정통성을 확립하기 위하여 대개 새로운 지도부는 장기 전략을 수립하게 된다. 장쩌민에 이어 후진타오도 동북지역의 '경제개발전략'을 만들어 시행하였다.

동북공정과 동북진흥전략은 모두가 동북변강의 현안에서 비롯된 것이다. 동북공정은 역사와 지리 연구를 통하여 정치적 문제를 해소하는 측면이 강하다. 특히 정치 문제의 하나인 소수민족 정책은 중국을 '하나의 국가'로 이어주기에는 미흡한 대안이다. 소수민족 정책만으로는 위기에서 벗어나 안정적 기반을 다지기에는 한계가 있다. 따라서 소수민족 문제의 근본적인 해결을 위해서는 소수민족과 한족을 하나로 이어주는 새로운 이데올로기가 필요하다. 그래서 중국 정부와 학계는 다원일체 중화민족론, 통일적 다민족국가론을 개발하여 소수민족과 한족을 통합하려는 노력을 계속하고 있다. 이것이 중국 변강 정책의 시발점이다. 변강 연구는 변강지역과 주변정세에 대한 빠른 대응과 사전 대책수립 마련의 필요성에서 나왔다. 동북변강의 안정을 위하여 동북공정을 추진하였으나 동북공정 그 자체만으로는 한계가 있어, 이를 보충할 수 있는 개발전략이 필요했다. 이것이 동북지역 경제개발전략인 동북진흥전략이다.

아울러 동북변강 문제는 국경과 영토 문제 측면보다는 내부의 경제 발전 및 지역 경제적 과제 해결과 대외적인 경제 협력 및 발전 측면이 현실적으로 더 중요하다. 동북진흥전략도 동북지역의 협력 문제와 깊은 관련이 있다고 하겠다.

동북진흥전략이 추진된 것은 동북지역이 상대적으로 낙후되었기 때문이다. 동북지역(만주)은 일찍이 공업이 발달한 지역이었다. 일제의 개발 정책으로 제철, 기계, 금속, 석유 등 각종 중화학공업이 발달하였으며, 만주국 시기부터 중요한 중공업 기지 역할을 해왔다. 하지만 중국 정부가 개혁개방 정책을 추진한 이후 중남해 연안 중심의 경제발전이 이루어졌고, 동북지역의 발전은 상대적으로 저조한 상태를 면치 못하였다. 지역 격차가 커지면서 2000년 무렵 서부 대개발 정책이 추진된 데 따른 것이다. 특히 동북지역의 산업 구조는 중공업 중심이며 이 지역의 국유기업은 만성적인 적자에 허덕였다. 상대적으로 경공업 발달이 늦은 것은 이 지역 인민의 생활수준이 낮아지는 결과를 빚었다. 이에 중국 정부는 동북지역 인민들의 생활수준을 향상시켜 동북지역을 안정시키기 위한 노력으로 이 지역의 경제 발전전략을 강구하였다.

동북3성의 중공업은 전국에서 최고 수준이었다. 동북 노후공업기지는 신중국 공업의 요람이었으며, 1차 5개년 계획의 156개 중점항목 중 58항이 동북 지역에 관한 것이었다. 또 이곳은 중국 중화학공업의 중요기지이며, 중요한 농산물과 부업 생산물 생산기지였다. 동북지구가 중국 국민경제에서 대단히 중요한 위치를 차지한 것이다. 동북3성의 중공업 가운데 기계장비업인 발전소플랜트는 전국의 3분의 1, 석유화공업인 석유 가공량은 전국의 7분의 2, 에틸렌 생산량은 4분의 1, 야금공업인 철강 생산량은 전국의 8분의 1, 선박제조업인 선박 생산량은 전국의 3분의 1, 기차제조업인 기차 생산량은 전국의 4분의 1을 차지하고 있었다.[60] 이처럼 동북지역은 신중국 공업의 요람이며, 중화학공업의 중요기지인 동시에 중요한 농산물과 부업 생산물 생산기지로서 활용 가치가 높은 지역이며, 중요한 전략적 지위를 차지하고 있다.

동북진흥전략과 관련된 부서로는 국무원진흥동북지구 등 노후공업기지 영도소조 29개 부서가 있다.[61] 동북진흥전략의 구체적인 내용은 중화인민공화

60 振興東北 웹사이트 http://www.chinaneast.gov.cn/

61 동북지구 노후공업기지와 관련한 영도소조는 29개이다.

외교부 外交部	발전개혁위원회 發展改革委	교육부 教育部	과기부 科技部	공업·정보화부 工業和信息化部
재정부 財政部	인력자원사회보장부 人力資源社會保障部	국토자원부 國土資源部	환경보호국 環境保護部	주택도시농촌건설부 住房城鄉建設部
교통운수부 交通運輸部	철도부 鐵道部	수리부 水利部	농업부 農業部	상무부 商務部
문화부 文化部	인민은행 人民銀行	국자위(國有資産 監督管理委員會)	해관총서 海關總署	세무총국 稅務總局
품질검사총국 質檢總局	廣電總局 라디오TV총국	임업국 林業局	중국과학원 中國科學院	은행감독관리위원회 銀監會
에너지국 能源局	國防科工局 국방과학공업국	외전국 外國專家局	전국총공회 全國總工會	

국 발전개혁위원회가 국가에너지국의 요청을 받아 "국무원 동북진흥 '12차 5개년' 규획에 관한 회답"을 통하여 하달하였다.[62]

동북진흥전략 사업들의 특이점으로는 동북지역의 여행업을 들 수 있다. 여행중점 사업으로는 빙설여행, 삼림초원습지여행, 화산온천여행, 공업여행, 농업여행, 변경여행, 문화역사여행 등이 있다.[63] 특히 문화역사 여행으로는 홍산문화유적, 고구려유적, 발해국유적, 요령지역 '일궁삼릉(一宮三陵)'[64] 등 세계문화유산과 국가급문물보호단위를 핵심으로 하는 지방특색문화에 의거하여 국제적 영향력을 가진 문화여행을 발전시킨다는 것이 있다. 이 밖의 사업으로는 동북지구 교통공정 규획항목, 생태건설 중점, 환경오염 관리[治理] 중점 등

62 중점공작은 다음과 같다. 첫째, 국가식량안전 보장을 최우선 목표로 삼아 현대농업을 공고히 발전시킨다. 농촌생산 생활조건을 개선하고, 풍부하고 아름다운 신농촌을 건설하자. 둘째, 현대산업체계를 완성하자. 전통공업을 최적화하고, 전략적 신흥산업을 빠르게 배양하고, 강건한 서비스업을 발전시키고, 해양경제를 적극적으로 발전시키자. 셋째, 지역 발전공간구도를 최적화해서 산업집약 확대를 추진한다. 과학과 인재자원에 의탁하여 지역 창신능력을 증강시킨다. 넷째, 자원형 도시를 지속 발전하도록 촉진한다. 대체산업을 연결하여 대대적으로 발전시키고, 역사유물 문제를 해결하도록 힘을 쓰며, 장기적으로 효력이 있는 메커니즘을 만들어 지속 가능한 발전을 하도록 세워야 한다. 다섯째, 기초시설조건을 개선하여 비교적 완비된 종합교통 운송체계와 다양한 청정에너지체계를 형성한다. 여섯째, 산림, 초원, 습지와 강과 하천유역 등 중점 생태구역보호와 관리를 강화하고, 자원절약과 에너지 절약 및 오염물 감축을 강화한다. 일곱째, 취업직장이 증가하도록 여러 조치를 채택하고, 판자촌[棚户區] 개조를 포함하는 보장성 비영리성 주택 건설 프로젝트를 신속히 한다. 여덟째, 국유기업 개혁을 지속적으로 심화시켜 비공유제 경제를 신속히 발전시킨다. 국유림 지역과 농지개간 개혁을 추진한다. 대외개방 수준을 전면적으로 제고하여 동북아 개방의 중요 중추로 건설한다. 發展改革委, "國務院關于東北振興'十二五'規劃的批復" http://www.chinaneast.gov.cn/2012-03/22/c_131481375.htm(2013년 11월 22일 검색).

63 http://chinaneast.xinhuanet.com/2007-08/20/content_10905015_5.htm(2013년 11월 25일 검색).

64 "일궁삼릉(一宮三陵)이란 인류문화의 보배이다. 일궁은 심양고궁이며, 삼릉은 영릉, 소릉, 복릉이다"("一宮三陵是人類文化的瑰寶, 一宮爲瀋陽故宮, 三陵分別爲永陵, 昭陵和福陵")

이 있다.

여행업 발전과 관련하여 국가여행국, 국가발전개혁위원회는 '동북지구여행업발전규획'의 통지를 통하여 "동북지구 등 노후공업기지진흥전략을 철저히 실현하도록 깊이 파고들기 위해서는 동북지구 여행업을 빠르게 발전시켜야 한다. 그리고 동북지구 여행업과 경제사회의 전반적 협조가 지속적 발전 가능하도록 촉진해야 한다"고 강조하였다.[65] 이처럼 동북진흥전략의 여러 사업 가운데 여행업 부문을 활성화하려는 의도가 매우 강하다. 여행업 발전을 위하여 문물, 민족, 생태문화를 연계한 여행 상품을 내놓고 있다. 이는 동북지역의 개발을 통하여 이 지역의 안정을 꾀하고 나아가 소수민족의 삶의 증진도 도모하면서 소수민족의 이탈을 방지하려는 사전적 포석이라고 할 수 있다.

리야난[李亞男]에 따르면, 동북진흥 전략은 계획경제체제가 사회주의 시장경제체제로 전환하는 과정이며, 동시에 사회경제구조에서 문화 투자공업, 문화 경제적 함량과 비중이 점차 제고하는 과정이다. 역사전통, 지리환경 및 계획경제체제 등의 영향으로 동북지역에는 기술장비 낙후, 산업구조 노후화 등 문제가 여전히 존재하고 있다. 이와 상응하여, 사람의 사유방식, 행위양식, 문화관념 등에도 '노화' 현상이 존재한다. 따라서 동북문화산업의 심도있는 확장(개발) 역시 동북진흥의 중요한 내용인 이상, 동북진흥을 추진하는 강대한 동력이다.[66]

국무원판공청은 2012년 4월 '중국 두만강 구역(훈춘) 국제합작시범구[67] 건

65 國家發展改革委, "我國發布《東北地區旅游業發展規劃》", http://www.chinaneast.gov.cn/2010-03/17/c_13214227.htm(2013년 11월 24일 검색).

66 李亞男(2008), 「東北振興中地區文化産業的發展策略」, 『東北亞論壇』 5期.

67 훈춘국제합작시범구는 규모가 90km²이며, 국제산업합작구, 변경무역합작구, 중조훈춘경제합작구와 중러 훈춘경제합작구 등 기능구를 포괄한다. 토지이용에 따라 전체 기획과 도농 기획조직건설과 법정절차에 의해 비준요청이 뒤따른다.

설 지지에 관한 몇 가지 의견'을 내놓았다. 그 내용은 다음과 같다. "1992년 중, 러, 한, 조, 몽 5개국 공동으로 두만강 구역 합작개발 항목을 시작한 이래 각국은 공동 노력하여 두만강 구역 합작개발에 현저한 효과를 얻었다. 우리와 주변국가에 유리한 점은 경제무역합작이다. 장길도 경제구는 새로운 발전기회를 맞고 있다. 새로운 역사 기점 위에 서 있으며, 훈춘국제합작시범구를 잘 건설하는 것은 중국이 두만강 구역 개발개방의 중대조치를 깊게 추진하는 것이며, 중국과 주변국가, 특히 조선, 러시아와 경제무역 합작을 촉진하는 데 유리하며, 중국 옌볜 개발 개방 확대의 새로운 경로를 탐색하는 데 유리하며, 동북노후공업기지 진흥 속도를 빠르게 하여 중국 변강민족지구 경제사회 발전 수준을 끌어올리는 데 유리하며, 민족단결과 변강안정을 촉진한다"[68] 동북지역의 합작시범구를 설정하여 경제·무역 합작을 촉진함으로써 변경지역의 발전과 안정에 도움이 된다는 사실은 동북변강에 대한 안정을 추구하는 동북공정과 맥락을 같이한다.

뤼차오(呂超)에 따르면, 동북진흥의 계기와 관건은 이 지역경제 일체화 발전의 추진에 있다. 특히 동북아는 지역경제를 위하여 협력해야 발전을 지속할 수 있다.

동북아 경제합작에 대한 중국 동북지구의 참여는 일부 진전을 보았다. 현재 동북노후공업기지는 이미 난관을 극복하는 단계에 진입하였다. 지식경제와 경제세계화 시대배경에서 신단계, 신모델은 객관적으로 동북진흥과 동북아 경제합작을 위하여 새로운 계기를 제공한다. 새로운 계기를 잡고 새로운

68 國務院辦公廳, "國務院辦公廳關于支持中國圖們江區域(琿春)國際合作示范區建設的若干意見", http://www.chinaneast.gov.cn/2012-04/26/c_131551894.htm (2013년 11월 24일 검색).

발전을 실현하고 구체적 대책을 갖는 것이 필요하고 전략적 구상을 갖출 필요가 있다.[69]

동북진흥전략은 2003년 중국 4세대 지도부가 지역발전정책으로 공식 채택되었지만 현 5세대 지도부에서도 중요한 국가사업으로 지속적으로 추진될 것으로 전망된다. 산업구조 조정과 국유기업 개혁에 초점을 맞추고, 중국의 기타 노후공업기지와 균형을 이루며 추진될 것으로 보인다. 특히 동북진흥전략 10주년인 2013년 중국 정부가 동북지역의 노후공업기지 진흥 정책을 전국으로 확대 시행함[70]에 따라 산업배치 등에서 과거에 비해 보다 효율적으로 추진될 예정이다. 국가발전위원회가 2013년 3월 18일자로 관련 통지[《國家發展改革委關于印發全國老工業基地調整改造規劃(2013~2022年)的通知》]를 하였고, 국무원도 이미 비준한 사안이다.

덩샤오핑[鄧小平] 시기의 동남연해지구 발전전략, 장쩌민[江澤民] 시기의 '서부대개발'에 이어 후진타오[胡錦濤] 시기에 추진된 '동북진흥전략'은 중국의 국가발전전략이다. 동북진흥전략의 핵심은 두 가지로 요약할 수 있다. 첫째는 경제적 고려다. 중앙정부 차원에서 민영화와 국유기업 구조조정을 실시하여 동북 중공업의 우위성을 되살려 낙후된 중공업 기지를 경쟁력이 있는 중공업 기지로 '진흥'시키는 것이다.[71]

둘째는 정치적 고려다. 서부대개발과 마찬가지로 동북진흥전략 역시 중국의 개발전략인 동시에 변강정책의 일환이다. 그 목적은 변강민족도 중화민족

69 程偉(2008),「東北振興與東北亞經濟合作」,『當代亞太』5期.

70 家發展改革委, "國家發展改革委關于印發全國老工業基地調整改造規劃(2013-2022年)的通知" http://www.chinaneast.gov.cn/2013-04/02/c_132279127.htm (2013년 11월 24일 검색).

71 윤휘탁,「현대중국의 동북변강정책」,『중국의 민족·변강 문제』, 고구려연구재단, 253쪽.

의 일원이라는 정체성 확립에 있다. 그들에게 물질적 생활기반을 확고히 해줌으로써 이탈을 방지하려는 것이다. 이는 변강의 안정을 이루고, 변강의 위기를 사전에 예방하는 차원이다. 따라서 동북진흥전략은 변강정책의 하나라고 할 수 있다.

V. 결론

이 글은 2007년 이후 동북공정의 성과 분석과 영향 평가를 논의하는 데 주안점을 두고 있다. 성과 분석에 대한 논의를 먼저 언급하도록 한다. 성과 분석에 대한 논의는 그동안 잘 다루지 않았던 광범위한 과제 내용과 성격에 대한 것이다. 중국 정부 소속 연구기관의 연구항목, 지방정부 소속 연구기관의 연구항목, 중화인민공화국 교육부 소속 기구의 연구항목, 지방정부 산하의 연구소에서 다루는 연구항목 등 방대하고 다양한 주제들이 있다. 동북공정의 연구 실태를 파악하기 위해서는 연구 기반과 연구물에 대한 분석이 필요하다.

첫째, 연구기반에 대한 성과 분석이다. 가장 비중이 높은 연구 프로젝트는 전국철학사회과학규획판공실에서 실시한 것이다. 이 판공실은 한국의 학술진흥재단과 유사하다고 볼 수 있다. 이 기관에서 나온 연구 프로젝트는 과제 성격의 주제, 주무부서, 연구자 동향, 연구비의 규모 등을 우선 파악할 필요가 있다. '2005~2013년 국가사회과학기금 항목'을 중심으로 과제 주제별로 나누어서 과제를 도표로 정리해 보았다. 어느 과제가 언제 시작해서 언제 종료되는지 혹은 과제가 진행 중에 있는지 한눈에 알 수 있도록 정리하였다.

둘째, 연구물 내용에 대한 성과 분석이다. 고구려사 연구물과 고구려 고고학적 연구물로 분류해서 각각 단행본과 석박사 학위논문, 학술지 논문의 편수와 내용을 분석하였다. 발해 역시 발해사 연구물과 발해 고고학적 연구물로 분류해서 세부적으로 나누어 보았다. 단행본 저서에 대해서도 세부적으로 내용 분석을 시도하였다.

이어서 영향평가에 대한 분석으로 다음과 같이 몇 그룹으로 나눠서 살펴보았다. 첫째, 연구기반의 조성과 확대의 경우 연구자의 성격, 연구기관에서 발간되는 연구물의 성격과 내용, 그리고 연구비 지원에 대한 설명을 하였다. 중국은 국가 차원에서 동북공정을 지원하였고, 동북3성도 연구 활동에 참여함으로써 연구기반을 넓혔다. 이를 기반으로 정부 지원과 학과 신설, 연구소의 확대가 이뤄졌다. 연구소 확대는 소속 학술 월간지의 발행으로 이어졌다.

둘째, 연구영역의 다변화를 언급할 수 있다. 우선 다양한 연구 주제를 다루고 있다. 한국 고대사의 비중을 낮추고 동북지역의 역사, 지리, 민족 그리고 한반도와 중·러 문제와 관련한 연구를 많이 하고 있다. 기초연구를 벗어난 응용연구 분야에 관심을 집중하고 있으며, 환경, 문화, 법률, 교통 등 사회과학 영역으로 확대하고 있다. 또 동북지역 환경생태 영역에 대한 연구와 정책적 노력에도 힘을 싣고 있다.

셋째, 학술과 연계한 역사 관광자원의 활용방안을 찾고 있다. 단순한 학술연구에만 국한하지 않고, 고구려사, 발해사, 과거 왕조 역사를 관광과 연계하고 있다. 더 나아가 요하문명전 등과 같은 전시회를 중국 역사를 새롭게 홍보하고 역사와 관광을 잇는 자원으로 활용하고 있다. 백두산도 관광 인프라를 구축하여 활용하고 있다. 그리고 동북3성에 분포되어 있는 장성문물을 대대적으로 손질하고 이를 문화관광 자원으로 활용하고 있다. 최근에는 웹사이트 '문물망'을 통하여 국가문물에 대한 발굴과 가치보존 그리고 지원을 통하여 문화유산자원의 우수성을 알리는 동시에 '중화민족의 위대한 부흥'을 통하여 세계역사를 선도하는 '중화문명의 건설'을 추진하고 있다. 최근 중국은 경제부흥에 힘입어 '도광양회(韜光養晦)'를 넘어 '대국굴기(大國崛起)'의 자세로 전환하는 모습을 보여주고 있다.

넷째, 동북진흥전략과 상호연계 모색이다. 정치적 색채가 짙은 '동북공정'과 경제적 색채가 강한 '동북진흥전략'은 다함께 동북변강의 안정을 위한 정책이기도 하다. 동북공정은 역사와 지리 문제를 다룬 국가 지원 프로젝트이다. 즉 동북지역의 역사를 중국사로 편입하려는 시도다. 소수민족과 한족을 하나로 묶는 '통일적 다민족국가론'의 완성이기도 하다. 중국은 이를 통하여 과거 소수민족 정권을 모두 중국사에 편입시켰다. 지리 문제는 동북지역의 지정학적 위치를 대변한다. 지정학적으로 보면 동북지역은 중국 내지와 다른 변강지역에 속하며, 변강지역은 유목민족이 농경사회인 중국 내지로 가기 위한 교두보였다. 따라서 분쟁의 소지가 많은 곳이었다. 이러한 변강의 위기를 해소하고 안정을 찾는 것은 중국 내지의 안정과 직결된다.

동북진흥전략은 동북3성의 경제적 낙후와 만성적자인 국유기업 문제를 해소하기 위한 경제정책이다. 특이한 점은 동북진흥전략 사업 가운데 관광사업이다. 소수민족의 민속, 그리고 백두산을 위시한 생태문화의 이점을 십분 활용한 관광여행상품을 판매하고 있다. 무엇보다 동북지역 개발을 통하여 이 지역의 안정을 꾀하고 소수민족의 삶의 개선을 도모하여 소수민족의 이탈을 방지하려는 전략으로 보인다. 결과적으로 동북진흥전략은 동북공정과 마찬가지로 소수민족의 생활안정을 도모하면서 이탈을 방지하려는 경제적인 측면에서의 동북변강정책이다.

이 연구는 성과 분석과 영향 분석에 초점을 두고 있다. 한국 학계가 예의주시해야 할 동북변강정책은 우리의 미래와 직결되는 문제다. 따라서 이에 대한 대비책을 강구하고 상대의 전략을 파악하는 것은 우리들의 몫이다.

신장항목의 성과와 영향 평가

박선영(朴宣泠)

동아시아 근현대사 / 경북대학교 아시아연구소 연구원
『東北抗日義勇軍』(1998, 中國友宜出版社), 『중일문제의 진상』(2009, 동북아역사재단), 『만주란 무엇이었는가』(2013, 소명출판), 「중화인민공화국의 판도 형성과 신강: 신강의 특수성과 신강생산건설병단의 국내외적 도전」(2006, 『중국사연구』 44, 중국사학회) 등.

박선영 | 경북대학교

신장항목의 성과와 영향 평가

I. 서론

중국은 변강 연구의 중요성을 인식하고 이를 체계화하기 위하여 2002년 '동북공정'을 시작하였다. 역사와 관련된 순수학문적 연구와 현상 및 미래 대비책으로서의 응용연구 그리고 자료 정리 작업을 포함하여 동북지역의 정치적, 학문적, 역사적 주권을 강화하기 위한 이 사업은 2004~2009년에는 중국 서북변강을 이론화하는 '신장항목'으로 확대되었다.

신장은 다민족과 다종교가 공존하는 곳이지만 위구르족의 분리독립운동과 이슬람 세력의 활동이 활발한 곳이기도 하여서 각 민족의 종합적인 단결을 기반으로 사회적인 안정을 희구하는 것은 어려운 문제다. 더욱이 절대적인 사회적 안정을 바탕으로 신장의 지속적인 경제 발전을 추구하는 것은 난제라고 할 수 있다.

더군다나 신장지역뿐만 아니라 베이징이나 쿤밍 등 타지에서도 간헐적으로 독립을 추구하는 세력의 '산발적인 봉기'[1]로 사회적, 국가적으로 긴장하고 있기 때문에 중국 정부는 신장지역 발전과 통제에 중대한 도전을 받고 있는 셈이다. 이러한 상황에서 어떻게 다민족 다종교 지역의 민족 단결과 사회 안정을 꾀하고 중국으로부터 이탈하려는 세력의 활동을 제어하면서 신장지역이 신속하게 발전할 수 있게 하는 것은 화평굴기를 강조하는 중국이 풀어야 할 시대적 과제다.

이 문제를 해결하기 위하여 중국은 당대 신장의 현실과 역사를 연구하여 그 해답을 찾으려는 노력을 기울이게 되었다. 따라서 신장지역에 대한 역사 연구는 역대 왕조가 시행한 신장 통치 정책의 승패와 득실을 연구하여 현대 신장 발전의 거울로 삼고자 하였다. 동시에 현대 신장의 정치적, 경제적 상황도 연구하여 그 성과가 현실에 이바지하고 미래에도 기여할 수 있도록 설계하였다. 중국은 '분열세력'이 신장 역사를 왜곡하고 개찬하는 것을 막기 위하여 학자들이 신장의 역사를 정확하게 연구할 뿐만 아니라 신장의 현실에도 주목할 필요가 있다고 강조하였다.[2]

이 글에서는 다원일체의 통일을 통하여 화평굴기를 지향하는 중국이 대대적으로 신장항목을 추진한 배경을 검토하고 신장항목으로 얻어낸 성과에 대한 내용 분석과 더불어 응용연구 결과가 적용된 박물관 현장과 도시의 표어도 검토할 것이다. 특히 신장의 안정을 희구하는 중국의 응용연구가 현장에서 어떻게 적용되고 있는지에 대해 2013년 현지답사를 통하여 확인한 구체상을 논하고자 한다. 신장항목에 관한 출판 결과물의 성과와 현장 적용이라는 내용의 확인을 통하여 중국이 신장지역에 관하여 추구하려 하였던 이론과 응용의 두 바퀴를 균형있게 이해할 수 있을 것이다.

1 중국 정부는 신장지역에서 민족 분열 세력과 종교 극단 세력 및 폭력 공포 세력[三股勢力]이 '폭동'을 일으킨다고 표현하지만 이 글에서는 폭력 사태 내지는 '봉기'로 표현할 것이다.

2 馬大正 等(2006), 『新疆史鑒』, 新疆人民出版社, 18쪽.

Ⅱ. 신장항목의 추진 배경

1. 과거 신장지역 변강 연구

근대 중국 역사에서 변강과 관련된 대대적인 연구는 크게 2차례 있었다. 하나는 아편전쟁 전후 서양세력이 중국을 잠식하고 있었을 때이고, 다른 하나는 1931년 9·18사변 이후 일본의 제국주의 세력이 동북지역을 시작으로 중국 관내지역으로 영향력을 확산시켜 나갈 때였다. 국난의 위기에 처한 중국은 변강지역의 안정이야말로 중국의 안전을 보호하는 것이라 여겨 변강 연구에 힘을 쏟았다.

21세기에 추진된 '동북공정', '신장항목', '북부변강항목' 등 중국의 변강지역 연구와 역사편찬 작업은 가히 제3차 변강 연구의 파도라고 해도 과언이 아니다.[3] 3차 연구를 1차와 2차 시기의 변강 연구와 비교한다면 비록 직접적인 외침은 없지만 나름대로 상당한 위기의식에서 출발한 것이라고 볼 수 있다.

1차 시기 변강 연구는 아편전쟁 전후 서양제국주의 침입으로 위기의식에 빠진 개별 지식인을 중심으로 하였다는 것이 특징이다. 2차 시기에는 일본제국주의 침입이라는 위기상황에서 지식인들이 잠시 순수 학문 연구를 멈추고 실질적으로 국가의 안정과 관계 있는 변강 조사 등의 연구를 하도록 촉구한 『우공(禹貢)』이라는 잡지를 중심으로 연구결과를 확산시켜 나갔다. 그러나 3차 시기는 국가적으로 조직하여 중국의 최고 학술기관인 중국사회과학원을 통하여 이론뿐만 아니라 현실상황에 대해서도 치밀하고 체계적으로 연구하도록

3 http://bjzx.cass.cn/news/129976.htm 각 연구 프로젝트의 구체적인 내용에 대한 설명 참조.

장려하여 세계적인 대국으로 등장하는 중국의 '강역'을 확정하고, 국가적인 통일과 민족 단결 그리고 변경 안정을 국가 전략의 중요한 목표로 삼고 있다.

체계적인 연구를 효과적으로 실시하기 위하여 1983년에 중국변강사지연구중심이 발족되었다. 1987년에는 중국사회과학원의 지도하에 '새로운 출발'을 다짐하며 조직을 정비하여 새로운 시대에 부합하는 연구를 적극적으로 수행하였다. 그 결과물의 하나는 『중국변강사지연구도보(中國邊疆史地研究導報)』(이후 『중국변강사지연구』로 변경)라는 학술잡지를 발간하여 중국의 변강 개념과 변강에 대한 역사적인 연구를 재검토한 것이었다.[4]

1990년 중국변강사지연구중심에서는 '당대 중국 변강 문제 체계적 조사' 과제를 진행하였는데 신장의 현실 문제와 관련된 조사 연구도 중요한 과제의 하나로 삼았다. 이는 학자들로 하여금 신장의 현실 문제를 포함하여 변강 문제를 연구하도록 하는 촉진제가 되었다. 이는 일차적으로 중국 변강사를 연구하는 새로운 관점으로 중요한 돌파구가 되었다. 현대 중국의 변강 안정과 발전을 추구하는 것은 중국변강사지연구가 집중해서 연구해야 할 시대적 요구임과 동시에 중국 변강 연구 학과 발전에 필요한 것[5]으로 파악하였던 것이다.

1990년대에 헤이룽장교육출판사를 중심으로 '변강사지총서'가 출판되었는데, 10여 년 동안 30여 권이 지속적으로 출간되었다. 리성[厲聲]이 주편한 『중국 변강사지 연구 종술(綜述) 1989~1998』이 2002년에 출간되었는데, 이는 중국의 변강 연구를 종합한 저서라고 할 수 있다.[6]

4 中國社會科學院中國邊疆史地研究中心(1988), 『中國邊疆史地研究導報』1, 3~6쪽.

5 馬大正 等(2006), 앞의 책, 17~18쪽.

6 黑龍江教育出版社와 협력하여 출판한 '변강사지총서'는 다음과 같다. 呂一燃(1991), 『中國北部邊疆史研究』; 呂一燃 主編(1991), 『中國邊疆史地論集』; 陳春華 譯(1991), 『俄國外交文書選譯: 關于蒙古問題』; 高鴻志 譯(1991), 『1898~1903年美國對滿洲的政策與門戶開放主義』; 呂光天, 古淸堯 (1991), 『貝加爾湖地區和黑龍江流域各族與

그 후 신장과 관련하여 다양한 측면에서 지속적으로 연구가 진행되었다. 1988~2013년까지 『중국변강사지연구』에 게재된 단편적인 신장 소개나 국제학술회의 내용, 서평 등을 제외하고 연구논문 총 174편을 검토해 보았다(구체적인 자료와 내용은 부록 참조). 『중국변강사지연구』는 중국변강사연구에서 가장 중요한 학술삽시이므로 이곳에 게재된 논문의 내용으로 중국사회과학원이 추구하는 연구방향을 확인해 볼 수 있다. 여기에는 개별 연구논문과 더불어 각종 학술기금을 지원받은 논문들이 수록되어 있다. 중국이 다양한 명칭의 기금을 지원하여 신장 연구 활성화에 노력하고 있음을 확인할 수 있다. 174편 중에는 정치(군사), 경제, 문화, 사회, 인물 등 다양한 주제가 포괄되어 있지만 연구의 핵심 내용은 청조가 신장을 통일한 후 취한 정책이 국가 통일에 기여한 점과

中原的關係史』; 李佩娟 譯(1991), 『古代突厥魯尼文碑銘』; 呂一燃 編(1992), 『南海諸島: 地理, 歷史, 主權』; 劉民聲(1992), 『17世紀沙俄侵略黑龍江流域史資料』; 呂一燃 編(1992), 『馬克思恩格斯論國家領土與邊界』; 馬大正(1993), 『邊疆與民族: 歷史斷面硏考』; 魏良弢(1994), 『葉爾羌汗國史綱』; 馬大正(1994), 『清代蒙古的歷史與宗教』; 盧明輝(1994), 『清代北部邊疆民族經濟發展史』; 呂一燃(1994), 『中國海疆歷史與現狀研究』; 華立(1995), 『清代新疆農業開發史』; 張羽新(1995), 『清代前期西部邊政史論』; 薛宗正(1995), 『安西與北庭: 唐代西陲邊政研究』; 李大龍(1996), 『兩漢時期的邊政與邊吏』; 包文漢整理(1997), 『清朝藩部要略稿本』; 馬大正(1997), 『20世紀的中國邊疆研究: 一門發展中的邊緣學科的演進歷程』; 高鴻志(1998), 『英國與中國邊疆危機1637~1912』; 黃定天(1999), 『東北亞國際關係史』; 安京(1999), 『中國古代海疆史綱』; 宋嗣喜 譯(1999), 『18世紀俄國炮兵大尉新疆見聞錄』; 呂一燃(1999), 『北洋政府時期的蒙古地區歷史資料』; 周偉洲(2000), 『邊疆民族歷史與文物考論』; 郝建恒 主編(2000), 『中俄關係史譯名辭典』; 阿拉騰奧其爾 等著(2000), 『清代伊將軍府制職官傳略』; 馬大正(2001), 『古代中國高句麗歷史叢論』; 馬曼麗 主編(2001), 『中國西北邊疆發展史研究』; 李大龍(2001), 『唐朝和邊疆民族使者往來研究』; 張永江(2001), 『清代藩部研究: 以政治變遷爲中心』; 吳叢衆(2001), 『西藏察偶人僜的社會與文化』; 馬大正(2002), 『中國邊疆研究論稿』; 孟廣耀(2002), 『北部邊疆民族史研究』, 上下冊; 紀大椿(2002), 『邊疆近世史論稿』; 李方(2002), 『唐西州行政體制考論』; 劉爲(2002), 『清代中朝使者往來研究』; 王靜(2002), 『中國古代中央客館制度研究』; 馬大正 主編(2002), 『中國邊疆史地論集續編』; 厲聲(2002), 『中國邊疆史地研究綜述1989~1998』; 厲聲(2004), 『哈薩克斯坦及其與中國新疆的關係』.

신장과 내지 중원이 지속적으로 관계를 맺었다는 것에 주안점을 두었다고 볼 수 있다.

1999년 6월에 '신장생산건설병단 분포 조사 연구'가 시작되었고, 1999년 10월에는 중국사회과학원 신장발전연구중심이 성립되었다. 2001년 1월에는 '신장 반분열 투쟁 연구'가 진행되었고, 2001년 10월에는 '당대 신장 치리 연구'가 구체화되었다. 2002년에는 '중국 신장: 역사와 현상' 과제 연구가 시작되었고 2004년부터는 '신장 역사와 현상 종합 연구 항목 설계와 논증'이 구체화되었다.[7]

2004년에 출판된 『중국 역대 중앙왕조의 신장 치리 정책 연구[中國歷代中央王朝治理新疆政策研究]』[8]는 중국 역대 중앙왕조의 흥망성쇠에 따라 신장지역 통치 지역과 내용에 차이가 있었음을 전제하였다. 그러나 종합적으로 중국 2000여 년의 역사 중 중국 역대 중앙왕조는 신장지역 통치를 더욱 명확히 하였고 신장지역 사회, 경제, 문화의 발전에 따라 중국 내지와 경제, 문화 교류 활동도 증가하여 신장지역을 통치하는 각종 정책도 강화되었을 뿐만 아니라 점차 발전하여 마침내 중국 내지와 마찬가지의 통치를 이루게 되었음을 강조하였다.

이러한 연구는 신장지역의 역사 발전과 변화상을 이해하는 데 많은 도움이

7 馬大正 等(2006), 앞의 책, 434쪽.

8 齊淸順·田衛疆 著(2004), 『中國歷代中央王朝治理新疆政策研究』, 烏魯木齊: 新疆人民出版社. 총론 이하 총 7장으로 나누어 선진시기부터 신장 건성 후 청조의 통치까지 서술하였다. 각 장의 제목 등은 다음과 같다.
第一章 先秦兩漢時期/ 第二章 魏晋南北朝時期/ 第三章 隋唐時期/ 第四章 五代宋遼金元明時期/ 第五章 清朝治理新疆前期實施的重要政策/ 第六章 清朝治理新疆中期對政策的調整/ 第七章 新疆建省後清朝的新治理政策/ 中國歷代中央王朝治理新疆大事年表

되었다. 하지만 더욱 많은 연구영역에서 깊이 있고 세분화된 논의가 필요하며 체계적이고 종합적인 사고와 정리가 필요한 부분도 있다. 특히 개혁개방 이후 신장지역 발전의 특수한 사회 경제 상황은 신장의 역사와 현상에 대한 종합적인 연구를 수행할 필요성을 절감하게 하였다.

따라서 중국사회과학원과 국무원 발전연구중심의 논증을 거쳐 2004년 5월 전국철학사회과학규획판공실의 비준을 받아 '신장 역사와 현상의 종합적 연구항목'(신장항목)이 국가철학사회과학기금특별항목으로 수립되었다.[9] 신장항목은 국가사회과학기금특별항목(國家社會科學基金特別項目)으로 하고 국가사회과학규획판공실[國家社科規劃辦]이 중국사회과학원에 위탁하여 관리하도록 규정하였다.[10]

이는 중국사회과학원 연구과[科研局]에서 관리하고 항목전문가 위원회를 조직하여 실시하는 5년간의 기획연구로 매년 600만 위안[11]을 투자하는 역사 연구 사업이다. 신장항목을 집행하기 위하여 필요한 경비는 중국 재정부 전문항목에서 출연하여 국가사회과학기금사무실에 해당 연도에 따라 집행하도록 되어 있다.[12]

9 馬大正 等(2006), 앞의 책, 1쪽.

10 '新疆歷史與現狀綜合研究' 項目管理方法(試行)(2005年 5月 28日 '新疆歷史與現狀綜合研究項目' 專家委員會 第1次 會議 通過).

11 http://219.239.12.26/index.php?option=com_content&view=article&id=4798, 厲聲, 「近八年中國邊疆研究學科的重大項目」(2013년 9월 9일 검색). 600만 위안은 한화 약 10억 4034만 원에 해당한다.

12 '新疆歷史與現狀綜合研究項目' 經費管理辦法(2005年 5月 28日 '新疆歷史與現狀綜合研究項目' 專家委員會 第第1次 會議 通過).

2. 신장항목 추진 목적

중국이 중국 변강지역에 대하여 학술적인 프로젝트를 진행하는 이유는 21세기 중국의 꿈을 이루기 위하여 국가의 안정과 민족 단결, 변강 안정을 꾀하기 위한 국가적인 전략 때문이다. 그 중에서도 구체적으로 신장항목이라는 프로젝트가 필요한 이유는 무엇인가? 중국사회과학원 변강사지연구중심에서 밝힌 '신장항목소개[新疆項目簡介]'[13]와 관련 자료를 분석하여 신장항목의 추진 목적과 대내외적 이유를 살펴보면 다음과 같다.

첫째, 신장지역의 안전을 보호하기 위함이다. 신장은 현대 중국의 중요한 변강지역으로 자원이 풍부할 뿐만 아니라 다양한 민족이 거주하고 문화가 발달된 곳이기도 하다. 근대 이래 열강의 침입이 확장되고 패권 쟁탈의 요지가 되면서 신장지역 변강 문제는 다양한 측면에서 주목 대상이 되었다. 이로 인하여 사실 왜곡이나 혼란, 심지어 신장을 분열하려는 행위들이 일어남에 따라 이를 반박할 필요가 가중되자 학문적인 연구와 응용연구로 현실적인 대처 능력을 키우기 위하여 신장항목이라는 프로젝트가 필요하게 되었다는 것이다.

중국은 신장지역의 분열 투쟁을 해소하기 위하여 사학계에서 긴급하게 해결해야 할 문제를 5가지 주제로 파악하였다. ①역대 중국 정부의 신장지역에 대한 치리를 연구하여 신장이 중국에서 분할할 수 없는 일부분임을 밝힌다. ②신장의 민족관계를 연구하여 신장은 어떤 특정 민족의 신장이 아니라 각 민족 공동의 고향임을 밝힌다. ③신장지역의 종교 발전을 연구하여 역사적으로 신장지역에 다양한 종교가 존재하였고 이슬람교가 신장지역 유일한 종교가 아님을 밝힌다. ④신장 문화의 다원성과 교류 융합을 연구하여 신장 문화의

13 http://bjzx.cass.cn/news/129977.htm '新疆項目簡介'(2013년 9월 17일 검색).

교류가 중화민족 형성과 발전에 영향을 미쳤음을 밝힌다. ⑤신장 둔간술변(屯墾戍邊)의 역사 과정을 연구하여 둔간술변은 신장의 실제에 부합하여 신장을 지키고 개발하는 데 유효한 형식임을 밝힌다.[14]

이상에서 명시한 바와 같이 신장지역의 분열을 막기 위하여 긴급하게 연구해야 할 주제는 신장지역이 위구르라는 특정 민족과 관련 있는 것이 아니라 중화민족의 다양한 종교와 문화 그리고 민족이 공존하는 곳임을 강조함으로써 특정 민족의 독립 분열운동을 방지하기 위한 이론과 관계 있는 것이다.

둘째, 신장의 역사와 현상에 대하여 학문적으로 종합적이고 체계적인 이론 연구가 필요하기 때문이다. 20세기 이래 신장지역에서 각종 문물이 출토되고 새로운 문헌자료가 발견됨으로써 신장지역의 역사와 지리가 국제적으로 관심의 대상이 되었다.

과거에는 신장지역에서 신석기 시대 문화 유적지가 많이 발견되지 않았는데 중화인민공화국 건국 이래 신장 투르판[吐魯番]현 아스타나[阿斯塔那], 아커쑤[阿克蘇]현 하라위얼끈[哈拉玉爾袞], 수푸[疏附]현 아커타라[阿克塔拉], 하미[哈密]현 우바오쉐이쿠[五堡水庫] 및 우루무치[烏魯木齊] 남산 등지에서 신석기 시대 유적지가 발견되었다. 이들 지역에서 대량의 세석기와 비교적 큰 마제석기 그리고 채색도기류가 출토되었다.[15]

춘추전국에서 양한에 이르기까지의 유물은 천산동부 수혈(竪穴) 목곽묘(木槨墓), 파미르[帕米爾] 고대 소수민족 묘장, 민펑[民豐]현 니야[尼雅]유적, 이리허[伊犁河] 부근의 토돈묘(土墩墓), 석인 석관묘(石棺墓) 등이다.[16]

---

14 馬大正 等(2006), 앞의 책, 433쪽.

15 中國社會科學院邊疆考古研究中心 編(2008), 『新疆石器時代與靑銅時代』, 文物出版社, 1~3쪽.

16 中國社會科學院邊疆考古研究中心 編(2008), 위의 책, 5~7쪽.

다양한 고성도 발굴되었다. 이들은 자오허[交河] 고성, 가오창[高昌] 고성, 쿠처[庫車]의 피랑(皮朗)고성, 당(唐) 베이팅[北庭] 도호부(都護府) 고성, 바추[巴楚]현 투오쿠쯔사라이[脫庫孜薩來] 고성, 원(元) 아리마리[阿力麻里] 고성, 모허[磨河] 고성[17] 등이다. 한당 이래 송대에 이르기까지 다양한 종교가 있었지만 불교가 주류였기 때문에 다양한 불교유적도 많이 남아 있다.

이러한 발굴 성과를 연구하기 위하여 중국에서는 다양한 연구기관을 설립하고 다양한 학문적인 연구에 힘쓴 결과 많은 성과를 거두었다. 하지만 신장 여러 민족의 역사, 각 민족의 관계사, 역사상 신장과 중원 중앙왕조의 관계 등에 대한 체계적이고 심도 있는 이론적인 연구가 부족하기 때문에 신장항목의 필요성이 더욱 커졌다. 특히 개혁개방이라는 새로운 환경에서 신장의 안정과 발전 과정에서 직면하는 수많은 새로운 도전에 대해 학자들의 심화된 공동연구를 통하여 대응할 필요가 생겼다.

셋째, 개혁개방 이래 신장지역 주변의 국제적인 환경에 커다란 변화가 발생하였기 때문이다. 소련이 해체된 후 중앙아시아 카자흐스탄, 키르키스스탄, 우즈베키스탄, 타지키스탄, 투르크메니스탄 5개국이 독립하였다. 또한 9·11 사건 후 미국 등 서방 국가들이 아프가니스탄, 파키스탄, 인도 등과 다양한 외교관계를 유지하고, 중앙아시아, 남아시아가 갈수록 세계가 주목하는 핵심지역이 되었다. 신장지역은 중앙아시아 지역의 여러 나라와 인접해 있고, 종교, 문화, 민족 등 여러 방면에서 중앙아시아 여러 국가와 관계가 있다. 개혁개방 이래 신장지역의 안정과 발전에 변화무쌍한 상황이 발생함에 따라 신장 역사와 현상에 대한 연구를 강화해야 할 필요성이 가중되었던 것이다.

위의 내용을 종합해 본다면, 신장항목의 중요한 임무는 기존 신장 연구를

17 中國社會科學院邊疆考古研究中心 編(2008), 위의 책, 12~15쪽.

평가하여 종합한 기초 위에 신장 역사와 현상 연구를 '새로운 수준'으로 올려놓는 것이다. 여기에서 말하는 '새로운 수준'이란 연구 목적과 의도에 부합하는 수준의 성과를 냄으로써 '중국의 꿈'을 이루어 나가는 데 필요한 신장의 개혁개방에 과학적인 건의뿐만 아니라 참고가 될 수 있는 내용도 제공한다는 것이다.

Ⅲ. 신장항목의 성과 내용 분석

'신장항목'은 기초연구와 응용연구를 핵심으로 하면서 연구, 당안문헌 정리, 중요한 외국어 성과물 번역, 사회발전 조사, 가독성 있는 연구 성과 보급 등 5가지를 주요 사업으로 삼았다. 또한 전문 인력을 투입하여 도서자료나 전자자료 데이터베이스 구축에도 나섰다.

신장항목은 학제적인 연구뿐만 아니라 지역도 넘나드는 연구가 필요하므로 중국사회과학원 능력만으로 이 모든 것을 완성하기 어렵기 때문에 중국 내 연구역량, 특히 신장지역 내의 연구역량을 결집하여 새로운 연구 성과를 구축하려는 의도가 있다.

신장항목에는 약 80개 항의 하부항목(子항목)이 있고 하부항목도 6가지로 분류된다. ①기초연구류는 약 60개 항목이고 결과물은 연구저서로 출판되었다. ②당안문헌류는 당안 정리에 중점을 두는데, 약 6만 건의 『만문변강당안(滿文邊疆檔案)』 중 신장지역 부분을 정리하는 것이 가장 핵심적인 사업이었다. 그 외에 비교적 큰 당안류의 과제는 『청대신장당안선집[淸代新疆檔案選輯]』을 만드는 것으로, 그 내용은 청대 투르판청[吐魯番廳] 위주의 신장지역 당안 약 6만 건이다. ③번역류의 과제다. 외국어, 특히 영어나 러시아어로 저술된 신장지역 관련 저작물을 선별하여 번역하는 것이다. 이는 내부 연구 참고용으로 사용하고 공개적으로 출판하지는 않는다는 방침을 세웠다. ④전자 데이터베이스 구축이다. 일정한 자금과 노동력을 투자하여 신장의 역사 연구 데이터베이스를 만드는 것이다. ⑤가독성 있는 저작들을 편집하여 보급용으로 출판한다. 이는 '중국신장: 역사와 현상 간독본(簡牘本)' 시리즈로 출간되었다. ⑥당대 중국 변강지역의 전형적인 백촌(百村)을 조사하는 것이다. 2010년 7월에 1차적으로 20종을 출판하였고, 나머지는 2011년 7월에 출판하였다.

2004년 신장항목을 추진하였을 당시 '국가사회과학기획처'에서 분류한 연구계열의 구체적인 주제는 '변강이론 및 신장지방사 연구', '신장 민족 연구', '신장 문화와 종교 연구', '신장 안정과 발전 연구', '신장과 주변 국가 관계 연구' 등 5개였다. 자세한 내용은 〈표 1〉과 같다.

표에서 제시한 연구 주제는 신장항목 관리방법이 정한 원칙에 부합해야 신장항목의 과제로 선정될 수 있다. 신장항목 관리방법은 연구 주제가 ①신장지역 사회 안정과 발전에 중요한 이론적 의의와 실천적 의의가 있는 것, ②비교적 높은 학술적 가치가 있고 변강학 학과 개설과 발전에 추동 작용을 할 수 있는 것, ③당과 정부 기관이 정책을 결정하는 데 이론적 근거와 과학적 논증을 제공할 수 있는 것, ④민족문화를 널리 알리고 민족정신을 진작시키며 변

〈표 1〉 신장항목 과제 분류표

구분	내용	신장항목 과제
연구 부분	변강이론 및 신장지방사 연구	1. 신장이 중국 통일적 다민족국가의 구성원이 된 변화상과 역사 연구
		2. 역대 중앙왕조의 신장 치리사상과 정책 연구
		3. 역사상 신장지방(할거)정권 연구
		4. 중국변강이론 연구
		5. 각 민족이 공동개발한 신장의 사회경제 역사
		6. 각 민족이 문화적으로 상호 흡수, 융합, 발전한 역사
		7. 신장 역사, 민족, 종교 등 국내외 학술계의 중요한 성과 평가

구분	내용	신장항목 과제
연구 부분	신장민족 연구	1. 신장 고대 주민의 종족과 문화 연구
		2. 신장 민족의 이주, 융합, 발전 연구
		3. 역대 신장 민족관계 연구
		4. 민족의식 건립과 조화사회의 관계
		5. 신장에서 민족 지역자치의 실천 연구
	신장 문화와 종교 연구	1. 신장의 이슬람교 전파와 발전 연구
		2. 신장 다원 종교의 발전과 세속 통치 정권 관계 연구
		3. 이슬람 문화와 민족 문화의 충돌, 교류, 공존 연구
		4. 신장 종교 사무 관리 연구
		5. 신장 민족교육과 그 정책 연구
		6. 신장 각 민족 문화의 전문적 연구
	신장 안정과 발전 연구	1. 동투르키스탄의 유래와 발전 연구
		2. 신장에서 범이슬람주의와 범돌궐주의 전파와 영향 연구
		3. 20세기 신장 반분열 투쟁 연구
		4. 신장 사회 정세 조사 연구
		5. 신장 경제발전의 전문적 연구
		6. 신장 환경과 지속가능한 사회 경제 발전 연구
	신장과 주변 국가 관계 연구	1. 중국 신장과 러시아(소련), 중앙아시아 국가 정치 경제 관계 연구
		2. 중국 신장과 주변 국가 변경 연혁 및 계무 문제 연구
		3. 근현대 중국 신장과 중앙아시아, 남아시아 관계 연구
		4. 중앙아시아 제 국가 정치 정세와 신장에 미치는 영향 연구
당안, 문헌 정리 및 번역	당안	1. 청대 신장 만문 당안[清代新疆滿文檔案譯編]
		2. 청대 신장 희귀사료 모음편[清代新疆稀見史料匯編]
		3. 청대 역대 왕조의 신장에 관한 주비주절[清代歷朝關于新疆的朱批奏折]
		4. 중화민국시대 신장 당안 선편
	문헌정리	5. 신장 역사지도 수집, 정리와 연구
	번역	6. 러시아어, 일본어, 영어, 프랑스어, 스웨덴어 등으로 쓰인 관련 중요 저작 및 당안 문헌 번역
기타		1. 신장백년사진집
		2. 신장 연구와 관련 있는 기록 영상물
		3. 신장 연구 네트워크와 데이터베이스

자료출처: 「'新疆歷史與現狀綜合研究'課題指南」, http://bjzx.cass.cn/cate/130102.htm(2013년 11월 14일 검색)

강 통일을 유지할 수 있는 것, ⑤사회적으로 유익한 효과가 있으며 성과물을 출판하고 사용하며 널리 확산시킬 수 있는 가치가 기대되는 것[18]으로 규정하고 있다.

이와 같은 원칙에 부합하게 연구되고 해당 위원회의 검증을 거친 연구서는 주제에 따라 '신장연구총서[新疆硏究叢書]', '신장 역사당안문헌총간[新疆歷史檔案文獻叢刊]'과 '신장 역사역총[新疆歷史譯叢]'이라는 총서 형태로 출판되었다.

'신장연구총서'로 출판된 것으로는 『신장민족 혼합가정 연구[新疆民族混合家庭硏究]』, 『신장변방관리와 변방건설[新疆邊防管理與邊防建設]』, 『신장고대불교연구[新疆古代佛教硏究]』, 『신장 마약 범죄와 마약 금지 연구[新疆毒品犯罪與禁毒硏究]』, 『중국 신장과 주변국가 과국민족 연구[中國新疆與周邊國家跨國民族硏究]』가 있다.[19]

비록 '신장연구총서'로 명시되어 있지는 않지만 '신장연구총서' 편집위원회가 검토한 것으로 되어 있고 총서의 부주편인 마다정[馬大正] 등이 저술한, 신장지역의 역사적인 이론과 관련된 『신장사감[新疆史鑒]』[20]은 신장지역의 역사적인 이론을 구성하는 데 중요한 역할을 하는 저서로 보인다. 이 책은 신장위구르자치구 지역의 지리적 특성과 역사적 내용을 중심으로 신장지역의 전반적인 내용을 담고 있다. 이 저서는 치리편, 민족편, 종교변화편, 문화교류편,

18 '新疆歷史與現狀綜合硏究'項目管理辦法(試行)(2005年5月28日 '新疆歷史與現狀綜合硏究項目'專家委員會第1次會議通過)에 명시된 '과제지남'에 원칙을 밝히고 있다.

19 李曉霞, 『新疆民族混合家庭硏究』; 靳娟娟, 『新疆邊防管理與邊防建設』; 才吾加甫, 『新疆古代佛教硏究』. 이 책들은 모두 社會科學文獻出版社에서 2011년에 출간되었다. 『新疆毒品犯罪與禁毒硏究』와 『中國新疆與周邊國家跨國民族硏究』도 '신장연구총서'로 사회과학문헌출판사에서 출판되는 것으로 명시되어 있으나 현재 출판 여부는 불분명하다.

20 馬大正 等(2006), 앞의 책.

둔간술변편[21]으로 나누어 서술함으로써 신장항목의 골격을 형성한 것이라고 볼 수 있다.

이 책은 1998년 6월 중국사회과학원 연구항목으로 기획되어 1999년 7월에 완성하려던 것이었으나 5년여 연구를 거쳐 2006년에 출판되었다. 마다정은 신장을 포함한 광활한 서역지역이 고대부터 중국 내지와 정치, 경제, 문화적으로 밀접한 관계를 유지하였으며 기원전 1세기 서역과 내지가 융합하여 일체가 된 후 중앙왕조의 서역 경영과 개발은 좌절과 불연속성이 있었다고 보았다. 그리고 이를 극복한 이후에는 과거 중앙왕조의 서역 경영과 개발이 신장지역을 지속적으로 발전시키는 데 많은 도움이 되었다는 점[22]을 강조하였다.

이 책의 강조점은 신장이 통일적인 다민족국가인 중국에서 분할할 수 없는 일부분이며 신장의 역사는 중화 각 민족이 공동으로 창조한 것으로 신장의 역사도 중화민족 공동역사의 일부분이라는 것이다.[23]

또 역대 중국의 신장 치리에서 중앙왕조의 적극적인 통치 이후에 쇠락하는 시기가 있었지만, 이를 거치며 중원왕조의 통치 범위와 통치 강화 차원에서 진일보한 측면이 있고 이러한 과정에서 중앙왕조의 신장지역 통치 방식도 내지와 유사해지면서 신장이 중국에서 분할할 수 없는 일부분의 역사 과정을 완성하게 되었다고 강조하였다.[24]

신장의 민족발전사는 다민족이 유동하고 융합한 역사이므로 이미 역사 속으로 사라진 민족을 포함하여 어느 특정 민족의 전유물이라고 할 수 없는 다

21 둔간과 국가 안전과 관련된 연구는 스허즈[石河子] 대학 신장둔간연구총서로도 출판되었다. 張安福(2010), 『清代以來新疆屯墾與國家安全研究』, 中國農業出版社. 石河子大學'211'工程重點學科建設項目資助.

22 馬大正 等(2006), 위의 책, 3쪽.

23 馬大正 等(2006), 위의 책, 4쪽.

24 馬大正 等(2006), 앞의 책, 8쪽.

민족 공동의 것이라고 주장하였다.[25] 종교도 특정 종교만 계속 유지 발전한 것이 아니고, 원시종교와 다종 종교가 병존하는 과도기를 거친 후 불교 위주의 다종 종교 병존 시기, 불교와 이슬람교 위주의 다종 종교 병존 시기, 이슬람교 위주의 다종 종교 병존 시기를 거쳤다고 강조하였다.[26]

신장의 현실을 염두에 둔 저서로는 『신장 변방관리와 변방건설』[27]이 있다. 이 논저에서는 정치안전, 경제안전, 정보안전, 군사안전은 현대 국가의 4대 핵심 지주라고 강조하면서, 신장의 안정은 신장 변경 안정의 기초이며 신장의 발전은 안전의 기초 위에서 이룰 수 있다고 하였다. 신장이 발전하고 전진하기 위해서는 안전을 최우선적으로 확보해야 한다는 것이다. 저자들은 동투르키스탄을 대표로 하는 민족 분열세력과 종교 극단세력 및 폭력공포세력[三股勢力]의 현실적 위협 아래 신장은 심각하게 불안전한 환경에 처해 있다고 진단하였다.[28]

저자들은 경제안전의 도전, 대국 간 격렬한 경쟁과 도전, 민족분열주의 도전, 군사안전의 도전, 주변 환경의 도전이 중국의 미래 정세와 환경에 중대한 영향을 미칠 것으로 판단하였다. 특히 코소보를 거쳐 중앙아시아에서 신장에 이르는 활형 지대는 공포주의의 행동이 통일되고 재력과 인적 조직이 지원될 뿐만 아니라 분열세력, 공포세력과 종교 극단세력이 모두 빈라덴 조직의 지지를 받는다면서, 이들 요인이 직접적으로 중앙아시아와 접하고 있는 신장 변경 지역의 안전과 안정에 위협을 줄 수 있다고 판단하였다.[29]

---

25 馬大正 等(2006), 앞의 책, 10쪽.
26 馬大正 等(2006), 앞의 책, 11쪽.
27 靳娟娟·金天義 主編(2011), 『新疆邊防管理與邊防建設』, 社會科學文獻出版社.
28 靳娟娟·金天義 主編(2011), 위의 책, 2쪽.
29 靳娟娟·金天義 主編(2011), 앞의 책, 5~7쪽.

자료총서로 출판된 『근대 신장 몽골역사 당안[近代新疆蒙古歷史檔案]』은 신장 위구르자치구 당안관에 소장된 근대 신장 몽골역사 당안 자료들을 정리한 것이다.[30] 자료의 내용은 청말과 민국시기 신장 몽골족의 정치, 경제, 종교, 문화, 교육, 예속 등이다. 이 책은 당안 자료를 내용에 따라 분류하고 시간 순서에 따라 배열하였고, 편집자가 표제를 달고 구두점을 찍어 읽기 쉽게 정리하였으며 원문도 수록하였다.

또 다른 신장 역사 당안 문헌 총간[新疆歷史與現狀系列研究綜合項目新疆歷史檔案文獻叢刊]인 『항일 전쟁 시기 신장 각 민족 민중의 항일 기부금 당안 사료[抗日戰爭時期新疆各民族民衆抗日募捐檔案史料]』[31]는 항일전쟁 시기 신장 각 민족 민중의 항일모금 운동에 관한 사료집이다. 이는 항일전쟁 승리 60주년을 맞이하여 자치구 당안관과 중국사회과학원 변강사지연구중심이 공동으로 편집하여 출판한 것이다. 이 자료집은 종합편(綜合篇), 모집한의운동편(募集寒衣運動篇), 문화노군운동편(文化勞軍運動篇), 혜말노군운동편(鞋袜勞軍運動篇), 헌기운동편(獻機運動篇)으로 나누어 자료를 정리하였다. 이 자료집의 강조점은 항전의 대후방인 신장지역의 각 민족이 '조국'과 운명을 같이하고 중화민족과 공존하면서 다양한 방식으로 항일 구국운동을 펼쳐 중국 인민 항일전쟁과 세계 반파시즘 전쟁 승리에 중요한 공헌을 하였다는 것이다.

중국제일역사당안관(中國第一歷史檔案館), 중국인민대학청사연구소(中國人民大學清史研究所) 등이 거대한 만문 당안을 정리한 『청대변강만문당안(清代邊疆滿文檔案)』은 총 12권이다. 제1권은 성경권(盛京卷), 제2권 지린·헤이룽장권[吉林·

30 厲聲(2008).『近代新疆蒙古歷史檔案』, 新疆人民出版社. 이는 '新疆歷史與現狀系列研究綜合項目·新疆歷史檔案文獻叢刊'으로 출판되었다.

31 新疆人民出版社에서 2008년 7월에 출판하였다.

黑龍江卷], 제3권 내몽골권[內蒙古卷], 제4~5권 우리야쑤타이권[烏里雅蘇臺卷], 제6~11권 신장권[新疆卷], 제12권은 연해각성 및 티베트권[沿海各省及西藏卷]이다.

신장항목에서 본격적으로 정리한 신장 당안자료와 관련한 책은 중국제일역사당안관 편 『청대신장만문당안회편[清代新疆滿文檔案匯編]』(280책)으로 2012년 광시사범대학출판사[廣西師範大學出版社]가 출판하였다. 또한 신장 당안국이 편찬한 『청대신장당안선집[清代新疆檔安選輯]』(91책)도 2012년에 광시사범대학에서 출판하였다.

신장과 관련된 연구서는 '중국 신장 역사와 현상 소총서[中國新疆歷史與現狀小叢書]'로 2009년 신장인민출판사에서 출판한 6종의 저서와 '신장연구총서'로 2010년 신장인민출판사, 2011년 사회과학문헌출판사에서 출판한 6종의 책을 꼽을 수 있다.

'중국 신장 역사와 현상 소총서'는 『중국 신장 생산건설병단 발전의 궤적[中國新疆生產建設兵團發展的歷程]』, 『중국 신장 '동투르키스탄' 분열주의 유래와 발전[中國新疆'東突厥斯坦'分裂主義的由來與發展]』, 『중국 신장 근대 행성 건제하의 역사 발전[中國新疆近代行省建制下的歷史發展]』, 『신중국 시기 중국 신장의 분열과 반분열 투쟁[中國新疆新中國時期分裂與反分裂鬪爭]』, 『중국 신장 다원 문화의 계승과 병존[中國新疆多元文化的繼承與並存]』, 『중국 신장 다민족 지역의 역사 발전[中國新疆多民族區域的歷史發展]』 등 6종이다. 이는 주로 신장지역의 역사 문화의 변화상을 검토한 것이다.

'신장연구총서'는 『신장 변방 관리와 변방 건설[新疆邊防管理與邊防建設]』, 『신장 고대 불교 연구[新疆古代佛教研究]』, 『1759~1949년 신장 다민족 분포 형세의 형성[1759~1949年新疆多民族分布格局的形成]』, 『신장 위구르자치구 법제 건설 50년[新疆維吾爾自治區法制建設50年]』, 『신장 빈곤상황 및 구제 개발[新疆貧困狀況及扶貧開發]』, 『청대 서북 역사 지리학 연구[清代西北史地學研究]』로 변경지역에 있는 신장의 문화와 자치구의 법제 건설에 대하여 검토하였다.

그 중 『1759~1949년 신장 다민족 분포 형세의 형성』[32]을 보면 먼저 신장위구르자치구의 지리적 특성에 주목하였다. 중국 전체 면적의 6분의 1을 차지하는 신장은 5700km 변경선에 걸쳐 주변 8개국과 접하고 있다. 고대에는 신장지역을 서역이라고 범칭하였는데, 역사적으로 이곳은 유럽과 아시아인이 이주해서 동서양 문명이 교류하는 통로였다. 수천 년의 역사 발전과 문명 간 교류로 신장은 다양한 역사 문화를 내포한 보고가 되었다. 저자는 근대에는 외침을 받기도 하였고, 민국시대에는 군벌이 가난과 전란을 초래하여 신장지역의 사회 경제에 심각한 영향을 미쳤던 곳으로 파악하였다. 그러나 중화인민공화국 수립 이후 신장의 각 민족이 해방되어 주인이 됨으로써 전국에서 가장 잠재력 있는 지역의 하나가 되었음을 강조하였다.

이 책에서 강조하고자 하는 것은 '신장은 고대부터 다민족이 공존하면서 발전한 지역'이라는 것이다. 이를 증명하기 위하여 선진(先秦), 한(漢朝), 위진남북조(魏晋南北朝), 수당송요금(隋唐宋遼金) 시기를 거치면서 돌궐(突厥), 투르판[吐蕃], 거란(契丹)과 교류하였다는 점을 들었다. 또한 원명(元明) 및 청조(淸朝) 시기 신장지역의 민족 구성을 검토하면서 청조의 신장지역 민족 통치와 신장 이외의 지역에서 만족, 한족, 회족 등이 이주해 간 것, 동북 및 북방 각 민족, 시보족[錫伯族], 몽골족[蒙古族, 察哈爾部], 수오룬잉[索倫營, 오늘날 다우얼족(達斡爾族)]이 이주한 내용도 강조하였다. 신장지역 외부로부터의 이주 이외에 신장 내부에서 남북으로 이주가 있었던 것에 대해서도 설명하였다. 특히 근대에는 카자크족[哈薩克族], 부루트[布魯特, 오늘날 키르키스족(柯爾克孜族)] 등 과계 민족도 있었다는 점을 증명하였다.

32 齊淸順(2010), 『1759~1949年新疆多民族分布格局的形成』, 新疆人民出版社.

고대부터 근현대에 이르기까지 동서양뿐만 아니라 신장 내외적으로도 다양한 민족이 이주하여 신장지역에 거주하고 있기 때문에 신장은 다민족이 거주하고 다문화가 공존하는 중국의 일부라고 강조하였다.

신장과 주변 국가 관계 연구와 관련된 시리즈인 '중앙아시아와 중국 서북 변강 정치 연구 총서[中亞與中國西北邊疆政治研究叢書]'는 사회과학문헌출판사(社會科學文獻出版社)에서 출판하였다.[33] 이 총서는 모두 5종으로 『중국 지역 경제 전략의 정치 분석[中國區域經濟戰略的政治分析]』, 『청말 민국 시기 신장 유목 사회 연구[清末民國時期新疆游牧社會研究]』, 『중국에서 민족주의의 변화[民族主義在中國的嬗變]』, 『정부 공공 정책 결정 중의 국민 참여[政府公共決策中的公民參與]』, 『냉전 후 중앙아시아 주변 정치 형세 변천과 신장 안전 및 발전[冷戰後中亞邊緣政治格局變遷與新疆安全和發展]』이다.

그 중 『냉전 후 중앙아시아 주변 정치 형세 변천과 신장 안전 및 발전』[34]은 냉전 종식 이후 중앙아시아 국가가 국제적으로 새로운 전략 공간이 되었음에 주목하였다. 9·11사건 후 미국이 반테러를 중시하면서 중앙아시아에 집중하게 된 것이 중국에 새로운 정치적 도전이 되었고 에너지 자원 쟁탈전도 가속화되었기 때문이다. 중앙아시아의 전략적 지위의 변화가 바로 신장지역의 안전과 발전에 직접적인 영향을 미친 것으로 파악하였다.

신장은 중국이 서쪽으로 나가는 교두보일 뿐만 아니라 '민족분열주의, 종교 극단세력, 국제테러주의'가 침투하고 확산될 수 있는 최전선이기도 하다.

---

33 唐文睿(2011), 『中國區域經濟戰略的政治分析』; 娜拉(2010), 『清末民國時期新疆游牧社會研究』; 宋新偉(2010), 『民族主義在中國的嬗變』; 石路(2009), 『政府公共決策中的公民參與』; 蔣新衛(2009), 『冷戰後中亞邊緣政治格局變遷與新疆安全和發展』.

34 蔣新衛(2009), 『冷戰後中亞邊緣政治格局變遷與新疆安全和發展』, 社會科學文獻出版社.

따라서 냉전 종식 이후 중앙아시아 정치와 경제의 변천이 신장의 안전과 발전에 영향을 미치는 것으로 파악하였다.

중국 신장 역사와 현상 간독본[35]으로는 2007년 신장인민출판사에서 『다민족 지역 자치의 현상[多民族區域自治的現狀]』, 『다원문화의 계승과 병존[多元文化的繼承與竝存]』, 『지역 경제의 현대화[區域經濟的現代化]』, 『다민족 지역의 역사 발전[多民族區域的歷史發展]』, 『근대 행성 건제하의 역사 발전[近代行省建制下的歷史發展]』, 『동투르키스탄 분열주의의 유래와 발전[‘東突厥斯坦’分裂主義的由來與發展]』, 『삼구혁명 운동과 신장 화평 해방(三區革命運動與新疆和平解放)』, 『신장 생산건설병단 발전의 궤적[新疆生産建設兵團發展的歷程]』을 출판하였다.

이 시리즈는 신장이 다민족이 자치를 하는 지역임을 강조하면서 다원문화의 계승과 병존을 강조하였다. 또한 신장지역의 발전 궤적을 역사적으로 설명하면서 신장 생산건설병단의 의미도 부각시켰다. 이 시리즈는 전문저서로서의 내용도 담고 있지만 간결하고 쉬운 문체로 써서 많은 중국인이 읽을 수 있도록 하였다.

신장 사진집 『거대한 변화[身邊巨變]: 신장백년[新疆百年]』[36]은 핀란드 탐험가 마네하임[Mannerheim, 馬達漢]이 1906~1908년 우루무치에서 촬영한 흑백사진과 100년 후에 신장지역 사진가가 같은 지역을 촬영한 사진을 대조한 것이어서 신장 100년의 변화상을 읽을 수 있는 좋은 자료이다.[37] 100년 동안 신장

35 다음의 저서는 전부 2007년 신장인민출판사에서 ‘중국 신장 역사와 현상 간독본’ 시리즈로 출간된 것이다. 李曉霞, 『多民族區域自治的現狀』; 李方, 『多元文化的繼承與竝存』; 黃俊, 『區域經濟的現代化』; 厲聲, 『多民族區域的歷史發展』; 厲聲, 『近代行省建制下的歷史發展』; 厲聲, 『‘東突厥斯坦’分裂主義的由來與發展』; 厲聲, 『三區革命運動與新疆和平解放』; 馬大正, 『新疆生産建設兵團發展的歷程』.

36 『身邊巨邊: 新疆百年』, 新疆美術出版社, 2007.

37 http://www.xjass.com/lss/node_1081_3.htm 이들 사진은 新疆哲學社會科學網 →

〈그림 1〉 위구르족 여자아이(핀란드 마네하임 촬영 1906년)

〈그림 2〉 카스[喀什] 여자 중학생(2006년 10월 촬영)

사회가 어떻게 변화하였는가를 보여주는 것이 핵심 의도라고 할 수 있다(〈그림 1, 2〉 참조).

이 사진집에 있는 사진 중 65장은 100년 전 신장을 촬영한 흑백사진이고 81장은 100년 후 같은 지역을 촬영한 컬러 사진이다. 당시 핀란드 국적의 러시아 군인이었던 마네하임은 러시아 차르의 파견으로 중앙아시아 지역에서 신장에 들어간 후 간쑤[甘肅], 산시[陝西], 허난[河南], 산시[山西], 허베이[河北]를 거쳐 베이징에 이르는 1만여 km를 이동하며 2년간 중요한 문자와 사진을 남겼다.[38]

중국은 신장지역의 역사와 현상에 대한 내용을 담은 책들을 중국어뿐만 아니라 영어로도 출판하였다. 2013년 5월 미국 뉴욕상무출판사, 국제작가서국(國際作家書局), 신장미술촬영출판사, 신장전자음상출판사는 미국 예일대학에서 '중국·신장[新疆]총서' 영문판 출판기념회와 예일대학 동아시아도서관 기증식을 거행하였다. '중국·신장총서' 영문판은 30권으로 『그림으로 보는 중

新疆歷史 → 新疆百年圖片展에서 전반적인 상황을 파악할 수 있다.

38 「芬蘭探險家馬達漢100年前新疆老照片被'翻新'」, 2007年 7月 7日, 新華網, http://news.xinhuanet.com/collection/2007-07/07/content_6340076.htm(2013년 11월 14일 검색).

국 신장의 과거와 현재의 이야기』, 『중국신장통사』, 『중국 신장 민족 풍토 회화집』, 『중국 신장 100대 풍경』, 『커쯔얼[克孜爾] 암각화』 등이며 신장의 민족, 문화, 역사, 예술, 지리, 풍경, 경제, 사회 발전 등의 내용을 담고 있다.[39] 이는 중국이 국내외적으로 적극적이고도 공세적인 학술 선전 작업을 병행하고 있음을 확인해주는 대표적인 사례다.

Ⅳ. 신장항목의 현실적 반영

'신장항목'을 통하여 연구된 내용이 구체적으로 어떻게 신장 각 지역의 현장에 영향을 미치고 있는지에 대해서는 2가지로 살펴보고자 한다. 하나는 대중들의 학습의 장이라고 할 수 있는 신장박물관 전시를 통하여 신장지역 학술연구 결과가 어떻게 박물관의 전시와 설명에 반영되어 있는가를 살펴보고, 다른 하나는 신장지역 도시에 걸려 있는 표어를 통하여 그 구체성을 확인해 보고자 한다.

먼저 신장박물관 전시물에서 확인되는 신장항목의 영향을 살펴보면 다음과 같다.

신장박물관은 1959년 12월에 개관하여 "신장을 선전하고, 선진문화를 홍양하며, 우수한 예술품을 전시하여", '전국애국주의교육기지'라는 칭호를 얻었다. 자치구는 1999년 신장박물관 신관 건설을 자치구 중점항목으로 삼은 뒤 2000년 구관을 해체하고 2005년 10월 준공하였다. 이곳은 '신장 역사진

39 http://world.people.com.cn/n/2013/0514/c1002-21475462.html 『中國·新疆叢書』英文版30卷在耶魯擧行首發髮儀式(2013년 5월 14일 검색).

열: 찬란한 서역의 과거를 되찾자', '신장민족민속진열', '신장고시(古尸)전람', '신장혁명사료전람'이라는 4개의 주제로 다양한 유물을 전시하고 있다.[40]

신장박물관 역사전시실의 경우, "신장 다민족 거주, 다양한 종교의 병존, 문화일체 다원성의 유구한 역사"를 잘 전시한다는 명목으로 2013년 6월 13일부터 원래 전시해 오던 '서역의 휘황한 어제를 되찾아: 신장 고대역사 문물진열'관을 폐관하고 향후 '문화의 다원성 속에서도 중국 문화의 일체성'을 강조하는 역사 진열관을 새롭게 개관할 예정이다. 이러한 사실을 알리는 간단한 통지문에서 그 취지를 분명하게 파악할 수 있다. 동북공정을 통하여 연구된 내용을 랴오닝 박물관에 잘 전시해 두었듯이, 신장항목으로 연구된 내용을 신장박물관에 새롭게 전시함으로써 연구 결과의 현실적인 응용을 도모할 예정인 것으로 보인다.

신장박물관 전시물을 통하여 선전하고자 하는 것은 두 가지로 보인다. 첫째는 박물관 소장 문물을 소개하는 책자에서도 분명하게 설명하고 있듯이 현재까지 고고학의 발견이나 역사문헌을 통하여 증명할 수 있는 바와 같이 "신장은 고대로부터 다민족이 거주한 곳이고 다종교가 병존한 중국 영토의 불가분의 한 부분"[41]이라는 점을 강조하는 것이다(〈그림 3〉). 결국 신장은 중국 영토의 일부분이라는 것이다.

둘째는 내지와 변강지역이 긴밀하게 교류하였다는 점을 강조하는 것이다. 신장 이리(伊犁)지구 아리마리 고성에서 출토된 원대의 내지 도자기가 신장지역의 도자기 문화를 만드는 데 중요한 역할을 하였다며, 이는 "조국 내지와

40 新疆維吾爾自治區博物館 · 新疆百石緣工美有限公司 主編(2005), 「展示文化低温服務人民群衆」, 『新疆維吾爾自治區博物館』, 深圳: 香港金版文化出版社.

41 新疆維吾爾自治區博物館 · 新疆百石緣工美有限公司 主編(2005), 「西域文明之彩虹: 館藏文物述略」, 앞의 책

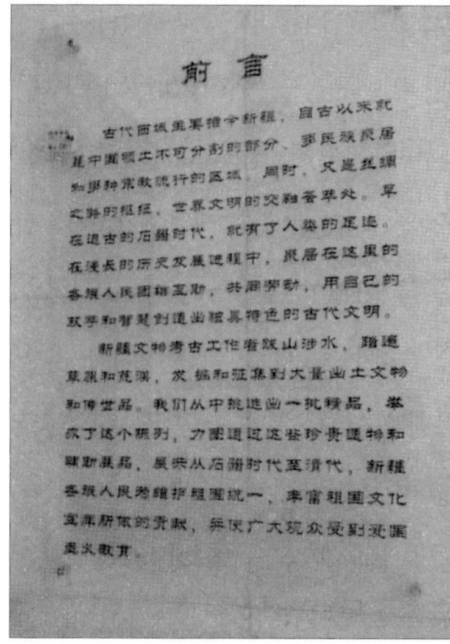

〈그림 3〉 신장은 예로부터 중국 영토의 일부분이라고 강조하는 설명문

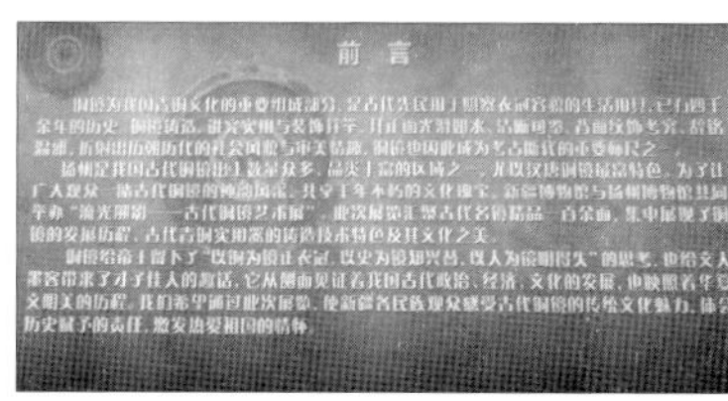

〈그림 4〉 청동거울에 대한 설명문

변강이 밀접하게 교류하였음을 설명"[42]하는 것이라고 강조한다. 즉 내지 도자기가 신장의 도자예술 발전에 큰 영향을 끼쳤다는 것이다.

다양한 형식의 화폐를 설명하는 박물관 소개책자에서는 "신장에서 출토된 것 중 중원 왕조가 주조 발행한 화폐든 신장에서 스스로 주조한 화폐든 하나의 문화의 체제와 역사적 증거로 볼 때 모두 신장과 조국 내지는 정치적, 경제적, 문화적으로 긴밀하게 연결되어 있다"[43]고 강조하였다.

이러한 목적을 달성하고자 하는 박물관의 전시 기법으로는 두 가지가 주목된다. 하나는 신장지역에서 출토된 유물을 전시하는 것이다. 다른 하나는 신장지역에서 출토된 역사 유물만이 아니라 중국 중원지역의 문화 유물도 같이 전시함으로써 모두 중국의 문화이자 유물임을 강조하는 것이다. 신장박물관에서는 신장지역에서 발굴된 유물이나 소수민족 특성을 강조

42 新疆維吾爾自治區博物館 · 新疆百石緣工美有限公司 主編(2005), 「新疆古代陶器及裝飾特點略論」, 위의 책, 45쪽.

43 新疆維吾爾自治區博物館 · 新疆百石緣工美有限公司 主編(2005), 「新疆古代陶器及裝饰特點略論」, 앞의 책, 137쪽.

하는 전시만 하는 것이 아니다. 물론 신장지역에서 출토된 유물과 마른 시체를 전시하기도 하지만 이런 것도 전체 중국의 문화를 연구하는 데 중요하다고 명시함으로써 중국의 정치 문화에 속한다고 설명한다.

구체적인 예로 '아스타나[阿斯塔那, Astana] 지하궁전의 주인[地宮的主人]'이라는 전시물의 설명문을 보면, "투르판[吐魯番]시 동남 가오창 고성[高昌古城]의 북쪽 외곽지역에 위치한 아스타나 묘군은 진(晉)에서 당(唐) 시기의 것으로 국가중점문물보호 단위로 지정되어 있다. 이곳에서 수만 건의 유물과 대량의 마른 시체가 출토되었다. 이것은 투르판 지역이나 전 중국의 정치, 경제, 문화 및 동서양의 교류사 등을 연구하는 데 매우 중요한 의의가 있다"[44]고 하였다. 이 유물은 구체적으로 투르판 일대의 정치, 경제, 문화 등을 연구할 수 있는 중요한 자료이지만 여기에 덧붙여 전 중국의 정치, 경제, 문화 및 동서양의 교류사를 연구하는 데 중요한 자료라며 전 중국의 의미를 강조하고 있다. 구체적으로 어느 면에서 전 중국의 정치, 경제, 문화와 관련이 있는지에 대한 설명은 없지만 어쨌든 '중국의 문화'임을 강조하기 위한 표현으로 보인다.

또한 중국 내지, 특히 한족의 문화를 많이 전시하였다. 청동거울이나 서예작품 등 중국 내지의 문화를 함께 전시함으로써 신장의 문화가 전체적으로 중국의 정치, 문화 중의 하나임을 은연중에 드러낸다. 청동거울 전시 설명문(〈그림 4〉)은 노골적으로 "이런 전시를 통하여 신장지역의 각 민족이 고대 청동거울의 전통적인 매력과 역사에 부여된 책임감을 느껴 조국을 열렬하게 사랑하는 마음이 치솟을 수"[45] 있기를 희망하는 의도를 드러내고 있다.

이러한 전시 기법을 활용하는 이유는 신장지역 출토 유물을 박물관에 전시

44 신장박물관 아스타나 전시 설명문.
45 신장박물관 청동거울 전시 설명문.

하여 신장지역의 독자성을 강조하기보다는, '조국을 열렬하게 사랑하는 마음'을 샘솟게 하고, 현대 중국이 지향하는 소기의 정치적 목적, 즉 신장지역이 중국의 일부분임을 강조하려는 데 있다고 볼 수 있겠다.

이는 전시관 서론에 분명하게 명시하고 있다. "신장은 예로부터 중국 영토와 불가분의 일부분으로 다민족이 집거하고 다양한 종교가 유행하는 곳이다. 동시에 실크로드의 중추지로 세계 문명이 교류하던 곳이다" 더 나아가 신장지역의 중요한 유물을 선별하여 진열한 이유로는 "신장 각 민족인민이 조국의 통일을 지키고, 풍부한 조국 문화의 보고에 공헌함으로써 광대한 군중에게 애국주의 교육을 시키고자 한다"[46]고 명시하였다.

중국 신장지역 도시에 걸려 있는 다양한 표어는 크게 세 가지로 나눌 수 있다. 각각 개별적인 의미와 강조점이 다르기도 하지만 어느 면에서는 중국이 단계적으로 국가 통합의 꿈을 이루어 나가는 데 필요한 것을 총체적으로 표현하고 있다.

①중국의 꿈과 조화사회를 형성하고자 하는 염원을 표현한 것이다. 직접적으로 '<u>중국의 꿈</u>[中國夢]'이라고 쓴 경우도 있지만 '우리들의 <u>국가와 당이 영원히 강대하기를 축원</u>하며, 중국공산당 만세를 높이 부르자[祝願我們的國家和黨永遠强大 高呼中國共産黨萬歲]'와 같이 중국이 영원히 강대할 뿐만 아니라 중국공산당도 영원하기를 염원하는 것도 있다(굵은 글씨와 밑줄은 필자 강조).

또한 직접적으로 공산당의 정책을 강조한 것으로는 "성실하게 공산당의 18대(十八大)[47] 정신을 관철하여 민족단결을 진척시키는 사업이 한 단계 올라설 수 있도록 추동하자![認眞貫徹黨的十八大精神, 推動首府民族團結進步事業再上新臺階!]",

46 이 문단의 직접 인용은 신장박물관 전시실 서론 설명문에 기록된 것이다.
47 「十八大報告(全文)」(2012년 11월 8일). http://www.xj.xinhuanet.com

〈그림 5〉 애국애강, 단결봉헌, 근로호조, 개방진취를 강조하는 거리 간판

"손에 손잡고 아름다운 환경을 만들고, 마음과 마음을 이어 조화사회를 구축하자[手拉手創造美好環境, 心連心構建和諧社會]"를 들 수 있다. 여기에는 공산당 정책의 성실한 집행 → 조화사회 구축 → 영원히 강대한 조국으로 이어지는 중국의 꿈을 이루고자 하는 소망이 드러나 있다.

②애국애강을 강조한 것이다. 애국애강을 강조하는 목적은 신장지역이 "영원히 조국과 함께하는 것[永遠和祖國在一起]"일 것이다. 이러한 의도가 담긴 표어도 내걸어 신장지역이 영원히 중국과 함께해야 한다는 당위성을 주민들에게 주입하고 있다.

애국하고 애강하는 것을 신장정신으로 표현한 표어도 도시 곳곳에 걸려 있었다. "애국애강 단결봉헌 근로호조 개방진취(愛國愛疆 團結奉獻 (新疆精神) 勤勞互助 開放進取)"(〈그림 5〉). 애국애강의 구체적인 방법과 내용을 강조한 것으로는 "신장의 효율성을 창조하고, 신장정신을 홍양하며, 신장의 능력을 제고시켜 신장을 수립하자[創造新疆效率 弘揚新疆精神 提升新疆能力 樹立新疆]", "신속하게 번영하고 부유하여 조화롭고 안정된 아름다운 신장을 건설하자[快建設繁榮富裕和諧穩定的美好新疆]"를 들 수 있다.

③아름다운 신장 도시 건설과 더불어 문명도시라는 이미지를 만들기 위하여 노력하는 것이다. "아름다운 환경과 질서를 만들어 위생도시를 건설하자[創造優美環境, 營造優良秩序, 創建國家衛生城市]"는 표어와 더불어 "국민 개개인에게 책임이 있을 뿐만 아니라 그 혜택도 더불어 누린다[創建國家衛生城市, 人人有責人人收益]"며 "위생도시 건설로 결국 각 민족들이 복을 누린다[創建國家衛生城市, 造福首府各族人民]"고 계몽한다. 따라서 모두가 손에 손잡고 아름다운 도시건설[創衛連着你我他, 美化城市靠大家]을 위하여 노력해야 한다고 강조한다.

"한마음으로 국가 위생도시를 창건하는 데 대중이 함께 노력하여 사람이 살기 좋은 환경을 건설하자[同心同德創建國家衛生城市 群策群力建設宜居人文環境]", "국가 위생도시를 창건하고 거주 환경을 개선하여 생활수준을 제고시키자[創建國家衛生城市, 改善人居環境, 提高生活質量]", "전체 인민이 참여하고 사람마다 노력하여 적극적으로 국가 위생도시를 창건하자[全民參與 人人動手 積極爭創國家衛生城市]" 등의 표어는 다같이 적극적으로 위생도시 건설에 힘쓰자고 독려한다.[48]

위생도시 건설은 결국 개화된 문화 도시[文明城]를 건설하는 것으로 문명인의 말을 하고 문명의 일을 하며 문명인이 되어 문명 도시를 건설하는 것이다[說文明話, 辦文明事, 做文明人, 建文明城]. 따라서 문명을 강조하는 표어도 상당히 많이 붙어 있다. "문명의 소질을 높여 문명행위를 창도하자[提高文明素質, 倡導文明行爲]", "문명은 도시를 더욱 멋지게 하고 생활을 더욱 아름답게 한다[文明: 讓城市更精彩, 讓生活更美好]"며 문명사회로의 전환을 촉구하고 있다.

48 위생도시 건설과 관련된 표어로 '創衛工作人人參與, 健康環境家家收益'도 있다.

문명사회로의 전환을 촉구하는 이면에는 신장지역이 아직 문명사회에 진입하지 못하여 조화로운 사회를 형성하는 데 한계가 있다는 의미도 되므로 '문명'이라는 단어 속에 신장지역을 타자화하여 신장지역이 비문명, 미개한 곳임을 은연중에 드러낸 것이라고도 할 수 있다. 결국 이러한 비문명 지역은 중국공산당의 정책을 성실하게 집행함으로써 새로운 문명사회, 위생도시를 건설할 수 있다고 강조한 것이다. 이런 의도를 보여주는 "공산당에 감사드린다"라는 표어도 곳곳에 붙어 있다. 이는 중국의 내지 도시에서 쉽게 찾아볼 수 없는 풍경이다.

④민족단결을 강조하는 것이다. "민족단결을 위하여 손에 손잡고, 조화로운 발전을 위하여 마음과 마음을 이어가자[民族團結手牽手, 和諧發展心連心]", "각 민족들이 같이 호흡하고, 공동 운명으로 마음과 마음을 이어가자[各民族人民同呼吸, 共命運, 心連心]"라는 표어가 대표적이다. 톈산[天山]지역에는 "톈산 소나무의 뿌리와 뿌리가 이어지고, 각 민족들은 마음과 마음을 이어가자[天山松樹根連根, 各族人民心連心]"는 표어도 있다. 이는 지방의 특산품을 강조하면서 각 민족의 마음을 이어 조화사회를 이루자는 염원을 담고 있다.

V. 결론

중국은 신장의 역사와 문화 그리고 현재의 정치적, 사회적 상황을 연구하여 신장이 중국의 일부분임을 대내외적으로 천명하고자 하였다. 그러한 노력이 2004~2009년까지 '신장항목'으로 구체화되었다. 신장항목은 이론 연구와 현상을 동시에 연구하여 중국과 신장을 일체화하려는 작업이다.

신장항목의 결과물로 출판된 저서와 박물관 전시 및 설명 그리고 거리에 나붙은 표어를 분석한 결과 이론과 실제라는 두 개의 바퀴가 조화를 이루고 있음을 확인할 수 있었다.

신장항목에서 중요한 연구 과제는 '변강이론 및 신장지방사 연구', '신장민족 연구', '신장 문화와 종교 연구', '신장 안정과 발전 연구', '신장과 주변 국가관계 연구' 5개로 신장항목의 원칙에 부합하게 연구되어 각종 시리즈로 출판되었다.

연구의 핵심은 신장지역을 중국에서 분할할 수 없다는 것과 민족단결을 강조하는 것이다. 또한 신장은 위구르라는 어떤 특정 민족의 신장이 아니라 각 민족 공동의 고향임을 증명하려고 노력하였다. 이는 신장위구르족의 독립운동에 제동을 걸려는 것이다. 즉 신장이 특정 민족만의 지역이 아님을 강조함으로써 위구르족 독립운동의 역사성 및 정당성에 문제가 있다고 주장하려는 것이다. 신장이 위구르족만의 신장이 아닌 이상 이슬람이 신장지역의 유일한 종교가 아니라고 하는 것은 당연한 수순으로 보인다.

결국 신장항목은 신장지역 문화의 다원성과 중국 내지와의 교류 그리고 시대에 따른 융합과 민족단결을 강조하여 신장 문화의 교류가 중화민족 형성과 발전에 영향을 미쳤다고 주장하려는 것이다. 또 위구르족은 중화민족의 일부이고 신장은 중국의 일부라는 것을 강조하여 대내외적으로 선전할 수 있는 이론을 갖추어 나간 것이라고 할 수 있다.

중국은 이런 연구 결과물을 담은 전문 연구서뿐만 아니라 대중들이 읽을 수 있도록 쉽게 쓴 책자도 출판하여 국민 교육용으로 활용하고 있다. 또 영어로도 출판하여 세계적으로도 신장항목을 통하여 연구된 관점이 확산될 수 있도록 노력하고 있다.

〈부록〉『中國邊疆史地研究』를 통해 본 신장 지역 연구 성과

번호	발표연도	저자명	소속	논문명	비고
1	2013年 4期	周衛平	中國社會科學院中國邊疆史地研究中心	清代新疆塔爾巴哈台參贊大臣的設置與變遷	청대 塔爾巴哈台 參贊대신의 설립과 변천, 군부 건치 및 직권 범위 검토. 塔爾巴哈台 參贊대신을 설립하여 국가를 통일하고 서북 변방을 공고히 하며 외래의 침략을 막아 사회질서를 안정시켜 할거 방지에 중요한 역할
2	2013年 3期	潘志平·耶斯爾	新疆大學西北少數民族研究中心, 中亞研究院; 新疆社會科學院中亞研究所; 新疆大學	西域新疆的戰略地位:地緣政治的視角	지역정치 시각으로 신장의 전략적 위치 고찰 2010년도 교육부철학사회과학연구중대공관항목 '中國與中亞地區國家關系研究'(10JZD0050); 국가사과기금항목 '東突厥斯坦運動的背景源流研究'(10BSS018) 단계적 성과
3	2013年 3期	陳躍	西北大學西北歷史研究所	晚清新疆與台湾建省之比較研究	만청시기 신장은 서북 육강 변방으로, 대만은 동남 해강으로 중요한 지역이기 때문에 건성. 건성의 배경과 과정, 방식과 결과의 공통점과 차이점 고찰
4	2013年 2期	熱合木吐拉·艾山	新疆大學西北少數民族研究中心	從『巴赫其薩萊致喀什噶爾的信』看韃靼扎吉德教育在近代喀什噶爾的傳播	『譯文報』에 발표된 『巴赫其薩萊致喀什噶爾的信』을 활용하여 韃靼扎吉德 교육의 喀什噶爾 전파와 변화 검토 교육부인문사회과학연구신장항목규획기금항목 '新疆維吾爾族扎吉德教育研究'(批准號:11XJJA770001) 단계적 성과
5	2013年 1期	萬雪玉	新疆大學人文學院	近代中國社會轉型與哈薩克人東遷	근대 신장 哈薩克人은 생존환경과 자기 내부의 격렬한 변화로 일부는 동쪽으로 이주하였는데 이는 유목사회의 변화상을 반영
6	2012年 4期	張榮	西北師范大學歷史文化學院	哈薩克問題與清朝乾隆時期西北邊防體系的構建	屯田, 築城, 駐軍, 卡倫 설치 등을 중심으로 乾隆시기 서북 변방 체계의 건설 과정을 검토하고 哈薩克 越界 유목민 문제에 미친 영향 분석
7	2012年 3期	王希隆	蘭州大學歷史文化學院	張格爾之亂及其影響	嘉慶에서 道光까지 8년간의 張格爾 난은 60여 년의 안정된 신장에 영향을 미쳐 和卓의 난이 싹텄고 청조가 여러 차례 출병함으로써 국력 손실

번호	발표연도	저자명	소속	논문명	비고
8	2012年 3期	楊恕·曹偉	蘭州大學中亞研究所	從哈共(布)中央的報告看蘇聯對中國新疆政策的變化	1946년 7월 신장연합정부가 성립된 후 소련은 중국 신장에 대한 간섭을 줄이기는 하였지만 신장을 자신의 세력범위로 삼는 것을 방기하지 않음 2012년도蘭州대학 '中央高校基本科研業務费專項資金'항목(人文社科類) '近代以來反'疆獨'鬪爭中的意識形態問題研究'(項目批准號:12LZUJBWYB125) 단계적 연구 성과
9	2012年 2期	郝建英	陝西師範大學西北民族研究中心	楊增新時期新疆與蘇(俄)在引渡和經貿問題上的交涉	楊增新 시기 신장과 소련의 교역 문제에 대한 교섭
10	2012年 2期	尚衍斌	中央民族大學歷史文化學院	元代畏兀兒農學家魯明善事迹再探討	元代 畏兀兒 농학가 魯明善 사적에 대한 재검토 『農桑衣食撮要』에서 魯明善의 처세 태도와 정치사상 검토
11	2012年 2期	賈建飛	中國社會科學院中國邊疆史地研究中心	清代新疆的內地壇廟:人口流動, 政府政策與文化認同	신장지역에 있는 중국 내지의 壇廟 발전과 영향 분석
12	2012年 2期	尚季芳	西北師範大學文史學院	再造'西北':民國時期旅外學人對西北形象的重塑	민국시기 서북 지역 이미지의 재건 문제 2008년 교육부인문사회과학기금항목 '近代西北民族地區毒品危害及禁毒研究'(項目批准號:08JC770020); 2009년 서북사범대학 3기 '知識與科技創新工程'항목 '近代甘寧青地區地震災害及震災研究'(項目批准號:NWNU-KJCXGC-SK0303-8); 2010년 국가사과기금청년항목 '近現代西北民族地區毒品問題與社會控制研究(1840~1960)'(項目批准號:10CMZ025); 2010년 중국박사후과학기금 제3차 특별보조항목 '近代西北地區毒品問題與基層社會控制研究'(項目批准號:201003338) 단계적 성과
13	2012年 1期	李正元	蘭州大學黨委	饢的起源	신장 남부의 回鶻化, 이슬람화, 위구르족의 변화 과정 중 饢가 신장의 특색 있는 음식문화가 됨

번호	발표연도	저자명	소속	논문명	비고
14	2012年 1期	姜剛	蘭州大學民族學研究院	也論新疆'三七政變'	'三七정변'에 의한 金樹仁의 신장 정권 교체는 민국정부의 신장통합 계기를 부여. 이러한 정변은 신장 사회의 심층적인 현대화 혁신의 욕망 촉구 교육부인문사회과학청년기금항목 '清末民國近代化視野下的新疆社會變遷與民族問題研究'(項目批准號:10XJC850003) 단계적 성과
15	2011年 4期	許建英	中國社會科學院中國邊疆史地研究中心	拉鐵摩爾對中國新疆的考察與研究	라티모아의 신장 연구. 신장과 내지, 티베트, 내몽골의 관계, 신장 내부 문명 구조와 교통 특징, 지역 정치에서 신장이 차지하는 위상 분석
16	2011年 3期	文志勇	河北師範大學圖書館	楊增新和楊纘緒對新疆財政問題的爭論: 兼談新疆各民族的經濟負擔	楊增新과 楊纘緒의 신장 재정 문제에 대한 논쟁(북양정부와 신장 지방정부의 인식 차이 검토)
17	2011年 3期	王欣	陝西師範大學西北民族研究中心	高昌內徙與西域政局	北魏는 서역을 경영할 전략으로 高昌 동쪽 伊吾 일대로 이전. 비단길 교통 및 柔然과 高車를 통제하려 하였으나 高昌 내부 정국에 분란만 만들고 두 차례의 이전 활동이 소득 없이 정리
18	2011年 3期	阿利亞·艾尼瓦爾	新疆師範大學歷史與民族學學院	乾隆時期新疆自然災害研究	건륭 시기 신장 자연 재해 발생의 규율과 특색 연구 국가사회과학기금항목 '自然災害與清代新疆社會'(09BZS045) 단계적 성과
19	2011年 1期	田澍·何玉紅	西北師範大學文史學院	西北邊疆史地研究的回顧與反思	과거의 서북 변강 관리, 민족사 등 연구에서 변강 재정, 민생, 생태, 변강지역 내지화 과정, 변강민족의 국가인식 등 문제 연구로 변화 탐색
20	2011年 1期	賈建飛	中國社會科學院中國邊疆史地研究中心	乾嘉時期新疆的金礦開采: 以內地人的活動爲中心	청조는 신장 통일 후 적극적인 이민정책으로 신장의 경제발전과 금광 개발 촉진. 지방안전을 고려하여 청조는 금광 채굴활동 금지에서 개방정책으로 변화. 내지인의 신장 금광 채굴과 이에 대한 청조의 관리 문제 검토

번호	발표연도	저자명	소속	논문명	비고
21	2010年 4期	楊華山	陨陽師範高等專科學校政史系; 南京大學	論抗戰勝利前後國民政府對新疆的籌劃	국민정부가 盛世才를 파견하여 신장의 정치, 경제, 외교, 종교, 문화 교육, 교통, 군민 둔간 등 전방위적으로 장악
22	2010年 3期	蔡家藝	中國社會科學院民族學與人類學研究所	清代新疆玉石的開采與輸出	청대 신장 옥석의 채굴과 수출 문제. 가장 많이 내지로 보내진 옥석은 葉爾羌玉, 그 다음은 和闐玉, 그 외에 瑪納斯玉도 있음
23	2010年 2期	王欣	陝西師範大學西北民族研究中心	吳震先生與新疆文物考古研究	고고학자 吳震은 평생 신장의 고고학, 돈황 투루판학과 신장 출토 문물 발굴과 보호에 공헌
24	2010年 2期	賈建飛	中國社會科學院中國邊疆史地研究中心	陶保廉與西北邊疆問題研究: 以『辛卯侍行記』爲中心	청말 사회적으로 혼란 시기 陶保廉이 서북 변강 문제 연구
25	2010年 1期	李之勤	西北大學西北歷史研究所	略談王樹枏編纂的『新疆圖志·國界志』: 『新疆圖志·國界志』点校前言	청말민초시기 王樹枏은 『新疆圖志』를 총편찬하였는데 그 중 『國界志』는 근대 서북변계 변천에 대한 첫 번째 책으로 국민들에게 애국심을 불러일으킴
26	2010年 1期	郭勝利	蘭州大學西北少數民族研究中心	新疆'七七政變'眞相述考	樊耀南·張純熙가 '七七정변'을 기획하였고, 金樹仁이 樊과 張을 이용한 후 이들을 제거하고 신장 정권을 장악함
27	2009年 4期	閻天靈	中南民族大學民族學與社會學學院	明清時期河西走廊的寄住民族、寄住城堡與寄住政策	寄住政策은 중국 고대 변강 정책 중 하나인데 명대가 쇠락하면서 결과가 없었고 청대에 성공하였지만, 邊民安全 보호, 邊民損失 감소, 邊防壓力 완화 의의로 보면, 명대의 寄住政策은 성공적임
28	2009年 4期	李潔	蘭州大學西北少數民族研究中心	民國時期新疆漢族移民探析	민국시기 한족 약 30만 명이 북강지역으로 경제형, 정치형, 군사형 이민. 민국시기 한족 이민의 특징은 신장 사회발전 촉진, 현지인과 융합하여 다문화 기초 형성, 신장 인구 분포를 변화시켜 안정적인 발전 촉진. 교육부기지 중대항목 '中國西北少數民族地區漢族移民研究'(06JJD850003) 단계적 성과

번호	발표연도	저자명	소속	논문명	비고
29	2009年 3期	孫宏年	中國社會科學院 中國邊疆史地研究中心	中國邊疆與周邊地區關係史研究60年	중국 변강과 주변지역 정치, 경제, 군사, 문화 등 다방면의 교류와 특징, 규율 연구. 중국강역 변천 과정 중의 변계와 영토 문제, 역사시기 중국 변강과 주변의 정치, 군사, 경제, 문화, 인적 교류 및 민족 문제 등이 주된 내용. 60년에 걸친 중국 변강과 주변 지역 관계를 1949~1979, 1980~1989, 1990~2009 시기로 나누어 정리
30	2009年 3期	厲聲 · 賈建飛	中國社會科學院 中國邊疆史地研究中心	60年來西北邊疆史地研究的回顧與展望	중화인민공화국 성립 60주년을 맞아 60년 변강 연구의 발전을 총괄하고 전망(동북, 북부, 서북, 티베트, 서남, 海疆 및 다민족 국가 역사 강역 연구, 中國邊疆과 주변 관계 8개 방면)
31	2009年 2期	裴長洪 · 楊志勇	中國社會科學院財務所; 中國社會科學院財務所財政室	改革開放以來新疆經濟社會發展狀況分析	개혁개방 이래 신장은 경제발전의 속도 증가, 산업구조도 고급화, 주민 수입과 생활수준 및 대내외 무역합작 수준 제고, 사회사업 발전, 중점 공정 건설과 인재풀 건설에도 변화. 신장의 발전은 중앙의 재정지원과 밀접하게 관계되므로 완전한 재정지원으로 신장 사회경제 발전 추진 2004년도 국가사과기금특별항목 '新疆歷史與現狀綜合研究項目'
32	2009年 2期	段金生	雲南大學西南邊疆少數民族研究中心; 雲南民族大學人文學院	近代國人關於新疆的認識	근대 중국인은 국가존망과 신장의 전략적 중요성이 연결되어 있음을 파악한 후 신장 지역의 인식 심화
33	2009年 2期	王希隆 · 馬青林	蘭州大學歷史文化學院; 蘭州大學西北少數民族研究中心	額敏和卓後裔與清代新疆	투루판 札薩克旗制 및 札薩克 郡王 家族勢力에 대한 청조의 통제 연구
34	2009年 1期	田衛疆	新疆社會科學院歷史研究所	清代伊犁惠遠城建史初識	청조시기 신장 惠遠城의 수축 경과 및 성의 역사적 역할
35	2009年 1期	楊芳	首都師範大學歷史學院	漢簡所見河西邊塞軍屯人口來源考	河西에서 출토된 漢簡을 보면 하서 변방 군둔 인구는 戍卒, 田卒, 騎士 외에 應募士, 良家子, 謫卒 및 随軍家屬, 私從者, 葆子가 있음

번호	발표연도	저자명	소속	논문명	비고
36	2008年 4期	管守新	新疆大學人文學院	清代伊犁將軍職掌考述	伊犁 장군의 실제 정치 권력은 법정 권력보다 작은데 이는 청조정부가 지방 세력의 확대를 방지하기 위하여 변강 민족지역에서 풍속에 따라 정책을 결정토록 하였기 때문
37	2008年 4期	厲聲	中國邊疆史地研究中心	改革開放30年來中國邊疆史地研究學科的繁榮與发展: 兼述中國邊疆史地研究的第三次研究高潮	제1차 변강 연구는 아편전쟁 전후, 2차는 1930~40년대 일본의 침략, 3차는 개혁개방 이후
38	2008年 3期	潘志平 · 石嵐	新疆社會科學院中亞研究所	新疆和中亞及有關的地理概念	고대에는 신장을 西域이라 했는데, 서역은 신장과 중앙아시아의 광대한 지역 포괄. 중앙아시아도 광의와 협의의 지리 개념이 있는데, 이는 역사문화 배경과 관련된 地緣의 政治文化史라 함
39	2008年 3期	許建英	中國邊疆史地研究中心	英國駐迪化領事館的建立及活動述論	민국시기 英國 駐迪化영사관 건립의 최초 구상과 토론 과정, 영사관 개폐 및 중요 활동과 의의 분석
40	2008年 3期	王欣	陝西師范大學西北民族研究中心	馬長壽先生的邊政研究	민족사학자인 馬長壽의 학술활동은 변정 문제 연구와 밀접
41	2008年 2期	楊恕 · 曹偉	蘭州大學中亞研究所; 蘭州大學中亞研究所	評清朝在新疆的隔離制度	청조가 신장을 통일한 후 행정, 군사, 경제, 문화 등에서 격리제도를 실시하여 내지와 융합되기 어려웠고 상당 정도의 독립성을 유지하여 민국 시기뿐만 아니라 현재도 신장 민족 문제의 근원이 됨
42	2008年 2期	金富軍	清華大學校史研究室	清華大學邊疆問題研究會考察	1928年 '濟南참안' 후, 청화대학에서 성립한 변강 문제 연구회의 성립과 발전 과정 및 주요 활동 연구
43	2008年 2期	馬嘯	西北師範大學文學院	國内五十年來左宗棠在西北活動研究述評	중화인민공화국 시기 左宗棠의 서북지역 활동 연구에 대한 총체적인 평가 및 분석

번호	발표연도	저자명	소속	논문명	비고
44	2008年 2期	閻麗娟·李紅坦	蘭州大學西北少數民族研究中心; 陝西科技大學機電工程學院	民國時期西北地區少數民族人口遷徙之研究	서북지역 민족 구성과 분포는 민국시기 각 민족의 인구이동과 밀접하게 관련. 災荒, 전란, 인위적인 경제적 정치적 압박 등에 의해 비정상적인 인구이동이 빈번하게 발생하여 근대 서북 사회의 발전에 중요한 영향
45	2008年 1期	娜拉	新疆師範大學法經學院	民國新疆地方政府對游牧民族的統治政策	민국시기 楊增新, 金樹仁, 盛世才는 신장의 카자흐, 몽골, 키르기스 등 유목민에 대해 서로 다른 통치정책 시행. 楊增新은 撫綏과 羈縻政策, 金樹仁은 민족차별, 盛世才는 민족압박, 국민당 정부의 민족동화와 安撫정책으로 신장 유목사회는 표면적으로 안정되었으나 내부적으로 혼란
46	2008年 1期	張榮	蘭州大學西北少數民族研究中心	楊增新治新時期哈薩克族在中國境內遷徙述論	청말 카자흐족은 상대적으로 안정되고 집중적인 분포를 취하였으나 楊增新 시기 변화가 발생하였고 이들에 대한 이주 배후에 감춰진 위협 등에 대해 분석
47	2007年 4期	王中新	山東大學歷史文化學院 博士研究生	20世紀40年代國民黨新疆省黨部活動述論	1940년대 국민당이 신장지역을 장악하기 위해 省黨部를 조직하고 지방 세력인 盛世才 등과 격렬하게 투쟁하였으나 결국 국민정부가 신장의 실질적인 통치권력을 장악하여 새롭게 발전
48	2007年 4期	介永强	陝西師範大學歷史文化學院	論我國西北佛教文化格局的歷史變遷	漢魏에서 隋唐시기 불교가 서북에 전파되어, 西域, 河西, 隴右, 關中, 陝北과 陝南 문화구 형성. 10세기 중엽 이후 이슬람교 전파로 불교 문화구에 변화 발생. 宋元明清 시기 서북 불교 문화구는 天山北部의 藏傳불교문화구, 甘青藏傳불교문화구, 漢地世俗불교문화구 조성. 새로운 문화구는 宋元시기에 형성되고, 明清시기에 정형화되어 근현대 서북 불교 분포 구조 이룸
49	2007年 4期	武沐·姜剛	蘭州大學西北少數民族研究中心; 蘭州大學西北少數民族研究中心 教授	楊增新的上台與新疆回隊	청말민초 신장에 伊犁 무장기의가 성공하자 楊增新이 回軍 馬隊 五營을 훈련시키고 무슬림 정치 집단의 지지를 얻어 신장도독의 자리를 차지하면서 楊增新 시대 시작

번호	발표연도	저자명	소속	논문명	비고
50	2007年 3期	許建英	中國邊疆史地研究中心	論楊增新時期英國對中國新疆政策	楊增新 시기 영국과 중국 신장관계를 신해혁명, 제1차 세계대전과 전후로 나누어 고찰. 각 단계에서 영국 신장정책의 역사와 국제배경을 분석하고 국제정치 변화 중의 신장 정책 변화와 방향 고찰
51	2007年 3期	王東平·郭紅霞	北京師範大學歷史學院; 新疆自治區檔案館研究館	清代回疆粮賦制度研究:牛津大學所藏清代庫車､沙雅爾署衙檔案之探討	옥스퍼드대학에 소장된 청대 回疆 당안자료로 庫車와 沙雅爾 지역의 賦稅徵收制度의 문제 탐구. 중국의 부세징수제도와는 차이가 있음
52	2007年 2期	李建國	西北師範大學文學院歷史系	清代西北地區鹽政考議	청대 서북에서 시행된 食鹽政策 탐구하여 鹽政과 민족 관계, 변강 안녕 및 사회발전의 수준 분석. 이 정책은 서북 변강을 안정시키는 데 큰 역할
53	2007年 2期	郭美蘭	中國第一歷史檔案館	土爾扈特汗渥巴錫部衆東歸後撥地安置始末	청 건륭 연간에 土爾扈特汗 부대가 귀속하자 분산안치 원칙에 따라 배치. 그중 渥巴錫 부대를 天山北部 齋爾地方에 배치. 그러나 자연적 조건이 열악하여 후에 天山南部의 珠爾都斯 초원으로 재배치
54	2007年 2期	楊永福·段金生	雲南大學西南邊疆少數民族研究中心; 雲南民族大學人文學院	楊增新與科布多事件及阿爾泰并新	1912년 제정 러시아가 외몽골 독립을 선포한 후 科布多로 출병시켜 신장과 알타이 지역 차지. 신장 도독 楊增新은 출병하여 科布多를 원조하였으나 실패. 그래도 알타이 지역 보호를 위해 노력한 결과 신장 역사상 최초로 진정한 행정과 군사적 의의가 있는 통일 이룸
55	2007年 1期	聶紅萍	蘭州大學歷史文化學院	嘉慶朝新疆'玉努斯案'	1814년 신장의 '玉努斯案'은 억울한 사건으로 伊犁 장군 松筠이 嘉慶帝의 뜻에 따라 조작. 道光년 초기 신장 사회 동란의 중요한 원인 중의 하나가 됨
56	2007年 1期	高健;	新疆大學圖書館古籍文獻部	『西域聞見錄』異名及版本考述	『西域聞見錄』의 서로 다른 판본을 분류, 대비, 고증하여 최초의 서명과 판본 확인
57	2006年 4期	魏賢玲·洲塔	蘭州大學西北少數民族研究中心, 蘭州大學西北少數民族研究中心	唃厮囉及其政權考述	宋代 河湟吐蕃 수장인 唃厮囉의 관할 범위는 一江 四河유역, 즉 白龍江 일대와 黃河, 洮河, 大夏河, 湟水 유역. 그의 정권과 송조는 우호관계를 유지하였고, 河湟 주변의 부락과도 화목

번호	발표연도	저자명	소속	논문명	비고
58	2006年 3期	左紅衛·孟楠	新疆藝術學院美術學院; 新疆大學西北少數民族研究中心	從'斌静案'看清代駐疆官員與新疆的穩定	1819년 신장 天山 喀什噶爾에서 '斌静案', 1820년 張格爾의 난 발생하여 8년간 신장이 혼란. '斌静案' 및 청조의 처리과정을 분석하여 신장 불안정과 변란의 관계 규명
59	2006年 3期	田澍·楊軍輝	西北師範大學文學院歷史系; 西北師範大學文學院歷史地理學	古代西北疆域研究若干問題的思考	서북강역 연구 중 주의해야 할 점: 시대에 따른 역사강역의 변화는 서북 강역 연구의 기본 전제; 서북강역의 계속적인 변화는 서북강역 변천사의 기본 특징; 서북 강역 형성과정의 기본형식. 민족, 지리환경, 국방안정 등을 통해 서북강역 형성과 발전 원인 규명
60	2006年 3期	李恭忠	南京大學歷史系	1855-1858年中俄塔城事件之交涉	1950년대 중러 塔城사건의 교섭은 당시 국제관계의 미묘한 변화, 중국 전통 변강 관념, 외교체제와 방어 책략 등 반영. 러시아는 적극적으로 국제관계 변화에 대응. 청조는 피동적 위치
61	2006年 2期	王欣·周偉洲	陝西師範大學西北民族研究中心; 陝西師範大學西北民族研究中心	10世紀前中國西北邊疆發展的幾個特點	10세기 전 중국은 서북 변강 개척, 안정, 변화 과정을 거쳐 상대적으로 완전한 발전단계를 보임. 南農北牧은 서북 변강의 기본 경제형태. 변강 주체인 중원, 객체인 서역과 방체인 북방유목민족의 3개 요소의 작용하에 서북변강의 정치지리 범위에 변화가 있었고 다양한 통치 체제 병존, 변강 문제와 민족 문제 일체화 등 특징은 서북변강에서 일관된 내용
62	2006年 1期	黃達遠	四川大學歷史文化學院	論鐵路與新疆的城鎮發展	철로는 신장 도시 발전에 중요한 역할. 건국 이래 철로 건설은 다방면에서 신장 도시 발전을 촉진하고 신장 도시의 공간 구획에 변화. 철로를 골격으로 하는 '高速新疆'이 건설되어 신장 사회의 경제 발전 확대 필요
63	2005年 4期	劉進寶	南京師範大學歷史系	不能對古代新疆地區棉花種植估計過高	신장의 면화는 인도에서 유래. 투루판에서 면화가 비교적 많이 재배되었고 동쪽으로는 전파되지 않음. 西州 외에 전체 신장의 면화 재배는 제한적이고 면포의 사용도 매우 적었는데 당시는 絲와 麻織品 위주
64	2005年 4期	胡小鵬·程利英	西北師範大學文學院; 廈門大學歷史系 教授; 博士研究生	1978-2003年間明代西北政治史研究概况	1978년 이래 명대 서북 정치사 연구는 144편. 명대의 서북 경략은 주로 민족정책과 관련 군정제도 중심

번호	발표연도	저자명	소속	논문명	비고
65	2005年 4期	王希隆·付軍	蘭州大學西北少數民族研究中心; 蘭州大學西北少數民族研究中心	顧頡剛先生在西北	'七七사변' 후 顧頡剛은 中英庚子賠款 이사회의 위탁을 받아 서북교육 고찰. 그 후 河, 湟, 洮, 岷 지역의 민족사회, 민족교육, 민족경제, 민족관계 등에 대해서도 유익한 건의 제시
66	2005年 4期	侯丕勳	西北師範大學文學院	哈密國'三立三絶'與明朝對土魯番的政策	哈密國의 '三立三絶'과 명조의 투루판 정책
67	2005年 3期	賀萍	西北大學西北歷史研究所	新疆多元民族文化特徵論	다민족문화가 공존하는 신장 민족문화는 돌변성, 변이성, 시스템상의 兼容性과 문화에 표상된 종교적인 특징 있음. 이런 특징은 신장 민족 문화의 발전을 이해하고 각 민족의 공동번영을 촉진시키는 데 유익
68	2005年 3期	王欣	陝西師範大學西北民族研究中心	『回疆則例』研究	民族法規인 『回疆則例』는 신장 建省 전 청조가 신장 남부 민족 업무를 처리했던 주요 법률 근거. 현장에 부합하는 정치사상과 다문화 배경하의 신장 법률문화를 조정하고 적용. 이 법의 편찬은 근본적인 통치를 담지 못해 본질적으로는 소극적
69	2005年 3期	高中華	中央黨校黨史部	試論左宗棠的荒政思想及其邊疆救荒實踐	청대 左宗棠의 荒政思想과 변강 救災활동 분석. 左宗棠은 재난 전 방어와 재난 후의 생산회복 중시. 左宗棠 救荒思想의 형성과 발전은 어린 시절의 경험과 교육 및 당시 사회 발전과 밀접하게 관련
70	2005年 2期	厲聲·許建英	中國社會科學院中國邊疆史地研究中心; 中國社會科學院中國邊疆史地研究中心	近代以來新疆藝術述論(1840-1999)	근대 신장 예술 발전을 3단계로 구분하여 시대적 특징 규명. 신장 예술은 중국 정치 사회 변화와 밀접하게 관련되면서 시대상을 반영하고 독특한 전통미 지님. 신장은 동서양 예술 흐름의 영향을 받았지만 중국 내지 예술의 영향이 깊고 전면적임
71	2005年 2期	孫宏年	中國社會科學院中國邊疆史地研究中心	相對成熟的西方邊疆理論簡論(1871-1945)	1871~1945년은 서양의 신장 문제 이론이 성숙한 시기로 주로 국제법과 지역 정치학과 관련된 이론이 신속 발전. 시대성을 담아 '강한 힘이 공리'라는 특징을 가짐

번호	발표연도	저자명	소속	논문명	비고
72	2005年 1期	周衛平·孟楠	中國社會科學院研究生院; 新疆大學西北少數民族研究中心	清末新疆禁毒研究	제2차 아편전쟁 후 청조의 弛禁政策으로 신장에서 아편을 재배하고 러시아에서 수입된 것과 甘肅에서 운반된 것으로 아편 범람. 1906년 청조가 신정의 일부로 '十年禁烟' 계획을 발표하여 禁毒運動 전개한 조치와 교훈 검토 世川良一우수연구생 과연기금 제공
73	2005年 1期	王尚達·楊恕	蘭州大學中亞研究所; 蘭州大學中亞研究所	新疆與歷代中原王朝政治關係的計量分析	西漢시기 신장에 관아를 설치한 이래 신장과 중원왕조는 4가지 종류의 정치관계 유지. 신장지역은 2000년간 대부분 혹은 부분적으로 중원왕조의 관할하에 있으므로 漢代 이래 중국 영토의 일부분
74	2005年 1期	郭麗萍	中國人民大學淸史研究所	顯學的背後: 瀋垚西北史地學述論	道光시기 瀋垚의 西北史地 연구 학술활동의 진행과정 파악. 중국 전통 학술 특징의 영향과 사회조건의 제약으로 당시의 서북사지 연구는 실지 답사와 과학 실측 기술의 부족으로 문헌 고찰에 그침
75	2005年 1期	周偉洲	陝西師範大學西北民族研究中心	兩漢時期新疆的經濟開發	兩漢시기 서역의 城郭國 인구와 도시 및 경제 상황의 발전 변화 그리고 양한 정권의 서역 개발에 대한 구체적인 조치 검토
76	2004年 4期	王鳴野	中國社會科學院邊疆史地研究中心 2002級博士生	建省後新疆歷史研究述評	신장 건성 후 역사 연구는 20세기 초에서 1949년까지, 1949년부터 현재까지가 주류를 이룸
77	2004年 3期	吳元豊	中國第一歷史檔案館	清代烏魯木齊滿營述論	청조가 신장을 통일한 후 甘肅涼州, 壓浪의 八旗滿洲, 蒙古官兵을 烏魯木齊에 이주시켜 一營으로 합편. 烏魯木齊 滿營의 설립은 신장의 통일을 공고히 하였고 중앙정권의 통치를 강화하고 해당 사회의 안정을 지키고, 서북 변경 지역의 防務 역량을 증강시켰으므로 적극적인 역할과 의의가 있음
78	2004年 3期	欒嘉輝	中國人民大學淸史研究所 博士研究生	19世紀末至20世紀30年代中美邊疆歷史研究比較	1800년대 말에서 1930년대 미국의 변강학파와 중국의 서북변강사지 연구는 학술적으로 풍성한 성과. 양국 연구의 공통점도 있지만 여러 요인으로 인해 연구에 본질적인 차이 있음

번호	발표연도	저자명	소속	논문명	비고
79	2004年 2期	童遠忠		論劉錦棠出任新疆巡撫之原因	1884년11월 劉錦棠은 청조의 명령으로 신장 巡撫가 됨. 신장 건성 후 초대 순무가 된 객관적인 요인은 청조가 한족 지주계급을 의지한 것이고, 주관적인 요인은 劉錦棠이 신장의 失地를 수복한 공로와 신장 현실에 부합하는 신장 건성 방안 제안한 것 湖南省 사과규획판 2001년도 과제 '近代新疆首任巡撫劉錦棠的民族政策研究' 단계적 성과
80	2004年 2期	李清淩	西北師範大學文學院	1980年以來西北開發史研究	근대 서양의 침입으로 청조의 林則徐, 紀昀, 左宗棠 등이 서북개발 주장. 祁韵士, 俞正燮, 張澍, 徐松, 魏源, 龔自珍, 何紹基, 張穆, 何秋濤, 王國維 등이 변강사지 차원에서 서북학 창립. 진정한 의미에서 심도 있는 서북개발 연구는 개혁개방 이후
81	2004年 1期	周新國·高奮強	揚州大學; 揚州大學	林則徐與新疆史地研究	林則徐가 신장에 있었을 때 日記, 信札, 詩詞, 奏折과 雜錄 등 형식으로 신장사를 연구한 내용은 신장의 역사, 형세, 고적, 지명, 환경, 물산, 駐防, 둔전과 신장인의 생활 등을 담음
82	2004年 1期	賈建飛	中國社會科學院歷史研究所	論松筠與晚清西北史地學的興起	晚清 서북사지 연구가 흥성하는 과정 중에 松筠이 발휘한 중요한 역할 규명
83	2003年 4期	彭豐文	中國社會科學院民族學與人類學研究所	漢魏十六國時期河隴大族勢力的崛起及其在西北邊疆開發中的作用	漢魏에서 十六國시기 河隴大族 세력의 형성 발전과 굴기 원인, 역사적 위상 등을 전면적으로 고찰. 이들이 서북 변강 개발에 큰 역할
84	2003年 3期	潘志平	新疆社會科學院中亞研究所	新疆的地緣政治與國家安全: 歷史與現狀的考察	고대 신장은 중국 왕조에 도전할 만한 적대세력이 아님. 신장의 지역적인 정치 상황은 갈수록 국가의 안전과 밀접하게 관련이 있고 갈수록 국제적인 대환경의 영향을 받아 더욱 복잡해짐
85	2003年 3期	尚季芳	西北師範大學文學院歷史系	國民政府時期的西北考察家及其著作述評	국민정부시기 민족위기와 서북개발의 명목하에 서북지역에 가서 당시 발생한 사회 문제에 대해 자세히 분석함으로써 서북인식과 개발에 중요한 리더 역할

번호	발표연도	저자명	소속	논문명	비고
86	2003年 2期	聶紅萍·王希隆	蘭州大學西北少數民族研究中心; 蘭州大學歷史系	鄂對家族與清代新疆政治	신장의 중요한 정치세력인 鄂對家族이 청조에 귀의한 배경과 영향, 청조 신장 정책의 안정 등 배경 규명. 이 세력은 변강안정과 국가 통일에 큰 역할
87	2003年 1期	孫波辛	新疆維吾爾自治區檔案局	斯坦因第四次來新之經過及所获古物考	斯坦因의 제4차 신장에서의 고고학 관련 활동 시간, 장소, 노선, 획득한 유물 등 고증
88	2002年 3期	齊清順	新疆社會科學院	論近代新疆對蘇(俄)政策的基本方針	1911~1949년 신장과 소련 관계 검토. 중앙정부가 교섭사무를 처리하거나 중앙아시아에 영사관을 설치하여 권익을 보호할 때나 적극적인 경제 무역 정책을 할 때도 소련과의 관계 고려
89	2002年 3期	許建英	中國社會科學院中國邊疆史地研究中心	試析清政府在帕米爾交涉中的對策	帕米爾 교섭을 4단계로 분류하여 검토. 帕米爾 문제는 제국주의 열강 침략과 확장의 결과
90	2002年 3期	馬大正	中國社會科學院中國邊疆史地研究中心	新疆歷史縱論	신장 역사에 대해 포괄적으로 검토. 신장 역사의 출발점과 귀속점, 역대 왕조의 신장 치리 문제, 다민족과 다문화 공존 등이 신장 역사 발전의 기본 문제
91	2002年 2期	厲聲	中國社會科學院中國邊疆史地研究中心	新疆歷史上的短命分裂政權: '東突厥斯坦伊斯蘭共和國'的覆滅	1930년대 신장의 동투르키스탄이슬람공화국의 출현과 쇠락 과정 검토. 이는 군벌 혼전과 농민기의 등이 발생하는 특정 역사시기에 우발적인 분열운동의 산물
92	2002年 1期	薛暉	新疆師範大學歷史系	清初新疆的官主祭儀與多神崇拜	청조의 신장 통일 후 내지의 다원신앙이 전입되어 天山南北에 많은 神教廟宇 등장. 자연숭배와 다신신앙 성행. 官府가 주도하는 山川祭祀와 關帝崇拜 및 다신신앙은 신장 종교 발전사에서 특수한 위치 차지
93	2002年 1期	賈建飛	中國社會科學院	馬繼業與辛亥革命前後英國在新疆勢力的發展	신해혁명 전후 영국의 신장 침투와 확장은 駐喀什噶爾영사관 건립으로 확인. 영국 駐喀什噶爾영사관의 초대 영사인 馬繼業의 활동과 영사관 건립 및 발전은 중국 침략의 일부분으로 신장에 심각한 영향. 동시에 중영관계의 발전 촉진

번호	발표연도	저자명	소속	논문명	비고
94	2002年 1期	張榮·王希隆	蘭州大學西北少數民族研究中心; 蘭州大學西北少數民族研究中心	淸末科塔借地之爭述論	카자크 부락이 변경지역으로 들어가고, 주변국 러시아의 위협으로 科, 塔은 排哈과 防俄를 통해 자신을 지킬 목적으로 借地하여 카자흐를 안치. 借地 논란은 지방주의 정서를 보여주어 변강관리의 전권을 조장하였고, 청조로 하여금 알타이 지역의 중요성을 파악하여 1급 지방 구획으로 만들게 함
95	2001年 4期	許建英	中國社科院研究生院 在讀博士生	英國所存近代中國新疆檔案查閱散記	영국이 중국 관련 자료를 많이 소장. 특히 변강지역과 관계된 윈난, 티베트, 신장 등지의 자료는 연구에 중요
96	2001年 3期	萬雪玉	新疆大學中亞文化硏究所	試論新疆與中亞民族, 文化多元融合性特點及其差異	신장과 중앙아시아 민족, 문화 융합의 특징 검토. 독특한 지리환경과 문명으로 중앙아시아 지역은 다양한 종족, 민족 융합의 무대가 되어 민족과 문화 다원화. 19세기에 정치적·경제적으로 일체화가 되지 않아 이슬람화와 투르키스탄화가 됨과 동시에 근대 각 민족도 탄생
97	2001年 3期	蘇德	內蒙古大學蒙古學學院	試論晩淸邊疆、內地一體化政策	근대 이래 국내외적 요인으로 청조는 정치제도상 변강과 내지의 일체화로 통제능력 강화 정책으로 변경. 청조가 신장, 몽골, 티베트에서 일체화 정책을 취한 역사적 원인과 결과 영향 검토
98	2001年 2期	阿拉騰奧其爾	中國社會科學院中國邊疆史地硏究中心	新疆史若干問題硏究综述 (1989-1998)	1989~1998년 신장 강역사, 민족사, 개발사, 대외관계사 등으로 서북 연구 활발. 특히 역사적인 신장과 내지 관계, 중앙정부의 신장 통치와 개발 연구
99	2001年 1期	苗普生	新疆社會科學院	新疆地方史硏究百年回顧與展望	20세기 신장 지방사 연구는 신장에서 고대의 유물을 발굴하면서 활발. 1899년 古楼蘭유적을 발굴한 스웨덴 지리학자 스벤 헤딘 이래 서양학자의 발굴과 연구는 신장 지방사 연구 촉진. 신장 고민족 문자, 언어연구에서 성과가 있었고 서역학, 돈황학, 투루판학 등 학문의 기초 형성
100	2001年 1期	王希隆	蘭州大學歷史系	面向21世紀的中國西北邊疆史地硏究	서북 변강의 정치, 경제, 민족변천, 민족융합, 사회문화, 생태변화, 지리, 교통 등 연구

번호	발표연도	저자명	소속	논문명	비고
101	2000年 4期	戴良佐	昌吉回族自治州黨委	乾隆與新疆地名研究及疆域地圖	乾隆시기 『西域同文志』와 『西域圖志』 편찬. 건륭제는 관원을 파견하여 실지 답사 후 『乾隆內府銅版地圖』 제작. 이는 가장 완성된 신장지역 지도이자 세계적으로도 가장 완벽한 아시아대지도. 건륭제는 신장 지명과 지도 편찬을 중시하여 서북지리학을 형성하는 데 역할
102	2000年 3期	鄭振東	南京大學	民國年間英國在新疆非法發展僑民事考	민국시대 영국은 신장에서 免稅通商으로 중국인을 유인하여 영국적을 갖도록 하고 이들 보호를 이유로 친영세력을 배양하여 러시아와 중국과의 관계에서 이익 도모
103	2000年 1期	鐘興麒	新疆維吾爾自治區地方志編纂委員會	唐代安西碎葉鎭位置與史事辨析	唐代 安西 碎葉鎭 위치와 역사 사실 분석. 巴爾喀什湖 부근의 碎葉은 계속 突騎임. '碎葉'(Suyab) 돌궐어 의미는 두 물이 만나는 곳인데, 서역의 여러 곳에 '碎葉' 지명이 있음
104	2000年 1期	朱新光	寧波大學社科系	英俄私分帕米爾與清政府的立场	청말 영국과 러시아가 파미르에서 할거하려는 경과 검토. 청조의 영토 주권의식으로 신장 지역을 안정시킴
105	1999年 4期	黃建華	烏魯木齊幸福路36號成人教育學院	蔣介石與新疆三區革命	1944년 11월 7일 三區革命이 伊犁에서 시작하여 다음해 9월에 塔城, 阿山으로 확대. 이에 대해 蔣介石은 때리고, 대화하고, 위로하는 수법으로 三區革命에 대응
106	1999年 3期	馮立升	呼和浩特市內蒙古師範大學科學史研究所	乾隆時期西北地區的天文大地測量及其意義	乾隆시기 서북지역에서 2차례 천문대지측량 활동을 한 성과와 방법을 분석. 측량 활동은 변강판도를 확정하는 데 기여
107	1999年 3期	李琪	南京大學歷史系	從俄文檔案看辛亥革命時期沙俄對新疆的侵略: 兼與俄羅斯學者E·別洛夫先生商権	신해혁명 영향으로 신장에서도 반봉건 반제국 저항. 제정러시아가 상인 보호 명목으로 伊犁, 喀什에 출병하여 군사적으로 위협하면서 정치 경제적 권익 탈취
108	1999年 3期	任伊臨	烏魯木齊市第二中學	布彦泰歷荐謫戍新疆的林則徐緣由考述	布彦泰가 道光帝에게 적어도 3차례 林則徐를 추천한 배경과 내용 분석

번호	발표연도	저자명	소속	논문명	비고
109	1999年 1期	吐娜	新疆社會科學院歷史研究所	察哈爾蒙古對西北邊疆經濟的開發	청 乾隆시기 張家口 주변에 거주하던 차하르 八旗 蒙古官兵은 가족과 함께 신장으로 이주하여 博爾塔拉, 塔爾巴哈台에 안치되어 屯墾戍邊함. 서북변강의 경제와 국방건설에 중요한 공헌. 신장 경제 문화의 상대적 낙후상태 변화. 차하르 몽골의 서북변강 개발은 신장 경제 회복과 발전을 촉진하고 촌락 형성, 인구분포 배치 등으로 광활한 신장에 변화를 줌
110	1999年 1期	周軒	新疆大學學報編輯部	溫世霖與『昆侖旅行日記』	청말 宣統시기 救國請願으로 신장에 유배된 溫世霖은 경험을 『昆侖旅行日記』로 남김. 여기에 河北, 河南, 陝西, 甘肅, 新疆의 사회 정치 경제, 명승고적과 풍토, 교육상황 등 소개. 일기에는 봉건전제와 부패, 민생고, 과학기술 강조
111	1998年 4期	鐘萍	中國農業博物館研究所	近代新疆農地資源的開發和利用	청말 農地 개발은 신장 농업경제 발전, 농업 수준 향상으로 北牧南農의 경제구조에 변혁 초래. 신장에 농업을 위주로 하는 혼합경제 형성으로 공, 상, 광, 목축업이 발전하여 신장 경제를 제고시키는 데 역할
112	1998年 3期	郭美蘭	北京中國第一歷史檔案館	清代布倫托海办事大臣的設立及其裁撤	布倫托海는 청대 호브드 參贊大臣 관할구 중 하나. 同治시기 서북지역의 반정부 활동으로 신장에 대한 통제력 상실. 사회적 불안으로 난민이 布倫托海로 유입되자 호브드 지역의 안전과 물자 공급 압력 완화 위하여 청조는 布倫托海 辦事大臣을 두어 관련 사무 처리. 몇 차례 대신을 경질한 후 결국 폐지
113	1998年 2期	鄧浩	南京大學歷史系	試析新疆與蘇維埃中亞早期關係的背景	신장과 소비에트 중앙아시아 관계 형성 요인 분석. 양자 관계는 소비에트 러시아의 외교정책과 楊增新의 민첩한 대책과 관련
114	1998年 1期	馬大正 · 厲聲	中國社會科學院中國邊疆史地研究中心	新疆生產建設兵團研究的有益嘗試	신장 生産建設兵團은 漢代 시작된 이후 中原 王朝가 서역을 통치하는 국책으로 역대 왕조에서 시행. 중화인민공화국 건립 후 신장의 특수상황을 고려하여 신장 生産建設兵團 창설
115	1997年 3期	苗普生	烏魯木齊新疆社會科學院歷史研究所	'伊薩克事件' 始末	道光시기 參贊大臣 阿奇木伯克 伊薩克의 冤案 발생. 冤案 발생 당시 공문서와 진술서 분석하여 喀什噶爾 參贊大臣 扎隆阿사건의 과정과 영향 고찰

번호	발표연도	저자명	소속	논문명	비고
116	1997年 2期	管守新	南京大學歷史系	阿睦爾撒纳服叛對乾隆治准政策的影響	准噶爾 말년에 阿睦爾撒納은 중요한 역할을 함. 그의 歸顺과 반청 행위는 准噶爾人이 전쟁하는 데 중요 원인 중의 하나가 되었고, 乾隆시기 청조의 신장 기미정책을 변화시켜 중국 판도가 바뀌는 계기가 됨
117	1997年 1期	王治來	湖南師範大學文史研究所	論說所謂'土耳其斯坦'	突厥은 중국 고대부족의 명칭으로 突厥의 여러 부족이 서쪽으로 이주하여 중앙 및 서아시아에 분포. 세계적으로 통일된 돌궐족 명칭 없음. 투르키스탄은 지명이지만 과거 오역하여 土耳其斯坦이라 함. 11세기 이후 지금의 중앙아시아 지역이 투르키스탄임. 동투르키스탄 명칭은 19세기초 러시아가 쓰던 것을 중국이 수용하였으나 1924년 이후 소련도 사용하지 않음. 동투르키스탄 명칭의 지속적 사용은 중국에서 분열하려는 의도 있음. 신장의 각 민족은 중국에 속함
118	1996年 4期	趙雲田	中國社會科學院近代史所	清末邊疆地區新政擧要	청말 변강 소수민족 지역에 제국주의 세력 침투를 고려해 청조는 변강 관리를 파견하고 정치, 군사, 경제, 문화면에서 동북, 몽골, 신장, 티베트에서 신정 실시
119	1996年 3期	韩香	西北大學西北歷史研究室	清代察哈爾蒙古的西遷及其對新疆的開發	차하르 몽골이 서쪽으로 이동한 후 담당한 주요 업무는 戍邊换防, 관립 목장에서 생축을 방목한 것인데, 이는 신장 지역의 안정과 발전에 중요한 역할. 農牧 겸영의 경제구조와 인구 증가, 교육, 종교 흥성과 민족관계 개선에 변화. 차하르 몽골의 자체 발전은 신장지역의 개발 촉진
120	1996年 2期	胡邦鑄	新疆政协巴州文史資料委員會	新發現的林則徐著作	清抄本『新疆墾荒奏稿』는 1984년 알려진 林則徐의 『乙巳日記』와 대조해 볼 때 시간, 장소, 인물, 사건이 모두 부합. 이는 林則徐와 신장 근대사 연구에 중요한 사료적 가치가 있음
121	1996年 2期	孫國志	黑龍江大學歷史系	奕山與晚清邊疆	청조는 奕山을 두 차례 신장에서 복무케 하면서 신임하였고 廣東賠款, 新疆讓利, 黑龍江割地 등에 대해서 죄과가 있지만 크게 처벌하지 않음. 중요한 이유는 청조의 변강 정책이 실패하여 전통적인 기미정책으로 서양의 침입에 대응하였는데, 청조나 奕山 모두 서양의 침략 야심과 당시 상황을 제대로 파악하지 못했기 때문

번호	발표연도	저자명	소속	논문명	비고
122	1996年 2期	潘志平	新疆社會科學院中亞研究所	清代新疆的交通和郵傳	청조가 신장 통일 후 伊犁를 중심으로 軍台조직을 만들고, 烏魯木齊를 중심으로 營塘조직과 변방요새지역인 卡倫조직을 보조로 하여 변강교통의 핵심체계 구축. 신장 建省 후 郡县制는 軍府制가 대신토록 행정체계 개편, 省會도 迪化 중심의 驛站에서 순수 군사적인 軍台, 營塘, 卡倫交通체계로 변화. 청말 邮政, 电報 창립은 신장에서 현대 우편제도 서막을 엶
123	1996年 2期	謝志宁		1815年新疆孜牙墩事件眞相及其影響	1815년 신장에서 발생한 孜牙墩 사건은 1765년 烏什기의 이래 최초로 일어난 군사 반항 행동. 이는 50년간의 南疆 안정국면을 파괴하였고 張格爾의 반란에 영향을 주어 南疆은 더욱 불안. 孜牙墩 조상과 신분, 지위, 거사 원인과 과정, 죄명 등을 검토하여 진상 규명
124	1996年 1期	厲聲	新疆大學歷史系	廢止俄商在新疆貿易'暫不納稅'始末	러시아 상인의 중국 변경 면세 무역의 유래와 '暫不納稅' 탈취 경과를 분석하여 '暫不納稅' 조항이 신장의 사회 경제에 위협이 되었다 함. 1917년 10월혁명 후 신장 정부가 소련정권과 담판하여 이 조항을 폐지하게 된 경과도 분석
125	1995年 4期	戴良佐	新疆吉昌市昌吉州黨史志辦公室	新疆奇台石城子遺址漢疏勒城今地之爭	신장 奇台石城子 유적 漢疏勒城 今地의 논쟁
126	1995年 4期	阿拉騰奥其爾	中國邊疆史地研究中心	布彦泰在新疆	신장에서의 布彦泰 활동상
127	1995年 4期	郭蘊深	黑龍江社會科學院	論新疆地區的中俄茶葉貿易	신장의 중-러 차무역은 수량도 많고 시간도 길어서 중-러 무역경제 관계의 중요한 연구과제
128	1995年 4期	於溶春	新疆科學院經濟所	論新疆的中蘇貿易	1917~1960년대 전기 신장의 해외무역은 기본적으로 소련과의 무역으로 중화인민공화국 수립 이전 신장과 소련의 무역 규모는 신장과 내지 무역보다 훨씬 많았음
129	1995年 3期	阿拉騰奥其爾	中國社會科學院邊疆史地研究中心	清朝首任伊犁將軍明瑞政績述評	청조 최초 伊犁 장군 明瑞는 乾隆시기 신장을 경영한 중요한 인물

번호	발표연도	저자명	소속	논문명	비고
130	1995年 3期	潘志平	新疆社會科學院中亞研究所	淸季俄英殖民主義勢力對新疆的經濟侵略	청조시기 러시아와 영국 식민주의 세력의 신장에 대한 경제 침략으로 반식민지, 반봉건화
131	1995年 2期	王智娟	新疆師範大學歷史系	新疆與蘇維埃俄國的早期關係考述	신장과 소비에트 러시아의 초기 관계 검토. 고대로부터 정치, 경제, 문화와 밀접하게 관련. 1917년 10월혁명 후 신장과 중앙아시아 관계는 신장과 소비에트 러시아 관계의 일부분
132	1995年 2期	王希隆	蘭州大學歷史系	紀昀關於新疆的詩作筆記及其識史價値	紀昀의 신장에 관한 시작 필기 및 그 역사 인식의 가치
133	1995年 2期	王東平	南京大學歷史系	淸代新疆馬政述評	청대 신장의 馬政 연구. 역대 중국 정부는 관용 말의 목양, 훈련, 사용과 매매 등 관리 제도 시행. 근현대 교통이 발달하기 전 말이 군사와 사회생활에서 중요한 역할을 하였기에 역대 봉건 통치자는 馬政 중시
134	1995年 2期	陳重秋	新疆人民出版社	略論西域文獻的搜集整理與出版	西域 문헌의 수집 정리와 출판 張騫의 출사 이래로 서역이라는 개념이 중국 역사책에 도입돼 1919년 신문화 운동시기까지 사용
135	1995年 1期	高永久	蘭州大學歷史系	論劉錦堂與新疆建省	劉錦棠은 청조를 설득하여 내지와 같은 行省制를 신장에 시행. 1884년 11월 신장 건성은 제국주의 세력을 막아내고 내지와의 관계도 강화
136	1995年 1期	田衛疆	新疆社會科學院歷史所	蒙元時期新疆建置述論	몽골 원조시기 신장의 군정 건치와 직관 설립 검토. 최초의 군정기관 기구는 '達魯花赤'이며, 그 뜻은 '鎭守者'임. 이 관직은 지역 관아 중 최고
137	1994年 4期	吳元豊	中國第一歷史檔案館	淸乾隆年間伊犁遣犯爲民後的屯田	청조는 신장을 통일한 후 伊犁에 주둔하여 둔전 개간. 伊犁屯田은 경작자의 신분에 따라 綠營兵의 兵屯, 위구르족의 回屯, 일반인의 民屯, 八旗兵의 旗屯, 發遣범죄자의 遣電으로 구분
138	1994年 3期	齊淸順	新疆社會科學院	20世紀前半葉蘇聯出兵新疆述論	1917~1949년 소련군이 수차례 신장에 들어가 정국 변화에 영향을 미침

번호	발표연도	저자명	소속	논문명	비고
139	1994年 3期	潘志平	新疆社會科學院中亞研究所	1759~1911年新疆的變亂	1759~1911년 사이에 신장에서 변란이 있었지만 근본적으로 신장과 중국의 통일을 파괴하지 않음
140	1994年 2期	戴良佐	新疆昌吉州黨史地方志辦公室	新疆昌吉地區清末民初商業概述	청말 민초 신장 昌吉 지역의 상업
141	1994年 1期	田衛疆	新疆社會科學院歷史研究所	元代新疆'站赤'研究	元代 신장 '站赤'(몽골어 jamuci 음역으로 역참, 역전) 연구. 驛傳은 원조가 건립되기 이전 몽골시대에 있었으나 원조 건립 후 더욱 발전
142	1993年 4期	吳福環	新疆大學歷史系 副教授	謝彬在『新疆游記』中表述的治理開發新疆的思想	謝彬은 1916년 북양정부 재정부의 특파원으로 파견되어 신장 재정 조사. 이를 통해 신장의 통치나 개발에 대하여 체계적인 의견 제시
143	1993年 3期	楊鐮	中國社科院文學所 副研究員	清代新疆屯戍與越南人	청대 신장 屯戍과 베트남인
144	1993年 3期	謝志寧	北京燕山出版社 編辑	清前期的伊犁設防	伊犁는 청조 신장지역 행정과 국방의 중점지역. 청조는 伊犁 장군을 설치하고 동서남북의 다양한 지역 관할
145	1993年 3期	吳元豊	中國第一歷史檔案館 館員	清代伊犁回屯	청이 신장을 통일한 후 伊犁에 주둔하며 回屯, 兵屯, 旗屯, 民屯, 遣屯이라는 둔전 개간. 위구르족의 回屯은 일찍 설치되었고, 屯户 인구도 많으며, 개간면적도 넓어 기타 각 둔의 머리역할 수행. 청대 변강 둔간사에 중요한 위치 차지
146	1993年 3期	鈕仲勳	中國科學院地理研究所研究員	王廷襄的『葉析紀程』	王廷襄의 『葉析紀程』. 신장 순무 지역, 산천 형세, 거리, 방향, 원근 등 기재
147	1993年 2期	林梅村	國家文物局文物研究所副研究員	1992年秋米蘭荒漠訪古記: 兼論漢代伊循城	米蘭은 磨朗, 密阮이라고도 하는데, 타클라마칸 사막 오아시스의 하나
148	1993年 1期	崔延虎	新疆師範大學外语系	研究近代新疆問題的重要史料	근대 신장 문제 연구에서 필요한 중요 사료

번호	발표연도	저자명	소속	논문명	비고
149	1993年 1期	吴元豊·趙志强	中國第一歷史檔案館; 北京社會科學院滿學研究所 館員; 助理研究員	清代伊犁锡伯營綜述	乾隆 연간 청조는 盛京과 예속된 여러 성에서 錫伯官兵을 뽑아 가족과 함께 신장 伊犁로 이주시켜 伊犁 錫伯營 형성. 이는 군정합일의 조직으로 군사, 행정, 생산 기능 있음
150	1993年 1期	戴良佐	新疆昌吉回族自治州党史地方志辦公室 副編審	新疆建省後的第一部志書『新疆四道志』	신장 建省 후의 첫 번째 사서『新疆四道志』
151	1992年 4期	牛汝辰	測繪研究所 地名室	新疆地名研究史概略	고대부터 신장 또는 서역 지명에 대해 연구
152	1992年 4期	侯夏		近代中國邊疆史地學家谢彬	중화민국 시기 謝彬(1887~1948)은 중국 변강사지학 방면에 훌륭한 성과 남김
153	1992年 3期	華立	中國人民大學清史研究所 副教授	清季新疆建省後農業經濟的復蘇與發展	광서 초년 청조는 天山南北을 수복하고 行省을 설립하여 경제, 농업 개발 중시
154	1992年 3期	厲聲	新疆大學歷史系 講師	新疆近代史研究回顧	신장 근대사 연구 회고
155	1992年 3期	黄烈	中國社會科學院歷史研究所 研究員	艱辛的歷程 豊碩的奉獻: 黄文弼先生與西北考察	黄文弼은 고고학자이자 서북역사 지리학자
156	1992年 3期	苗普生	新疆社會科學院 歷史研究所 助理研究員	1949年以來新疆地方古代史研究述評	1949년 이래 신장 지역 고대사 연구. 신장 각 지역의 정치, 경제, 민족, 역사지리, 문화 등 문제 서술
157	1992年 3期	馬大正	中國社會科學院中國邊疆史地研究中心 研究員	20世紀新疆考察述論	20세기 신장을 탐험한 다양한 사람들 서술
158	1992年 3期	土登班瑪		鄯善佉盧文書所見王號考: 兼論所謂'侍中'	鄯善 佉盧 문서로 본 王號 고찰: 소위 '侍中'과 겸론

번호	발표연도	저자명	소속	논문명	비고
159	1992年 3期	楊鐮	中國社會科學院文學研究所副研究員	斯文赫定的探察活動及『亞洲腹地探險八年』	1894年 여름 杜特雷依 탐험대가 青藏高原 탐방
160	1992年 2期	王波	江蘇省商業廳史志辦	魏源『聖武記』所記格登山位置有誤	魏源의 『聖武記』에 기록된 格登山 위치 착오
161	1992年 1期	楊紹猷	中國社會科學院民族研究所副研究員	俺答汗開發土默川及對鞏固我國北疆的作用	俺答汗의 土默川 개발과 중국 북강 공고화에 끼친 역할
162	1991年 2期	定宜庄	中央民族學院歷史系 講師	清代北部邊疆八旗駐防概述	청대 북부 변강 八旗駐防 概述
163	1991年 2期	潘志平	新疆社會科學院『西域研究』編輯部 副研究員	長齡、那彥成與南疆之亂	청조 道光 전기 신장 이슬람 和卓과 中亞浩罕은 南疆에서 10여 년간 저항하였고, 청조는 長齡과 那彥成을 파견하여 진압한 후 軍機要務 관장
164	1990年 6期	C.Г.克里亞什托爾内·A·A·科列斯尼科夫·李琪		俄國的新疆研究史	러시아의 신장 연구사
165	1990年 6期	劉文遠		從『施政綱領』看張治中治理新疆的方針	1946년 국민당 서북 행영 주임 張治中은 『施政綱領』에서 정치, 민족, 외교, 경제, 재정, 교통, 교육, 문화, 위생으로 나누어 정부의 시정목표를 밝힘. 기본적으로 張治中의 신장 통치 방침을 포괄하였으나 여러 요인으로 대부분 실현하지 못하였지만 신장을 안정시키는데 역할
166	1990年 5期	M·庫特魯科夫·苗普生		15世紀至17世紀葉爾羌汗國與中原王朝的關係	15~17세기 葉爾羌汗國과 중원 왕조의 관계 葉爾羌汗國이 1465년에 성립된 후 초기에는 喀什噶爾, 葉爾羌 등까지 세력이 미침. 그러나 1540년에는 현재 신장 전체구역을 자신의 통치하에 넣고 48년간 통치

번호	발표연도	저자명	소속	논문명	비고
167	1990年 5期	祁若雄		新疆伊犁河航運開發始末	伊犁河의 항운개발은 역사상 여러 차례 흥망과정이 있는데, 그의 航運開發史는 근대 서북변강 개발사의 축소판으로 연구가치 있음
168	1990年 4期	董蘇寧		淺談清代的哈密王	哈密은 자고 이래 서역과 중원의 목구멍에 해당하는 요도로 비단길의 진주. 청초에 哈密에 盟旗制度를 시행하여 哈密封建主에게 신임을 보냈는데, 이는 청조가 서역을 통일하는 데 중요한 역할을 하였기 때문
169	1990年 3期	李惠興		歷史上的'新疆'	역사상의 신장
170	1990年 3期	蔣學熙		新疆阿拉山口的歷史沿革	신장 阿拉山口의 역사 연혁 신장 서북에 있는 阿拉山口는 근대에 准噶爾山門이라고도 함. 阿拉山口는 신장 북부 유명한 風口
171	1989年 5期	王大剛		國外新疆現代史研究簡况	20세기 신장 지역을 실제 답사한 스타인[斯坦因], 스벤 헤딘[斯文赫定], 라티모어[拉铁摩爾] 소개
172	1989年 3期	吕一燃		清末民初的禁烟運動與俄國在中國邊境的鸦片贸易(1906-1917)	청말민초 금연 운동과 중국 변경지대에서 러시아의 아편 무역
173	1989年 3期	知之		兀兀窮年 壯志不已:記邊疆研究者吳豊培教授	吳豊培는 변강 문제 연구의 선구자
174	1988年 4期	紀大椿		三區革命與蘇聯的關係問題	三區革命과 소련 관계 문제 2차 세계대전 말기에 신장에서 국민당 통치를 반대하는 三區革命 발생, 초기에 盛世才는 소련과 연합

자료: 중국사회과학원 중국변강사지연구중심에서 출판하는 『中國邊疆史地研究』 출간 이래 1988년부터 2013년까지 신장 지역과 관련된 연구논문을 중심으로 총 174건 검토. 도표에는 발표시기와 발표자, 소속, 논문제목 및 논문의 내용을 정리하여 관련 연구에 참조할 수 있도록 하였다. 검색어로는 '신장', '서북' 등을 활용하였다.

서남항목의
실태와 성과 분석

정면(鄭勉)

중국고대사 / 서강대학교 인문과학연구소 연구교수
『한중관계 2000년 동행과 공유의 역사』(공저, 2008, 소나무), 『어린이·청소년 역사책, 길을 묻다』(엮음, 2014, 책과함께) 등.

정면 | 서강대학교

서남항목의 실태와 성과 분석

I. 서론

'서남항목'의 정식 명칭은 '서남변강의 역사와 현상 종합연구 사업[西南邊疆歷史與現狀綜合研究項目]'이며, 중국에서 공식적으로 사용되는 간칭은 '서남변강항목'이다.[1] 서남지역 중에서도 특히 외국과 국경을 맞대고 있는 지역들, 윈난성[雲南省]을 비롯하여 광시[廣西]와 시짱[西藏]을 주된 연구 대상으로 정한 것으로 보인다. 이 연구에서는 국내의 분류[2]에 따라, 서남항목이라는 용어를 사용할 것이다. 서남항목은 2008년 국가사회과학기금특별항목(國家社會科學基金特別項目)으로 규정되었으며, 2008~2012년까지 매년 400만 위안이 투입된 것으로 알려져 있다. 또 2008~2009년에 110여 항의 연구 과제에 대한 지원이 추인된

1 "西南邊疆歷史與現狀綜合研究項目"2008年度課題申報工作通知(http://kyj.cass.cn/Article/697.html, 이하 '2008년도 공작 통지').

2 박장배(2013), 「중국 변강학(邊疆學) 관련 동향」, 『동북아시아역사문제』 2013년 5월호, 동북아역사재단, 12쪽.

것으로 알려져 있다.[3] 이 연구에 주어진 임무는 서남항목 관련 자료를 수집하여, 그 실상을 파악하여 정리하는 것이다.

중화인민공화국에서 매년 이루어지는 국가지원 연구 프로젝트 중에서도 극히 일부[4]에 불과한 서남항목에 주목해야 하는 이유는 아마도 그것이 동북공정, 신장항목[新疆項目], 시짱항목, 북강(北疆)항목으로 이어지는 중국 정부의 변강지역 연구 프로젝트의 계보에 포함된다고 판단되기 때문이다. 이들 프로젝트가 하나의 전략하에서 추진되는 같은 계열의 연구 프로젝트임은 이미 중국학자들의 입을 통하여 확인된 바다. 그래서인지 서남항목은 가끔 '서남공정(西南工程)'으로 불리기도 하였다.[5] 동북공정이 초래한 국제적 분쟁을 의식한 탓인지는 모르겠지만, 서남항목의 경우도 공개된 정보의 양이 아직은 적어서, 그 실체를 파악하기가 쉽지 않다.

여태까지 서남항목 관련 문서와 연구 과제 목록을 수집하기 위하여 많은 노력을 기울였다. 그러나 각 연도의 '과제 지침[課題指南]'조차 구하는 것이 불가능하였고, 각 연도의 전체 연구 과제 목록을 한 번에 구하는 것은 기대하기 힘든 일이었다. 심지어는 2011년과 2012년에 과제의 발주가 이루어졌는지 여부도 확인하기 어려웠다. 공개적인 과제 신청 접수는 2008년과 2009년만 확인될 뿐이다. 이러한 상황은 국가사회과학기금의 다른 연구 항목들이 지원

3 박장배(2013), 앞의 글, 17쪽.

4 국가사회과학기금으로만 한정하더라도 2008년에 3억 600만 위안이 투입되었다. 400만 위안은 76.5분의 1에 불과하다.

5 何明(2010), 「國家認同的建構: 從邊疆民族跨國流動視角的討論」, 『雲南師範大學學報(哲學社會科學版)』 2010-4, 24쪽. 이 논문에서는 관련 연구기금의 과제 항목을 두 개 표기하였는데, 그 하나가 "西南工程"項目"雲南邊疆少數民族的國家認同與民族認同的實證研究"였다. 다른 자료에서는 같은 제목의 자료에 대하여, '서남공정' 대신 '2008年度國家社科基金特別委托項目: 西南邊疆歷史與現狀綜合研究項目'이라고 표기하였다.

이 확정된 연구 과제 목록[國家社科基金項目立項清單]을 매년 공개적으로 발표하고, '전국철학사회과학규획판공실(全國哲學社會科學規劃辦公室)' 홈페이지의 항목수거고(項目數據庫)[6]를 통하여 각각의 과제 관련 정보를 공개하고 있는 것과는 분명 구별되는 지점이다. 이렇듯 정보 공개가 제한되는 이유도 연구 대상이 되어야 할 것이다.

이러한 상황에서 여러 차례의 시행착오를 거쳐, 약간의 관련 문서[7]와 과제 목록,[8] 연구 성과물 및 그 목록[9]을 구하는 데 성공하였다. 현재까지 확인한 서남항목 과제 목록에의 접근 방법은 두 가지다. 하나는 현재 공개되기 시작한 연구 성과물을 통하여 역추적하는 것이다. 서남항목의 지원을 받은 전저들이 출간되기 시작하였고, 또 중간성과물의 형태로 적지 않은 수의 논문들이 학술지에 게재된 것으로 보인다. 문제는 이를 일일이 확인하는 수밖에 없다는 것이다. 그리고 다른 하나는 서남항목의 연구 과제를 수주한 기관들의 홍보자료를 이용하는 것이다. 상당수의 대학, 연구소들이 기관의 연구역량을 홍보하면서 연구비 수주 상황을 인터넷 홈페이지에 발표하였는데, 그 중에 종종 서남

6 項目數據庫(http://gp.people.com.cn/yangshuo/skygb/sk/index.php/index/index). 여기에서 '중대항목', '중점항목', '일반항목', '청년항목', '서부항목', '후기자조항목', '중화학술외역항목' 등의 과제에 관한 정보를 검색할 수 있다.

7 직접 관계 문건으로는, '西南邊疆歷史與現狀綜合研究項目2008年度課題申報工作通知', '西南邊疆歷史與現狀綜合研究項目管理辦法', '西南邊疆歷史與現狀綜合研究項目經費管理辦法', '西南邊疆歷史與現狀綜合研究項目課題申報書', '"西南邊疆項目"課題經費預算表', '"西南邊疆項目"2008年度立項課題中期檢查的通知', '西南邊疆歷史與現狀綜合研究項目續撥款課題進展情況報告書', '關於"西南邊疆歷史與現狀綜合研究項目"2009年度課題申報工作的通知', '關於西南邊疆項目課題結項的通知', '西南邊疆歷史與現狀綜合研究項目課題結項書' 등이 있다. 이 밖에 간접적으로 '서남항목'을 다루거나, 비교의 대상이 될 만한 다른 기금 관련 문건들은 여기서는 생략하겠다.

8 〈표 1〉 참조.

9 〈표 2〉 참조.

항목 과제도 포함되어 있다. 다만, 기금의 이름을 '서변항목'이나 '국가사과기금특별위탁항목' 등으로 애매모호하게 처리한 경우가 많아 주의를 요한다.

지금까지 모은 정보를 바탕으로 이 보고서를 작성하였다. 제2장 "서남항목의 추진 배경"에서는 서남항목이 추진된 배경을 추정해 보았는데, 팡톄[方鐵]의 논문 「서남변강사 연구 60년의 회고와 전망[西南邊疆史研究60年的回顧與展望]」[10]의 도움을 많이 받았다. 제3장 "서남항목의 내용과 과제 목록"에서는 구득한 약간의 행정문서를 통하여 규모와 구조 등의 개략적 내용을 파악하였다. 그리고 42건의 과제 목록을 확인하였는데, 이를 분석함으로써 서남항목의 일각을 제시할 수 있었다. 제4장 "서남항목의 연구 성과물 분석"에서는, 공개된 58건의 연구 성과물을 분석하여 보았다. 이들 성과물은 23건의 과제와 관련된 것이다. 이 서남항목의 전모 파악과 그 영향에 대한 평가는 2015년쯤 되어야 가능하리라 추정되는데, 지속적인 추적과 관심이 필요하다.

Ⅱ. 서남항목의 추진 배경

확실한 자료적 근거가 없는 까닭에 서남항목의 추진 배경은 추정에 의지할 수밖에 없다. 현재 수집한 자료에 근거해서는 두 가지 방향의 추정이 가능하다. 하나는 서남변강사 혹은 서남변강학의 발전 과정에서 발생한 필요에 의해 추동된 측면이다. 그리고 다른 하나는 중국 국가 차원의 변강사 혹은 변강학 발전의 일환으로 기획된 측면이다.

10 方鐵(2009), 「西南邊疆史研究60年的回顧與展望」, 『中國邊疆史地研究』 第19卷 第3期.

'2008년도 공작 통지'의 '과제 입안 지도 사상 및 중점[課題立項指導思想和重點]'에 따르면, 서남항목은 마르크스주의를 지도 사상으로 하여, 과학발전관과 사회주의화해사회(社會主義和諧社會) 건설의 중대 전략사상을 깊이 관철하는 것을 사상적 목표로 한다. 그리고 서남변강지구의 사회 안정과 발전을 중심으로 삼고, 서남변강의 역사와 현실 상황 속의 중대 이론과 현실의 문제를 연구하여, 역사상 의문과 현실 중의 쟁점 및 이론상의 난제를 적극 해결하는 데 중점을 둔다고 하였다. '2009년도 공작 통지'[11]의 '과제 입안 지도 사상'에서는, '사회주의화해사회의 건설'이라는 표현이 빠졌고, 연구 중점도 조금 간결해졌다. "서남변강 역사와 현상 중의 중요 이론과 현실 문제를 중점 연구하여, 서남변강지구 사회의 발전 및 국가의 '장치구안(長治久安)'을 위하여 이론과 대책을 제공한다." 결국 서남변강지역의 안정적 통합과 발전을 위하여 역사적·현실적 문제들을 해결하기 위한 연구 프로젝트라는 의미일 것이다.

그러나 이러한 설명은 여전히 추상적일 뿐 아니라, 왜 2008년의 시점에 서남항목이 추진되어야 하는지도 설명하지 못한다. 「서남변강사 연구 60년의 회고와 전망」(이하 「회고와 전망」)은 이 문제에 관한 단서를 제공한다. 제목에서도 보이듯이, 이 논문은 '민족' 및 '민족(관계)사'[12]보다는 '서남변강', '서남변강사'를 강조한다. 본문의 내용에서도 '민족'이라는 용어는 185회 사용한 데 비하여 '변강'은 205회 사용하였고, '민족사'는 8회 사용한 데 비하여 '변강사'는 52회 사용하였다. 아울러 주목되는 점은 '서남변강'이라는 대지역 개념의 사

11 關於"西南邊疆歷史與現狀綜合研究項目"2009年度課題申報工作的通知 (http://kyj.cass.cn/Article/2314.html, 이하 '2009년도 공작 통지').

12 중화인민공화국에서 '민족관계사'의 성립 과정에 관해서는 김한규의 논문 참조. 金翰奎(1990), 「古代 東아시아의 民族關係史에 대한 現代 中國의 社會主義的 理解」, 『東亞研究』 23.

용이다. 기존의 '윈난민족사', '구이저우[貴州]민족사' 혹은 '백족간사', '이족사' 등의 서술 범주와는 다르다. 이는 윈난, 광시, 쓰촨[四川], 구이저우, 티베트 지역 소수민족들의 존재를 드러내기보다는 중국 국가 중앙의 시각에서 서남쪽 국경지대를 강조한 개념이다. 다시 말하면, '민족(관계)사'가 56개 민족 사이의 '평등'과 통합을 강조하고 있다면, '변강사'는 중국 국가의 입장에서의 통합과 발전을 중시하고 있는 것이다.

팡톄는 「회고와 전망」에서 서남변강지역 연구 흐름의 특징을 '민족(관계)사로부터 변강사로의 전환'이라고 강조하고 있다. 이에 따르면, 1980년대까지는 '민족(관계)사' 위주의 서남변강사 연구가 주조를 이룬 반면, 1990년대에는 '변강사'로의 전환에서 주요한 '돌파'가 이루어졌고, 2000년대 10년간은 '변강사'로서의 주요한 진전을 이루었다고 평가한다. 「회고와 전망」은 아울러 그 한계도 지적하였다. ①60년의 대부분 기간 연구의 대부분이 '소수민족'에 집중되었고, 변강사지(邊疆史地)에 대한 연구는 상대적으로 적었다. ②미시적 시각에서 사소한 문제를 다룬 연구는 중복된 것이 비교적 많은 반면, 크고 무거운 주제 및 심층적 문제, 그리고 변강 형성과 발전 이론 등의 연구는 박약하였다. ③적지 않은 연구자들의 학술 관점과 탐구 방법이 구태의연하였다. 연구 영역이 상대적으로 협소하고, 연구 방법이 비교적 단일하여, 연구의 총체적 수준의 제고 또한 완만하였다.[13]

이와 같은 평가 위에, 「회고와 전망」은 서남변강사 연구의 발전을 위하여 다음과 같이 5개 사항을 건의하였다.[14]

①역사 연구에 필요한 자료의 지속적인 발굴과 정리를 건의하였다. 최근

13 方鐵(2009), 앞의 글, 48쪽.
14 方鐵(2009), 앞의 글, 48~49쪽.

10년간의 연구 성과로 드러난 새로운 자료의 정리를 강조하였다. 특히 20세기 전반기 민국 정부에 의하여 이루어진 조사와 연구 및 자료 발굴 성과들에 대한 정리, 그리고 19세기 서양인들에 의하여 생산된 유관 자료들의 정리 필요성을 지적하였다. 또 고대사 분야에서도 대량으로 존재하는 조령과 주소 및 시정 기록을 담은 각종 지방지와 문집에 대한 정리를 강조하였다.

②연구 대상의 확장과 심도 있는 연구의 제창을 주장하였다. 현재 민족사, 정구(政區)연혁사, 치리사와 개발사 등으로 구분되어 있는 연구 대상의 세분화와 확대를 주장하였다. 이를테면 변강민족사의 경우 서남변강의 사회사, 인구사, 문화와 전통사, 민족관념사, 족군(族群)연변사 등으로 심화 확대가 가능하다고 지적하였다. 또 정구연혁사의 경우 변강형성사, 지명사, 정구제도사, 성진(城鎭)사, 지정학적 정치사, 역사지리의 디지털라이징 문제 등으로 확대할 수 있다고 주장한다. 그리고 같은 문제에 대해서도 보다 다양한 조건과 다변화된 관점을 통하여 보다 새로운 사고와 분석이 가능하다고 강조하였다.

③새로운 연구 시각과 연구 방법의 채용을 강조하였다. 현재 중국 전국사 및 대부분의 단대사에 비하면, 서남변강사 연구는 상대적으로 주제의 선택이 다양하지 못하고 사료 결핍 또한 많다. 팡톄는 계통분석, 중장기분석, 비교분석의 방법을 통하여 비교적 과소한 연구 주제와 사료 결핍의 문제를 해결할 수 있다고 주장하였다. 팡톄에 따르면, 이들 세 방법은 공통된 특징이 있다. 역사발전 과정 중의 동태 변화, 다른 시간대의 비교분석, 연구 대상과 기타 요소의 관련을 비교적 중시한다. 따라서 복잡 다양한 서남변강사를 탐구하는 데 이 세 연구 방법이 매우 유용하다고 주장한다.

④중대 문제와 복잡한 문제, 서남변강 총체사[整體史]에 대한 연구를 중시해야 한다고 주장한다. 그리고 그러한 주제 선택의 예로 다음과 같은 것들을 제시하였다. 역대 서남변강 치리의 이론과 실천, 서남변강을 연구 대상으로 하

는 역사강역 발전 이론, 서남변강 역사상의 지정학적 정치 및 그 변천, 서남변강사상의 쟁점 및 민감 문제, 서남변강 치리 및 개발사, 중앙과 중앙정부의 치변(治邊) 관계사, 서남변강 총체 발전사, 서남변강 거민 관념 변천사, 서남변강 치변 연구사, 서남부 변계 연혁 및 담판(談判)사, 서남변강과 인접국 관계사, 서남변강 역대 지방성 지식 등이다.

⑤유관 학과 연구의 성과와 방법의 차용, 다종 학과의 합작 연구를 제창하였다. 근래에 들어 인류학, 사회학, 정치학, 경제학, 법학, 생태학과 등의 학자들이 적극적으로 서남변강의 역사와 현상 방면에 관심을 가지고 주목할 만한 성과들을 생산하였고, 다종 학과 합작 연구의 토대를 구축하였을 뿐 아니라 전통적 서남변강사 연구에 유용한 방법론도 제공하였다고 설명하였다. 그리고 각 학문의 핵심적 연구방법론을 서남변강사 연구에 적용할 것을 건의하였다.

이렇듯 「회고와 전망」의 주장을 늘어놓은 이유는, 이 주장이 서남항목을 이해하는 데 도움이 되리라 판단해서다. 이 논문은 서남항목이 개시된 지 1년 만에 발표되었으며, 이 논문의 저자는 2008년 서남항목 위탁 과제의 한 항목인 '역대 서남변강 치리의 이론과 실천[歷代治理西南邊疆的理論與實踐]'의 책임자이며, 세계 일류 수준의 100여 개 중점 대학 건설을 목표로 하는 '211 공정' 중점 연구소인 윈난대학 서남변강소수민족연구중심의 소장을 지낸 인물이다. 이러한 학자의 '건의'가 서남항목을 염두에 두지 않고 이루어졌다고는 믿기 어려울 것이다.

그는 또 「회고와 전망」에서 서남항목에 대하여 다음과 같이 설명하고 평가하였다. "해당 항목은 중점적으로 서남변강역사와 현상 등의 중요 이론과 현실 문제를 연구하며, 서남변강지구 사회의 발전 및 국가의 '장치구안'을 위하여 이론과 대책을 제공할 것이다."[15] "2008년에 개시된 '서남변강역사와 현상 종합연구 항목'은 서남변강사에 대한 연구 진행의 총체적 기획으로, 절차에 따라 실시하여 윈난과 광시 등 성구(省區)의 연구를 강력하게 추동하였고, 아울러 모든 상관 학과를 서남변강사의 주위에 모이게 만들었으니, 이 사업(항목) 하나를 실시하여 만들어낸 심원한 영향은 금후로 수년 뒤에 진일보하여 명현하게 드러날 것이다."[16] 또 2008년 서남항목의 공모 과제인 '중국 서남변강 근대 민족관계사(中國西南邊疆近代民族關系史)'의 중간 연구 성과의 하나인 논문에서도 최근 20년간의 서남변강 근대 민족관계사 연구를 정리하면서, 「회고와 전망」과 비슷한 평가를 하고 있다.[17] 그리고 무엇보다도 수는 많지 않지만, 다음 장에서 만나게 될 서남항목 연구 과제 목록에서도 「회고와 전망」의 건의가 서남항목과 무관하지 않음을 확인할 수 있다.

서남항목의 추진은 국가적 차원의 변강사 혹은 변강학 육성 기획과 무관할 수 없을 것이다. 마다정[馬大正]은 「중국 변강학 구축에 관한 몇 가지 문제」라는 글의 제2장 "중국변강 연구 제3차 연구 고조의 출현" 제3절 '심화단계: 대체로 2001년 이래'에 다음과 같이 적었다. "2001년에 변강중심(邊疆中心)이 주관한 중국사회과학원 중대항목(重大項目) '동북변강 역사와 현상계열 연구공정[東北邊疆歷史與現狀系列研究工程]', 2004년에 변강중심이 주관한 국가사과기금특별항목(國家社科基金特別項目) '신장역사와 현상 종합연구 항목[新疆歷史與現狀綜合研究項目]'이 이어서 개시되었는데, 모두 기한을 5년으로 하였다. 2008년에 변강중심의 추동과 참여 아래 중국사회과학원이 주관한 국가사과기금특별항목 '서남변강 역사와 현상 종합연구 항목' 또한 이미 개시되었고, 기한을 5년으로

15 方鐵(2009), 앞의 글, 46쪽.
16 方鐵(2009), 앞의 글, 47쪽.
17 張媚玲·張曙暉(2009), 「近20年來中國西南邊疆近代民族關系史研究述評」, 『思想戰線』 2009-3, 122쪽.

하였다. 세 연구사업(항목)의 공동 특점은 중국 변강의 역사와 현실 상황을 결합하여 전방위적으로 중점적 연구를 진행한다는 것이다."[18]

또 하나의 사례를 살펴보자면, 내몽골자치구 사회과학원은 홈페이지 '학술동태' 게시판에 2010년 9월 6일자로 "'북부변강 역사와 현상 연구[北部邊疆歷史與現狀研究]'항목 정식으로 개시하다"라는 기사[19]를 게재하였다. 2010년 8월 23일에 북강항목 영도소조회의(領導小組會議)가 사업(항목)의 개시 의식을 후허하오터[呼和浩特]시에서 거행하였다는 내용을 전하는 기사다. 이 기사는 말미에서 '북강항목'이 '동북공정', '신장항목', '서남항목'의 뒤를 잇는 또 하나의 중대한 변강계열연구항목(邊疆系列研究項目)임을 분명히 하고 있다. 동북공정 개시 이래 11년 동안 중국 변강계열의 중대 연구 프로젝트는 위에 언급한 바와 같이 5개이며, 특히 2008년 서남항목 그리고 2010년 북강항목의 출범으로 중국 학계는 중국의 육지변경지대 전체를 포괄하는 일련의 변강연구 프로젝트를 진행하게 되었다.

정리하자면, 근대국민국가 건설 과정에서 '통일적 다민족국가'의 '중화민족 대가정' 안에 거주하는 '민족'들 사이의 평등과 공영 발전을 강조하던 '민족관계사'는 1990년대를 기점으로 그 소임을 다한 듯이 보인다. 이후 중국 역사학계와 변강학의 핵심어는 '민족'에서 '변강'으로 교체되었다. 그리고 중국 학계에서 이제 중화인민공화국의 국경지대는 '특별한 국민'인 '소수민족'의 거주지가 아니라, 중화인민공화국의 국경이 존재하는 지방인 '변강'으로 인식되기 시작하였다. 그리고 그곳의 역사는 그곳의 거주민인 소수민족이 어떻게 '중화

18 馬大正(2011), 「關於中國邊疆學構築的幾個問題」, 『東北史地』 2011-6, 7쪽.

19 '北部邊疆歷史與現狀研究'項目正式啟動 (http://nmgshkxy.nmgnews.com.cn/system/2010/09/06/010497511.shtml)(2013년 9월 19일 검색).

민족 대가정'의 일원이 되어왔는가가 아니라, 그 땅이 어떠한 과정을 거쳐 '변강'으로 형성되어 왔는가의 관점에서 서술되기 시작하였다. 그리고 이 과정에서 그 지역과 그 사람들의 역사를 보는 시각도 형식적 평등에 기초한 쌍방적 관계가 아니라, 중앙국가의 일방적 시각으로 대체되었다. 아울러 고대 변강사를 보는 시각에서도 '화이관(華夷觀)'보다 봉건왕조의 관점을 대변하는 '이적관(夷狄觀)'이 강조되기 시작하였다.[20] 이러한 시각의 변화는 중화인민공화국의 역사적 발전 과정을 대변하는 것으로 판단되며, 이와 관련한 별도의 연구가 필요하다고 생각한다.

Ⅲ. 서남항목의 내용과 과제 목록

'서남항목' 성과물의 내용을 분석하기에 앞서, 우선 서남항목 사업의 전체 규모와 구조 등 그 내용과 과제 목록부터 살펴보아야 할 것이다.

앞서 언급하였듯이, 서남항목에는 매년 400만 위안의 기금이 투입된 것으로 알려져 있다. 그리고 실제로는 보다 적게 혹은 더 많게 지급된 경우도 있었지만, '일반적인 경우' 과제 하나당 6만~8만 위안이 지급되는 것이 원칙이었다. 그렇다면, 매년 최소 50과제에서 최대 66과제에 대한 지원이 가능하다. 2008년과 2009년 110여 항목의 연구 과제가 지원을 받았다고 하니, 대체로 부합한다. 매년 50~60개의 과제가 지원을 받은 것으로 보인다. '서남항목 관

20 方鐵(2013), 「論中原王朝的夷狄觀」(吉林大學"985"工程中國邊疆史地哲學社會科學創新基地, '中國社會科學報'吉林記者站與吉林大學民族研究所聯合主辦, 〈中國古代邊疆問題研討會〉, 2013年 8月26~28日, 長春. http://www.cssn.cn/preview/zt/11563/11565/201309/t20130909_408562.html

리방법'[21] 제4장 제17조에 따르면, 연구 과제 최종 성과물의 형식은 전저, 연구보고(집), 학술성 보급책자, 역저, 자료집으로 규정되어 있다. 그리고 전저, 역저, 자료집의 완성 기간은 '일반적'으로 2년, 연구보고와 보급성 책자의 완성 기간은 1년으로 규정되어 있다. 물론 실제로는 3년의 기간이 보장된 경우도 있다.

'서남항목 관리방법' 제1장 제4조에 따르면, 서남항목은 '과제 연구', '당안 문헌 정리', '문헌 번역'의 세 계열로 이루어져 있다. 그리고 마다정이 편찬위원회 주임으로 있고, 팡톄가 위원으로 활약하고 있는 『서남변강역사와 현상 종합연구항목 · 연구계열』(이하 『서남변강연구계열』) 편찬위원회의 '총서'에 따르면, 서남항목은 기초연구와 응용연구로 구분되기도 하였다.[22] 『서남변강연구계열』은 기초연구의 성과를 모아 출판하는 기획으로, 현재 사회과학문헌출판사에서 출판을 담당하고 있으며, 2014년 6월 현재 7권이 출판되었다(별첨 〈표 2〉 참조).

그리고 '2008년도 공작 통지'에는 이 3대 계열과 함께 '6대 연구 방향'이 언급되어 있는데, 그 내용이 무엇인지는 밝히지 않았으며, 그 내용이 기재된 문헌을 아직 확인하지 못하였다. 다만 추정을 위한 참고 자료로는 우선 서남항목에 앞서 실시된 신장항목의 '6대 항목 분류'가 있다. ①기초연구류, ②당안(檔案)문헌류, ③번역류, ④정보 데이터베이스 구축, ⑤일부 보급용 서적 집필, ⑥당대중국변강전형백촌조사(當代中國邊疆典型百村調查)가 그것이다. 앞의 세 항목은 서남항목의 3대 계열과 닮아 있다. 그리고 5번까지는 동북공정 이래

21 '西南邊疆歷史與現狀綜合研究項目管理辦法'(이하 '서남항목 관리방법').

22 張純德(2013), 『西南邊疆歷史與現狀綜合研究項目 · 研究系列: 彝文古籍與西南邊疆』, 社會科學文獻出版社, 〈總序〉, 1쪽.

의 분류 항목이다. 서남항목이 동북공정과 신장항목의 계보를 잇는다는 점에서 고려해 볼 만하지만, 3대 계열과의 정합성이 너무 떨어진다.

또 하나의 자료는 2007년 3월 14일 쿤밍에서 개최된 "'서남변강 역사의 현상 종합연구 항목' 논증좌담회"에 관한 기사다.[23] 이 회의는 중국사회과학원과 윈난사회과학원 공동주관으로 이루어졌다. 이 회의에서는 '서남변강 지방사 연구', '서남변강 민족 연구', '서남변강 종교 연구', '서남변강 안정과 발전 연구', '서남변강과 인접국 관계 연구 및 당안·문헌의 회(선)편', '상관 저작과 자료의 번역' 등의 사업에 대하여 광범한 토론이 이루어졌다고 한다. 이 6개 분야의 연구 방향에 대한 토론도 이루어졌을 가능성이 있다. 마지막으로, 윈난사회과학원 홈페이지에 게재된 서남항목 과제 신청 관련 기사다.[24] 이 기사에 따르면, 윈난사회과학원은 2008년 6월 27일 74건의 서남항목 과제 신청 접수를 완료하였다. 74건의 신청 과제는 '과제 지침[指南]'에 따라 역사, 사회, 문화, 경제, 생태 및 문헌당안 등의 6개 항목으로 분류할 수 있다고 하였다. '과제 지침'과 긴밀하게 결합된 6개 분야라면, '6대 연구 방향'과의 거리가 그리 멀지 않을 것이다.

'서남항목 관리방법' 제1장 제2조는 서남항목이 국가사과기금 특별위탁항목이며, 전국사과기금규획판[全國社科基金規劃辦]에서 중국사회과학원 과연국(科硏局)에 위탁하여 조직 관리한다고 규정하고 있다. 그리고 국가사회기금관리판법(國家社會基金管理辦法) 제8조는 특별위탁항목에 대하여, "소수의 중요 연

23 '西南邊疆歷史與現狀綜合硏究項目'論證座談會在昆召開(2007-4-9 18:05:10) http://www.sky.yn.gov.cn/dtxx/ynskj/06968911258575030647(2013년 9월 18일 검색).

24 "西南邊疆歷史與現狀綜合硏究項目"申報工作順利完成(2008-7-7 17:02:59) http://www.sky.yn.gov.cn/kygl/kydt/138669294716558683l(2013년 9월 18일 검색).

구 과제의 경우 국가사과기금 특별위탁항목의 방식으로 전국사과규획 영도소조(領導小組) 책임자의 심사를 거쳐 단독으로 과제를 선정하여 연구를 위탁한다"[25]고 규정하고 있다. 그러니까 서남항목은 '소수의 중요 연구 과제'에 해당하는 셈이다. 그리고 연구의 수행 인력에 관하여, '서남항목 관리방법' 제5조는 "각 계열의 연도 과제(이하 과제)는 서남변강 3성구와 사회과학원의 연구역량을 위주로 하고, 기타 지구는 보조로 삼는다. 우수한 것을 가려 과제로 선정한다"고 명시하고 있다. 3성은 윈난성, 시짱자치구, 광시자치구를 지칭한다. 즉 사업을 위탁받은 중앙 사회과학원의 연구인력과 서남변강 3개 성의 연구인력을 그 대상으로 한다는 의미이다. '2009년도 공작 통지'에서는 이 항목의 공모 과제에 응모할 수 있는 대상을 서남변강 3성으로 제한하기도 하였다. 또 서남항목의 과제 조직 형식에 관하여, '서남항목 관리방법' 제10조는 "위탁과 공모의 두 방식으로 과제를 확정한다. 과제는 중점과제와 일반과제로 나누어 설정한다. 중점과제는 위탁방식을 취하고, 일반과제는 공모방식을 취한다. 과제는 주로 서남변강 3성구를 대상으로 한다"고 규정하였다.

이상이 현재까지 수집한 자료들을 통하여 확인할 수 있는 서남항목의 추진 내용이다. 많은 부분은 여전히 암흑 속에 묻혀 있다. 특히 구체적인 추진 과제들의 전체 목록은 파악이 지난해 보인다. 아무래도 성과물들이 충분히 출판된 이후라야 그 전모의 파악이 가능할 듯하다. 물론 성과물의 '비공개'를 전제로 추진되는 연구는 이 또한 기약하기 어려울 것이다.

25 國家社會基金管理辦法. 國家社科規劃辦. 2008年 9月[引用日期 2013-5-27] (http://baike.baidu.com/view/4901712.htm)
國家社會科學基金管理辦法(2013年5月修訂)의 第三章 項目與規劃 第二十條에는 다음과 같이 수정되었다. "特別委托項目資助因經濟社會發展急需或者其他特殊情況臨時提出的重大課題研究."
(http://www.npopss-cn.gov.cn/n/2013/0520/c219644-21542088.html)

본디 서남항목의 사업기간은 2008~2012년까지였다. 현재까지 밝혀진 일부 과제의 연구기간이 2012년 12월까지로 특정되어 있는 것으로 보아, 이 사업이 예정대로 마무리된 것은 분명해 보인다. 그러나 연구 과제의 신청을 공개적으로 받은 것은 2008년과 2009년 두 해에 한정된 것으로 판단된다. 2010년 이후에는 어디에서도 공모 신청을 받은 흔적을 찾지 못하였기 때문이다. 2010년에 연구 과제가 시작되었다는 것이 확실한 사례를 하나 찾았는데,[26] 이 과제의 지원은 공모에 의한 것이 아니라, '위탁'에 의한 것이었다. 광시민족대학[廣西民族大學]이 2008년부터 매년 자교의 각종 연구비 수주 사례를 홈페이지에 공개하였는데, 서남항목의 경우 2008년과 2009년 각기 4개 사례와 2010년 1개의 위탁 사례가 있고, 2011년과 2012년에는 연구비를 수주한 사례가 없었다. 이를 통하여, 2010년 이후에는 지원 과제의 수도 줄어들고, 직접 위탁을 통하여 진행된 것으로 추정할 수 있다. 한편 중국사회과학원은 2012년 초 개혁 계획을 밝히면서, 중요 학술 성과 출판의 일환으로'서남변강 역사와 현상 종합연구 항목' 206권의 출판 계획을 공표하였다.[27] 이는 여러 가지로 해석할 수 있겠지만, 206권의 출판이 206개 과제의 존재를 의미하지는 않는 것으로 보인다. '문헌번역' 계열과 '당안문헌 정리' 계열의 존재 때문이다.

이제 현재까지 수집한 연구 과제 목록을 살펴볼 차례이다. 별첨한 〈표 1〉에서 보듯이, 이제까지 확인한 서남항목의 과제는 모두 42개다. 2008년에 시

26 周建新,'邊界, 邊民與國家: 中國西南邊境60年(1949~2009)', B10006, 廣西民族大學民族學與社會學學院, 2010.4~2012.12, 10만 위안.

27 中國社科院展開創新工程試點: 觀點創新 體制創新(2012年 2月 23日10:34 來源: 『光明日報』).
http://www.npopss-cn.gov.cn/GB/219468/17198740.html(2013년 9월 19일 검색).

작된 과제가 26건, 2009년에 시작된 과제가 14건, 2010년에 시작된 것으로 추정되는 과제가 1건, 2010년에 시작된 것이 1건이다. 이 중 과제 번호를 확인한 것이 30건인데, A로 시작하는 것이 24건, B로 시작하는 것이 6건이다. A와 B의 차이를 명확하게 구분할 방법은 아직 찾지 못하였다. 또 30건 중 중간단계 성과물을 포함하여 성과물이 공개된 것은 24건이다. 〈표 1〉에서 과제 번호가 굵게 표시된 것들이 성과물이 발표된 연구 과제다. 그리고 과제명이나 과제 번호를 아직 알 수 없는 연구 성과물이 4건 있다. 모두 민국 시기 당안문헌 정리에 관한 것들이다. 파악된 연구 성과물은 별첨한 〈표 2〉에 따로 표시하였다.

과제 번호의 형식은 네 가지로 구분되는데 'A+6자리 숫자', 'A+5자리 숫자', 'B+6자리 숫자', 'B+5자리 숫자'다. 'A09019'가 '2009A019'로도 표기되는 것으로 보아, A와 B 문자 뒤에 오는 두 자리의 '08', '09', '10'은 모두 연도를 의미하는 것으로 보인다. 숫자 6자리와 5자리의 차이도 문자 A와 B의 차이와 마찬가지로 아직은 알 수 없다. 2009년도에는 숫자 6자리의 과제 번호는 보이지 않는데, 이것이 의미하는 바도 아직 알 수 없다. 다만, 이러한 형식에서 추정할 수 있는 것은 과제의 숫자다. 2008년에는 'A+6자리 숫자'의 과제가 적어도 45건, 'A+5자리 숫자'의 과제가 8건, 'B+6자리 숫자'의 과제가 6건, 'B+5자리 숫자'의 과제가 2건, 도합 최소 61건의 과제가 지원을 받은 것으로 추정할 수 있다. 그리고 2009년에는 'A+5자리 숫자'의 과제가 최소 25건, 'B+5자리 숫자'의 과제가 최소 3건 등 도합 최소 28건의 과제가 수행되기 시작하였고, 2010년에는 'B+5자리 숫자'의 과제가 최소 6건 수행된 것으로 추정할 수 있다. 또 'B1005'라는 과제 번호가 등장하는데, 2010년에 새로이 등장하는 형식인지, 아니면 다른 의미를 갖는 것인지 확실하지 않다.

이들 연구 과제 목록을 다시 연구책임자의 소속에 따라 나누어 보면, 25건이 윈난성 지역, 15건이 광시성 지역, 1건이 티베트 지역 연구기관에 배당되었다. 나머지 1건은 중앙 사회과학원에 배당되었다. 전수 조사에 의한 것은 아니지만, 앞서 「회고와 전망」에서 살펴본 바와 같이, 윈난성과 광시성이 주된 역할을 한 것을 확인할 수 있다. 그리고 연구 주제와 책임자의 전공 또한 역사학과 사회학, 민족학, 인류학이 주조를 이룬다. 이 밖에 역사지리학, 경제사회개발, 정치학, 고고학, 인도·남아지역학, 언어학, 국제문제 연구, 무역과 경제, 대외관계, 생태사, 생태미학, 금융학, 환경사, 간호학, 생태학, 민족사회학, 역사인류학 등 매우 다양함을 알 수 있다.

과제 제목만으로 그 내용을 파악하는 것은 불가능하겠지만, 제목에 사용된 단어들을 분석해 보면, 그 대체를 파악하는 것은 가능할 것이다. 우선 국가명으로 가장 많이 등장하는 것은 물론 중국이다. 두 번째는 미얀마로 네 차례 등장한다. 다음은 베트남이 세 번, 인도가 두 번, 영국이 한 번이고 '주변국가'와 '동맹(ASEAN) 국가'도 한 번씩 등장한다. 미얀마는 윈난성 및 티베트와 경계를 맞대고 있는데, 미얀마 공산당 무장반군의 미얀마-중국 변경지역에서의 활동과 영향을 다룬 연구, 미얀마 국적을 가진 사람의 윈난 변경 유동인구의 현황과 영향 및 대책을 다룬 연구, 그리고 중국-미얀마 변경 지역에 거주하는 소수민족의 변계와 영토에 대한 의식을 다룬 연구가 과제 항목으로 선택되었다. 영국의 경우는 청말 영국의 서남변강 관련 외교문서를 분석 대상으로 하는 연구에 등장하는데, 팡톄가 「회고와 전망」에서 강조한 새로운 자료의 분석과 부합한다.

구체적 분석 대상 지역으로 가장 많이 등장하는 단어는 물론 '서남변강'으로 13회 나온다. 성의 명칭으로는 윈난이 13회, 광시가 7회, 시짱이 1회 등장하였다. 그리고 '구이린[桂林]', '구이베이[桂北]', '란창장[瀾滄江] 유역', '시솽반나[西雙版納]', 인도의 아삼(Assam) 아홈(Ahom), '윈난 북부의 장족(藏族) 거주지구', '윈난·티베트·쓰촨[滇藏川] 인접지구' 등 구체적 지역이 분석 대상으로 등장하기도 한다. 장커펑[張軻風]에 따르면, 지역 개념으로서 '서남'은 역사적으로 점차 확대되어 왔다. 전통적인 핵심 지역인 쓰촨, 윈난, 구이저우에 명대 이후 광시성이 포함되었고, 근대 이래로 후난[湖南]과 광둥[廣東]이 포함되어 '서남6성설'이 널리 받아들여져 왔다고 한다.[28] 그런데 '서남변강항목'의 경우, 윈난, 광시, 시짱으로 그 연구 역량과 연구 대상을 한정하고 있는 것은 역시 '변강'의 의미 때문일 것이다. 즉 인도 및 동남아 제국과 국경을 맞대고 있는 시짱, 윈난, 광시성이 보다 중요한 의미를 갖는 것이다. 여기서 '서남변강'의 의미가 조금 더 분명해진다. 이는 '서남변강항목'의 목적이 어디에 있는지를 잘 웅변하고 있다.

그리고 '문명충돌지구', '변계(邊界)', '변경(邊境)' 등 다소 추상적인 지역 개념이 분석의 대상이 되기도 하는데, 이와 상대적인 의미인 중앙 혹은 통치자로서의 '국가' 개념이 등장하기도 한다. 그리고 '변경거민' 혹은 '변민(邊民)'의 신분 혹은 정체성 문제, 그리고 이들의 '국가 정체성'도 분석 대상이 되었다. 변경 거주민의 대표적 종류의 하나인 '소수민족'이라는 단어 또한 네 차례 등장하였으며, '민족'이라는 용어도 '민족관계사', '민족신분', '민족 정체성', '민족조사', '민족지구'의 형태로 분석의 대상이 되었다. 그리고 구체적 인간집단으로는 하나의 족군으로서 '경족인(京族人)', '태족(傣族)'이 등장하며, 교포의 가족[僑眷], 귀환한 교포, '과경민족(過境民族)'들도 분석 대상이 되었다.

'역사'와 '변천' 등의 단어에서 보이는 바와 같이, 역사적 사상들이 많은 연구의 대상이 되었지만, '현상', '발전', '영향', '대책', '안정', '성취' 등의 용어

28 張軻風(2010), 「歷史時期"西南"區域觀及其範圍演變」, 『雲南師範大學學報(哲學社會科學版)』 2010年 5期, 37~45쪽.

가 보여주는 것처럼 현재 상황에 관한 연구도 적지 않다. 그리고 역사와 현상에 대한 분석 대상 또한 정치와 외교는 물론 사회, 경제, 무역, 인구이동, 문화, 종교, 생태, 에너지 등 매우 다양하다. 그리고 대남식록(大南寔錄; 大南實錄), 사료, 이문(彝文)사료, 사진자료, 주소(奏疏), '아홈부란지[阿洪姆蘭基; ahom buranji]' 등의 단어가 보여주는 바와 같이, 사료 내지 자료에 대한 정리와 분석도 연구 대상에서 빠지지 않았음을 보여준다. 그리고 '데이터베이스[數據庫]'라는 단어는 '디지털라이징'에 의한 자료의 수집과 정리를 시사한다.

이미 파악한 42개 과제 목록의 연구 대상을 거칠게나마 8개 범주로 나누어 보았다. 우선 '치변(治邊)'에 속하는 것이 12건, '인접국과의 관계'로 구분할 수 있는 것이 12건, '자료정리'와 관련된 것이 8건, '생태'와 '환경' 및 '보건'과 연관된 것이 4건, 변강지역 거주민의 '정체성' 인식과 관련된 것이 3건, 그리고 '기독교', '민족관계사', '비교'로 분류될 수 있는 것이 1건씩이었다.

'치변'은 현재를 포함하여 역대 중국 중앙정부 혹은 지방정부가 서남변강 지역을 치리하기 위한 이론과 실천 등에 관한 연구 과제들을 묶었다. 전통시대 윈난과 광시 등 서남변강 지역에 설치된 행정 구역 및 통치 정책의 변화에 관한 연구 과제들(A080020, A080035, A09024, B080004),[29] 민국 시기 난징[南京] 국민정부의 서남변강 지역에 대한 정책(A09009), 민국 시기 윈난 토사와 변강에 대한 통치(A09010), 만청 민국 시기 쓰촨·윈난·티베트 인접 지역 통치와 개발(A09019) 등에 관한 연구 과제들이 이에 속한다. 그리고 나머지는 현대의 문제를 다룬 연구 과제로, 중화인민공화국 성립 이후 60년간의 서남변강 지역을 다룬 연구 과제(B10006), 윈난과 티베트 그리고 광시 각 지역의 개발과 통치에 관한 연구 과제들(08_郭家驥, A080045, 09_李小文), 에너지 안전(B08002)에 관한 과제

29 괄호 안의 표기는 과제 번호이다.

가 이에 속한다.

'인접국과의 관계' 범주에 속한 과제들은 그 주제가 다양하다. 우선 지역적으로는 인도, 미얀마, 베트남, 아세안 등 인접 국가와 서남변강 사이의 문제를 다루고 있다. 그리고 그 문제의 방향도 과경민족(A080031), 이민을 포함한 인적 교류(A09023, A080033, 08_何躍), 트랜스내셔널한 화폐 유통과 금융안전 문제(B09001), 시솽반나에서의 종교와 정치 충돌의 역사(B1005), 변계지역에서의 무력 대립 및 소수 무장집단의 활동(08_付世明, 09_王士錄), '소수민족'의 변계 및 영역 의식(08_李金明), 윈난 대외 통상 지역 개방의 역사(A09015), 교통(A09022) 등 다양한 주제들을 다루고 있다.

'자료정리'의 범주는 다시 자료를 통한 연구, 유관 사료의 집주, 수집 및 정리, 역주, 디지털라이징 등으로 구분된다. 좀 더 자세히 소개하면 다음과 같다. 우선, '이문(彝文) 사료 중의 서남변강 역사 연구'(A080015), '중국 서남변강에 관한 청말 영국의 외교와 영사 보고 선택'(A080018), '서방이 본 광시 번역 총서: 20세기 20, 30년대의 사회 상황'(08_劉玉紅) 등이 있다. 그리고 '『대남식록(大南寔錄)』 중 중국 서남변강 사료 집주'(A080030), '광서 석각(石刻)의 총집(總集) 정리'(A080039), '청 전기 윈난독무(雲南督撫) 사무주소(事務奏疏) 휘편'(08_鄒建達), '인도 아삼주 아홈 태족의 편년사 『아홈부란지(ahom buranji)』 번역 및 주해'(08_楊光遠) 등이 있다. 마지막으로, '20세기 50~60년대 윈난 민족조사 사진 자료 데이터베이스 구축'(A08006)이 있다.

'생태' 및 '환경'과 연관된 연구 과제로는 '구이베이[桂北] 생태환경과 구이린[桂林] 경관 생태 결합 발전'(A09025), '청대 윈난 생태 변천과 환경재해 연구'(B09003), '윈난 란창장[瀾滄江] 유역 생태환경 변천의 정책 요소와 소수민족의 적응 연구'(B09003)가 있고, '보건'과 관련된 것으로는 '윈난 변강 농촌 지구 상해 유행 현상 및 영향 요소 연구'(09_唐萍芬) 등이 있다. 변강지역 거주민의 '정체성' 인식과 관련된 연구 과제로는 '변경 거민의 민족 신분과 국가정체성 – 윈난 과경민족에 대한 실증 연구'(A08008), '윈난 변강 소수민족의 민족 정체성과 국가 정체성 및 그 관계의 실증 연구'(A080017), 그리고 광시의 '경족(京族)인의 족군(族群, ethnic group) 정체성과 국가 정체성'(A080032) 등이 있다. 마지막으로 광시의 '기독교'와 관련하여 '광시 민족지구 기독교 역사와 현상 분석'(A080036), '민족관계사'와 관련하여 '중국 서남변경 근대 민족관계사'(A080022), '비교' 연구로 '중국 윈난과 월남의 청동 문명 비교연구'(B080006)가 있다.

이를 통하여, 이 연구 프로젝트의 주된 목적이 어디에 있는지 알 수 있을 것이다. 다시 이 과제들을 연구 대상 시기를 기준으로 살펴보면, 이 연구 프로젝트가 현대 현재의 '장치구안'을 목표로 하는 '국경' 문제에 집중하고 있음을 확인할 수 있다. 20세기 후반기 이후의 문제들에 관한 연구 과제가 23건이고, 대체로 1840년대 이후 민국 시기 이전의 문제를 다룬 것이 7건, 원대 이후 청대까지를 다룬 것이 4건이다. 그리고 다소 모호하지만 시기를 넓게 잡아 대상으로 한 것이 7건, 선사시기를 다룬 것이 1건이다. 민국 이전을 다룬 연구 과제들은 '자료 정리'류를 제외하면 역시 '치변'과 대외관계를 다룬 것이 대부분이다. 근대 민족관계사를 다루는 연구 과제 또한 그 연구 성과를 놓고 보면, '민족관계사'의 본령에 충실하기보다는, 근대 민족관계사 연구가 부족하다는 것과 근현대 민족관계의 실상을 파악하는 데 노력할 것을 주장하고 있다.

Ⅳ. 서남항목의 연구 성과물 분석

이 장에서는 현재까지 확보한 서남항목의 연구 성과물을 살펴보고자 한다. 앞서 언급하였듯이, 성과물이 공개된 과제는 24건이다. 그리고 이들 과제와 연관된 연구 성과물은 모두 54건이다. 이 가운데 전저(서남변강 연구계열)로 출판된 것이 7건이다. 나머지는 모두 학술 잡지나 웹사이트에 논문 혹은 보고서의 형태로 게재되었다. 그리고 연구 과제명이 확인되지 않은 '당안문헌 계열'의 성과물이 4건 있었다. 110개 이상의 과제가 수립된 것에 비춰 보면, 연구 성과물의 공개가 아직 '진행 중'임을 알 수 있다. 별첨한 〈표 2〉는 이들 성과물을 과제 번호를 기준으로 배열한 것이다. 각각의 과제와 연구 성과물에 관한 설명은 〈표 2〉로 대신하고자 한다. 여기에서는 이 표를 통하여 드러나는 '서남항목' 진행 형태의 특징을 몇 가지 지적하는 것으로 마치고자 한다.

우선, A080035(徐毅), A09009(段金生), A09023(李雪岩), B080006(李昆聲)의 경우가 잘 보여주듯이, 최종 결과물이 전저로 출판된 연구 과제의 경우에도, 대부분은 단계별 성과의 형태로 학술 잡지에 발표하는 과정을 거쳤다. 이들 예를 통하여 연구 과제의 진행 과정을 엿볼 수 있다.

B080006(李昆聲)의 최종 결과물인 『중국 윈난과 월남의 청동문명[中國雲南與越南的青銅文明]』의 '후기'에 따르면, 이 과제가 '서남항목' 과제로 선정되어 연구가 개시된 것은 2008년 9월 11일이고, 연구를 완성하여 과제 보고를 한 것은 2년여 뒤인 2010년 11월이었다. 2년짜리 과제였던 셈이다. '후기'에 따르면, 과제 개시 후 바로 자료 수집과 논문의 틀을 구성하는 작업이 이루어졌고, 이를 바탕으로 16명의 과제 구성원이 참여한 중월(中越) 변경의 홍하(紅河) 지역 고고 답사를 진행하였으며(2009년 3월), 2009년 12월에는 책의 주저자 2명이 베트남 하노이에서 열린 '동남아시아 선사 고고 국제 학술 연토회'에 참여하

였다. 또 이 성과를 바탕으로 〈표 2〉에서 보듯이, 단계성 성과 보고로 2010년 초 「헤게르(Heger) I 형 동고의 3개 아형–중국 서남지역을 중심으로」라는 논문을 학술지에 게재하였다. 그리고 2010년 11월 성과 보고 직후, '평가'가 이루어졌다. 심사를 통과한 뒤, '최종 결과물[結題報告]'로 책의 출판이 준비되었는데, '후기'가 작성된 것은 2011년 4월 18일, 책이 출간된 것은 2013년 1월이었다. 따라서 2011년 초에 발표된 〈표 2〉의 두 번째 논문은 '사사 표기'는 되어 있지만, 성과 보고와는 직접적 관계가 없는 것으로 보인다.

〈표 2〉에 따르면, 하나의 연구 과제에 여러 편의 중간 단계 성과물이 발표되고, 또 그것이 연구책임자가 아닌 다른 연구자 단독으로 이루어지거나, 연구책임자와의 공저로 이루어지는 경우가 적지 않다. B080006 과제의 경우도 16명의 구성원이 고고(발굴)답사에 참여하고, 단계성 보고에도 '리안민[李安民]'이라는 학자가 참여하였다. 그리고 '후기'에 따르면, 책의 저술에도 주저자인 리쿤성[李昆聲]과 천궈[陳果] 박사 외에 박사 1인, 박사과정생 1인, 석사 3인이 참여하였다. 또 A08008(李立綱)의 사례도 마찬가지다. 연구책임자 외에 박사 2명, 박사과정생 2명, 석사 5명, 석사과정생 2명이 참여하고 있음을 알 수 있다. 이 점은 연구 과제의 필요에 의해 공동연구가 수행되는 측면을 무시할 수 없겠으나, 한편으로는 팡톄가 「회고와 전망」에서 1980년대에 졸업한 학자들의 은퇴와 함께 연구 인력의 '단층' 문제를 지적하였던 것을 떠올리게 한다.[30] 다른 기금항목의 연구비 수주도 비슷한 역할을 하겠지만, 서남항목의 경우도 그 연구 과제가 대학원생을 초치하는 과목이 되기도 하였다. 그리고 박사급 연구자들의 경우, 이 과제에 공동으로 참여함으로써 연구 경력 제고는 물론 경제적 도움을 받았을 것이다. 즉 서남항목은 서남변강 관련 학문의 후속세대

30 方鐵(2009), 앞의 글, 47쪽.

를 배양하는 도구로도 이용되었을 것이다.

그리고 〈표 2〉에서 또 하나 주목되는 점은 한 편의 논문에 복수의 사사 표기가 이루어지는 현상이다. A080017(何明)의 논문은 교육부 철학사회과학중대과제공관항목(哲學社會科學重大課題攻關項目)인 '변강 민족 심리, 문화 특징과 사회안정[邊疆民族心理, 文化特征與社會穩定]-서남부분(西南部分)'과 결합되어 있다. A080036(顏小華)은 두 개의 논문에 사사 표기가 되어 있는데, 하나는 세 개의 기금이 결합되어 있다(08FZS001; 200606MS138). A09019(2009A019)(周智生)는 국가교육부항목(國家教育部項目, 09XJA770004), 그리고 A09023(李雪岩)은 광시민족대학중국-ASEAN연구중심자조항목[廣西民族大學中國-東盟研究中心資助項目, 20120150]과 병기되어 있다. 이들은 모두 연구책임자가 다른 연구기금을 수주하여, 복수의 사사 표기를 한 경우들이다.

B09001(丁文麗)의 경우 딩원리[丁文麗], 리옌[李豔], 유쑤타오[遊溯濤] 등이 공저한 논문에 교육부인문사회과학연구항목(教育部人文社會科學研究項目)의 연구과제가 병기되어 있다. 또 저우충[周瓊]이 저술한 논문에 윈난성중청년학술기술대두인후비인재제12비배양항목[雲南省中青年學術技術帶頭人後備人才第12批培養項目] '서남환경사(西南環境史) 계단성성과(階段性成果)'(W8011303)가 병기되어 있다. A080022(王文光)의 경우에는, 장메이링[張媚玲]이 저술한 두 편의 논문에 모두 윈난성철학사회과학항목[雲南省哲學社會科學項目, QN2009033]이 병기되어 있다. A080045(孫勇)의 경우는 천푸[陳樸]와 양번펑[楊本鋒]이 저술한 논문에 '시짱사과원청년과제[西藏社科院青年課題](XZSK0905) 최종성과(最終成果)'라는 사사 표기가 함께 붙어 있다. 이들 경우는 연구책임자가 아닌 공동참여자들이 복수의 사사 표기를 한 것이다.

이러한 사례들이 지닌 의미를 정확히 파악하지는 못하였다. 어쨌든 이러한 일이 가능하다는 것은, 한 연구자가 비슷한 주제를 가지고 여러 단위의 연구기금에 응모하여 연구비를 수주하는 것이 가능하고, 이것이 당국에 의해 허용된다는 의미이다. 그리고 이러한 현상은 A형 과제나 B형 과제나 상관없이 이루어지고 있다. 이렇게 놓고 보면, 서남항목 또한 다른 기금들과 마찬가지로, 여러 기금 중의 하나로 파악하는 것이 논리적일지도 모른다. 서남항목의 과제들이 다른 항목의 과제들보다 노출률(공개율)이 낮은 이유에 대하여 피상적인 '음모론'에 의지하는 것보다는 다른 요인을 찾는 것이 현명한 선택일 수 있다. 어쩌면 그것은 다른 기술적·구조적 요인으로부터 기인한 문제일지도 모른다. 한편 역으로, 교육부인문사회과학연구항목을 비롯한 다른 연구항목의 기금을 서남항목의 주제와 관련된 과제들에 배분한 것으로 해석할 수도 있다. 어느 쪽이 옳은지의 결론은 보다 많은 자료들이 드러난 이후로 미루어야 할 것이다.

이야기를 마치기 전에, 연구 과제명이 확인되지 않은 '당안문헌 계열'의 성과물 4건에 대한 설명이 필요할 것 같다. 모두 각급 당안국에서 소장한 민국 시기 자료들을 묶은 것으로, 팡톄가 「회고와 전망」에서 한 건의를 상기시킨다. 우선 2014년 3월에 출판된 것으로 알려진 『민국 시기 서남변강 당안자료휘편(民國時期西南邊疆檔案資料匯編)·광시권(전 30권)』(이하 『광시권』)이다. 광시성 당안국(檔案局)에서 묶었고, 사회과학문헌출판사(社會科學文獻出版社)에서 출판하였다. 국가사과기금 중대특별위탁항목 '서남변강 역사와 현상 종합연구 항목·당안문헌계열(檔案文獻系列)'의 성과 중 하나라고 소개되어 있다. 그 내용 설명에서는, "광시장족자치구 당안관이 소중히 간직해온 민국 시기 광시의 정치, 경제, 문화, 해관(海關) 민정 등과 상관된 중다한 자료 중에서 감별하여 골라내어 책으로 묶은 것으로, 비교적 높은 학술과 연구 가치를 갖는다"[31]고 주장하

31 http://book.douban.com/subject/25820040/(2014년 6월 1일 검색).

였다.

둘째로 2014년 8월 발간 예정인 『민국 시기 서남변강 당안자료 휘편 · 윈난권(全 80卷)』(이하 『윈난권』)이다. 윈난성 당안관에서 묶었고, 사회과학문헌출판사에서 출판할 예정이다. 그 내용 설명에서는 다음과 같이 적었다. "민국 시기 윈난성 정부 비서처(秘書處), 성민정청(省民政廳), 성건설청, 성교육청으로부터 각 행정기구[行政公署], 현(縣), 설치국(設治局) 등 기구의 당안문헌 1200여 건을 집록하였다. 내용으로는 다음과 같은 것들이 포함되었다. 우선, 1912~1949년 사이 윈난성 정부 및 각 임시 행정 파출 기구, 현 정부, 설치국, 식변국(殖邊局), 행정위원의 연도와 전문 업무 계획과 업무 보고가 있다. 그리고 각급 당, 정, 군 기관의 관원이 주고받은 서신이 있고, 윈난 전성 및 각 현(국)의 인구, 토지세와 식량 조사 통계, 민속 · 종교 조사, 각급 학교 및 재학생 통계를 포함한다. 또 농업과 임업의 우량종 보급, 가축 종자 계량, 연초 및 잠상종 보급, 농업수리 시설 건설에 관한 문건 자료를 포함하며, 도로와 교량 및 도시 건설에 관한 문건자료를 담고 있다."[32]

셋째로 80권에 달하는 『윈난권』에 대한 독자의 이해 편의를 위하여, 그 목록과 도판을 한 권으로 편집한 『민국 시기 서남변강 당안자료 휘편 · 윈난권(목록총집)』(이하 『윈난권(목록총집)』)이 있다. 2013년 10월에 출간한 것으로 알려져 있으며, 역시 윈난성 당안관에서 묶었고, 사회과학문헌출판사에서 출판하였다. 내용 소개에 따르면,[33] 각 권의 당안문헌 목록 집성은 이들 당안의 내용적 특징을 잘 보여주고, 독자들을 위하여 색인을 제공한다고 한다. 그리고 컬러로 영인한 문헌들을 제공하는데, 당안의 종이질, 필적, 인장 등 문헌의 원래 모

32 http://book.douban.com/subject/25763619/(2014년 6월 1일 검색).
33 http://book.douban.com/subject/25820245/(2014년 6월 1일 검색).

양을 간직하고 있어서 형식적 특징의 측면에서 역사문헌을 감상할 수 있다고 소개한다. 여기에 컬러 영인의 형태로 실린 문헌들은 윈난성 정부, 행정관서, 현 정부, 설치국의 각종 공문과 지방관원들이 기안한 서신 등이 담겨 있다고 한다.

넷째는 2014년 6월 출판이 예정된 『민국 시기 서남변강 당안자료 휘편·윈난광시종합권』(이하 『윈난광시종합권』)이다. 중국 제2역사당안관(中國第二歷史檔案館)에서 묶었으며, 사회과학문헌출판사에서 출간할 예정이다. 『윈난권』이나 『광시권』과 다른 점은 중앙의 제2역사당안관에서 과제를 담당하고 묶었다는 것과 과제 항목이 다르다는 것이다. 국가사과기금 중대특별위탁항목 '서남변강 역사와 현상 종합연구'의 자항목(子項目)으로 소개되어 있다. 내용은 윈난 정무, 윈난 군사, 윈난 교육, 윈난 경제, 윈난 염무(鹽務), 윈난 해관, 광시 정무 등 7개 부분 98권으로 나뉜다고 한다. 그리고 이들은 제2역사당안관이 소장한 90여 종류의 도합 4000여 권의 당안 가운데 신중하게 선별하여 집록한 것이라고 한다.[34] 『윈난권』과 『광시권』이 지방정부 차원의 기록물들을 모은 것이라면, 『윈난광시종합권』은 중앙정부 차원에서 생산한 민국 시기 윈난·광시 지역 기록들을 모은 것이다.

현재 서남항목 연구 성과물의 공개는 극히 일부에 지나지 않지만, 머지않아 그 전모를 파악할 수 있을 것이라 기대한다. 2013년 7월 22일에 중국 당국에서 공포한 '십이오시기(2011~2015년) 국가중점도서, 음상, 전자출판물출판규획["十二五"時期(2011~2015年) 國家重點圖書, 音像, 電子出版物出版規劃]'의 증보항목(增補項目)[35]에는 다음 항목이 포함되어 있다.

---

34 http://book.douban.com/subject/25899832/(2014년 6월 1일 검색).

35 http://www.gapp.gov.cn/upload/files/2013/7/31192823898.pdf

번호	항목 명칭	분류	저작책임자	출판사	매체명
188	西南邊疆歷史與現狀綜合研究	歷史	江藍生 主編	方志出版社	圖書

주편자인 장란성[江藍生]은 바로 중국사회과학원 원부원장(原副院長)이자 '서남변강항목' 영도소조 조장이다. 즉 서남항목 사업의 최고 책임자이다. 책 제목만으로 단정할 수는 없지만, 서남항목에 대한 종합적 보고서일 가능성이 높다. 2013년 2월 7일에 공포된 '조정증보공작에 관한 통지'[36]에 따르면, 명단에 오른 도서들은 2013년에서 2015년 사이에 출판되어야 한다. 저자와 출판사의 약속이 지켜진다면, 늦어도 2015년 이전에는 서남항목 연구 성과의 개괄적 모습을 파악하는 것이 가능하리라 기대한다.

V. 결론

이상 '서남항목'에 관한 자료 수집을 바탕으로 이 연구의 진행 상황을 서술하였다. 필자의 접근이 잘못된 탓인지 서남항목 사업이 지닌 민감성에서 비롯된 것인지 모르겠으나, 지금까지는 서남항목에 관한 정보에 접근하는 것이 쉽지 않았다. 심지어 윈난대학을 방문하는 출장길에 만난 학자들에게서 얻은 정보도 매우 제한적이었다. 투여된 기금 액수나 단편적인 정보들을 통하여 추정컨대, 서남항목에 속한 연구 과제는 200여 건에 달할 것으로 보인다. 그러나 지

36 「新聞出版總署 關於開展'"十二五"國家重點圖書, 音像, 電子出版物出版規劃'中期評估 及調整增補工作的通知(2013年 2月 7日)」. http://www.gapp.gov.cn/news/1663/143662_2.shtml

금까지 파악된 것은 42건에 불과하다. 그나마도 연구 기간, 과제 번호, 수주 금액 등 과제에 대한 기본적인 정보들이 다 갖추어진 것이 아니다. 이를 통하여 가장 먼저 얻은 결론은 서남항목의 영향에 대한 분석과 평가는 시기상조라는 것이다.

우선, 얻은 자료들을 통하여 사업의 규모와 내용을 추정해 보았다. 요약하자면, 서남항목은 매년 400만 위안, 과제당 6만~8만 위안이 투여된 국가사과기금의 '특별위탁항목'이다. 그리고 중요과제는 위탁의 형태로, 일반과제는 공모의 형태로 진행되었다. 연구 대상은 서남변강, 특히 윈난, 광시, 티베트와 관련된 것들이다. 그리고 연구 과제를 수행한 연구인력 또한 대부분 이들 서남변강 3성 지역 연구기관 소속이었다. 또 몇 가지 자료를 통하여, 사업의 추진 배경을 추단해 보았다. 앞으로 연구의 진행에 따라 수정될 수도 있겠지만, 가장 눈에 띄는 것은 '민족(관계)사로부터 변강사로의 전환'이었다. 마지막으로, 수집된 연구 과제와 연구 성과물들의 목록을 제시하고, 간단한 분석을 통하여 서남항목의 대체적인 방향을 추정해 보았다. 그 결과 현재 '서남'의 변강 지역, 대체로 '국경지대'로 과제의 관심이 향해 있음을 알 수 있었다.

앞서 언급한 바와 같이, 이 시점에서 서남항목의 영향과 그에 대한 평가를 논하는 것은 시기상조이다. 다만 팡톄가 「회고와 전망」에서 호언한 바와 같이, 몇 년 안에 그 심원한 영향이 명현하게 드러날 것으로 기대한다. 이미 '서남변강 역사와 현상 종합연구 항목 · 연구계열'이 출간되기 시작하여 7권이 모습을 드러냈으며, '당안문헌계열' 또한 4종이 출간되었다. 따라서 2008년과 2009년에 선정된 연구 과제들은 이제 곧 그 최종 결과물의 형태로 그 모습을 드러낼 것이다. 아울러 2012년 초에 중국사회과학원에서 출판계획을 공표한 206권의 서남항목 관련 도서들도 서서히 세상에 나타날 것으로 생각한다. 그리고 2015년 이전에 출간될 예정인 장란성 주편의 『서남변강 역사와 현상종합 연구[西南邊疆歷史與現狀綜合研究]』는 서남항목의 전모를 파악하는 데 결정적 역할을 하리라 기대한다.

필자는 이후에도 지속적으로 서남항목의 연구 과제 목록과 연구 성과물을 추적하여, 이 연구 항목의 실체를 파악하는 데 관심을 가질 것이다. 그리고 얻어진 자료에 대한 질적 분석을 시도할 것이다. 이 과정에서 「회고와 전망」을 통하여 추정하였던 몇 가지 가설들에 대한 답을 얻고자 한다. 아울러 여타 기금의 유사 항목 연구 과제들과의 비교를 시도하고자 한다. 특히 서남항목이 진행되던 시기에 병존하였으며 지금도 지속되는 국가사과기금의 '서부항목'은 서남항목의 위치를 가늠하는 데 좋은 비교 대상이 될 것이다. 그리고 교육부의 인문사회과학연구기금의 유사 과제들 또한 반드시 검토해야 할 대상이다. 이러한 과정들을 통하여 서남항목의 실체에 한 걸음이라도 더 접근할 수 있으리라 기대한다.

이렇듯, 서남항목의 결과물들이 모습을 드러내면, 그 사업에 대한 정확한 평가와 그 영향에 대한 추정과 해석도 가능해질 것이다.

별첨

〈표 1〉 서남항목 연구 과제 목록

연도	책임자 (연구분야)	연구 제목	과제 번호	소속 / 신분	기간	금액 (万元)
2008	張純德 (民族學)	《彝文史料中的西南邊疆歷史研究》	**A080015**	雲南民族大學/ 教授	2008 ~2011	
	何明 (歷史學)	《雲南邊疆少數民族的民族認同與國家認同及其關係的實證研究》	**A080017**	雲南大學西南邊疆少數民族研究中心 /教授		8
	楊梅	《清末英國關於中國西南邊疆的外交和領事報告選擇》	A080018	雲南大學西南邊疆少數民族研究中心 /博士生		
	陸韌 (歷史地理學)	《從歷史疆域到國家領土:元明清西南邊疆政區研究》	**A080020**	雲南大学人文学院歷史系/教授 雲南師范大学中國西南對外开放與邊疆安全研究中心邊疆史地研究所	2008 ~2011	5
	王文光 (歷史學)	《中國西南邊疆近代民族關係史》	**A080022**	雲南大學西南邊疆少數民族研究中心 /教授		
	王柏中 (歷史學)	《『大南實錄』中國西南邊疆史料輯注》	A080030	廣西民族大學民族學與社會學學院/教授	2008.9 ~2010.12	7
	範宏貴 (民族學)	《中越跨境民族研究》	A080031	廣西民族大學民族學與社會學學院/教授	2008.9 ~2010.12	7
	呂俊彪 (人類學 /中國少數民族經濟)	《京族人的族群認同與國家認同》	**A080032**	廣西民族大學民族學與社會學學院/教授	2008.9 ~2010.12	7
	鄭一省 (民族學)	《西南邊疆少數民族向周邊國家移民史研究--以廣西和雲南爲例》	**A080033**	廣西民族大學民族學與社會學學院/教授	2008.9 ~2010.12	7
	徐毅 (歷史學)	《教化與穩定--清代治理廣西的文教政策研究》	**A080035**	廣西師範大學歷史文化與旅遊學院/副教授		

연도	책임자(연구분야)	연구 제목	과제번호	소속 / 신분	기간	금액(万元)
2008	顏小華(歷史學)	《廣西民族地區基督宗教歷史與現狀分析》	A080036	廣西師範大學歷史文化與旅遊學院/教授		
	杜海軍(文學)	《廣西石刻總集整理》	A080039	廣西師範大學/教授		
	孫勇(經濟社會開發)	《西藏當代經濟社會發展中的制度供給研究》	A080045	西藏社會科學院/副院長	2년	
	畢先弟	《20世紀50~60年代雲南民族調查照片資料數據庫建設》	A08006	雲南省社科院圖書館/副館長	3년	
	李立綱(政治學)	《邊境居民的民族身份與國家認同--對雲南跨境民族的一項實證研究》(簡稱"跨境民族認同研究)	A08008	雲南省社會科學院/社會學研究員		
	方鐵(歷史學)	《歷代治理西南邊疆的理論與實踐》	B080004	雲南大學西南邊疆少數民族研究中心/教授		
	李昆聲(考古學)	《中國雲南與越南的青銅文明之比較研究》	B080006	雲南大學考古研究中心/教授	2008~2010	
	陳利君(印度·南亞地域學)	《中國西南邊疆能源安全研究》	B08002	雲南省社科院東南亞研究所/研究員	2008	7
	劉玉紅(英文學)	《西方看廣西譯叢:二十世紀二三十年代社會狀況》		廣西師範大學外國語學院	2008.12~2010.6	
	付世明(동남아시아학 및 중국農民學)	《中越邊界對汛研究》		廣西師範大學歷史文化與旅遊學院	2008.9~2012.7.30	
	郭家驥(民族學)	《雲南藏區穩定發展的經驗與問題研究》		雲南省社科院民族文學研究所/研究員(所長)		
	李金明(民族學)	《中緬邊境當地少數民族的邊界與領地意識及影響問題研究》		雲南省社科院民族文學研究所/副研究員		

연도	책임자 (연구분야)	연구 제목	과제 번호	소속 / 신분	기간	금액 (万元)
2008	楊光遠 (語學)	《印度阿薩姆邦阿洪傣族編年史《阿洪姆蘭基》翻譯及詮注》		雲南民族大學 東南亞語言文化學院/教授		
	郭穗彦 (印度·南亞地域學)	《印度"向東看"戰略對中國西南邊疆的影響》		雲南省社科院東南亞研究所/副研究員		
	鄒建達 (歷史學)	《清前期雲南督撫事務奏疏彙編》		雲南師範大學中國西南對外開放與邊疆安全研究中心邊疆史地研究所/教授	2008 ~2010	15
	何躍 (國際問題研究)	《雲南境內的緬籍流動人口現狀, 影響及對策》		雲南師範大學中國西南對外開放與邊疆安全研究中心東南亞南亞研究所/教授	2008	12.6
2009	段金生 (歷史學)	《南京國民政府對西南邊疆的邊政治理》	**A09009**	雲南民族大學人文學院/教授	2년	
	王明東 (인류학)	《民國時期雲南土司及其邊疆治理研究》	**A09010**	雲南民族大學	2009 ~2011	5
	陳鐵軍 (貿易, 經濟, 對外關係)	《雲南30年的沿邊開放歷程:成就和經驗》	A09015	雲南省社科院東南亞研究所/研究員, 雲南師範大學中國西南對外開放與邊疆安全研究中心區域合作與邊疆經濟研究所	2009 ~2012	6
	周智生 (歷史學, 經濟社會發展研究)	《晚清民國時期滇藏川毗連地區治理開發研究》	**A09019**	雲南師範大學中國西南對外開放與邊疆安全研究中心邊疆史地研究所/教授	2009 ~2012	5
	覃主元 (歷史學)	《廣西對外交通史》	**A09022**	廣西民族大學民族學與社會學學院/教授	2009.7 ~2010.12	5
	李雪岩 (經濟, 國際貿易)	《西南邊疆民族地區青年歸僑僑眷發展問題研究—基於中國東盟國家間跨國民族文化互動的視角》	**A09023**	廣西民族大學商學院市場營銷教研室/教授	2009.7 ~2011.12	5

연도	책임자 (연구분야)	연구 제목	과제 번호	소속 / 신분	기간	금액 (万元)
2009	鄭維寬 (歷史地理, 生態史)	≪歷史時期廣西地緣政治格局演進與治邊策略的變遷≫	A09024	廣西民族大學民族學與社會學學院/教授	2009.7 ~2011.12	5
	袁鼎生 (生態美學)	≪桂北生態環境與桂林景觀生態耦合發展≫	**A09025**	廣西民族大學體育與健康科學學院/教授(副校長)	2009.7 ~2011.12	6
	丁文麗 (金融學)	≪西南邊疆金融安全問題研究: 基於雲南人民幣跨境流通視角的考察≫	**B09001**	雲南師範大學中國西南對外開放與邊疆安全研究中心區域合作與邊疆經濟研究所/教授	2009 ~2011	6
	周瓊 (環境史)	≪清代雲南生態變遷與環境災害研究≫	**B09003**	雲南大學西南環境史研究所/教授		
	唐萍芬 (看護學)	≪雲南邊疆農村地區傷害流行現狀及影響因素研究≫		昆明醫學院/教授		
	李小文 (社會學)	≪廣西地方政治與社會治理研究≫		廣西大學公共管理學院/教授		
	王士錄 (國際關係, 對印度關係)	≪20世紀 70~80年代緬共在緬中邊境地區的活動及其影響≫		雲南省社科院東南亞研究所/副研究員, 南師範大學中國西南對外開放與邊疆安全研究中心東南亞南亞研究所	2009	6
	尹侖 (人類學, 生態學)	≪雲南瀾滄江流域生態環境變遷的政策因素和少數民族的適應研究≫		雲南省社科院民族文學研究所/研究員		
2010	周建新 (民族社會學)	≪邊界, 邊民與國家: 中國西南邊境60年(1949~2009)≫	**B10006**	廣西民族大學民族學與社會學學院/教授	2010.4 ~2012.12	10
2011	楊清媚 (歷史人類學)	≪居處在文明碰撞地帶--宗教-政治視野下的西雙版納歷史與變遷≫	**B1005**	中國社會科學院社會發展研究所/助理研究員		

〈표 2〉 서남항목 과제별 연구 성과물

과제번호 (책임자)	연구결과물	기금 및 과제 명칭 표기	비고
A080015 (張純德)	張純德, 『西南邊疆歷史與現狀綜合研究項目 · 研究系列:彝文古籍與西南邊疆』, 社會科學文獻出版社, 2013.1.1	國家社科基金特殊項目"西南邊疆歷史與現狀"≪彝文史料中的西南邊疆歷史研究≫	전저, 최종
A080017 (何明)	何明, 「國家認同的建構 － －從邊疆民族跨國流動視角的討論」『雲南師範大學學報(哲學社會科學版)』 2010年 4期	項目來源: "西南工程"項目"雲南邊疆少數民族的國家認同與民族認同的實證研究"教育部哲學社會科學重大課題攻關項目"邊疆民族心理, 文化特征與社會穩定 －－－西南部分"	중간
A080020 (陸韌)	陸韌, 「明朝的國家疆域觀及其明初在西南邊疆的實踐」, 『雲南師範大學學報(哲學社會科學版)』 2010-5	國家社科基金特別項目"西南邊疆項目": "從歷史疆域到國家領土: 元明清西南邊疆政區研究"(項目批准號:A080020)階段性成果	중간
	陸韌, 「元代宣慰司的邊疆演化及軍政管控特點」, 『雲南師範大學學報(哲學社會科學版)』 2012-6	國家社科基金特別項目"西南邊疆項目": "從歷史疆域到國家領土: 元明清西南邊疆政區研究(項目批准號:A080020)"階段性成果	중간
	陸韌, 「清代直隸廳解構」, 『中國歷史地理論叢』 2010年 3期	國家社科基金特別項目"西南邊疆項目": "從歷史疆域到國家領土: 元明清西南邊疆政區研究"(A080020)	중간
	楊煜達, 「藩屬體系下的禮儀之爭 － －老官屯和約考略」, 『雲南師範大學學報(哲學社會科學版)』 2010年5期	國家社科基金特別項目"西南邊疆項目": "從歷史疆域到國家領土: 元明清西南邊疆政區研究"(項目批准號:A080020)階段性成果 德國洪堡基金會資助	중간
	張軻風, 「歷史時期"西南"區域觀及其範圍演變」, 『雲南師範大學學報(哲學社會科學版)』 2010年 5期	國家社科基金特別項目"西南邊疆項目": "從歷史疆域到國家領土: 元明清西南邊疆政區研究"(項目批准號:A080020)階段性成果	중간
A080022 (王文光)	張媚玲, 「近代民族危機驅動下傳統民族觀的轉型」, 『思想戰線』 2011年 4期	國家社會科學基金委托項目"中國西南邊疆近代民族關係史"階段性成果(A080022) 雲南省哲學社會科學項目"近代西南邊疆各民族國家認同意識研究"階段性成果(QN2009033)	중간

과제번호 (책임자)	연구결과물	기금 및 과제 명칭 표기	비고
A080022 (王文光)	張媚玲, 「民族關係視野下的近代西南邊疆教案」, 『思想戰線』 2010-5	國家社會科學基金委托項目"中國西南邊疆近代民族關係史"階段性成果(A080022): 雲南省哲學社會科學項目"近代西南邊疆各民族國家認同意識研究"階段性成果(QN2009033)	중간
	張媚玲·張曙暉, 「近20年來中國西南邊疆近代民族關係史研究述評」, 『思想戰線』 2009-3	國家社會科學基金委托項目"中國西南邊疆近代民族關係史"階段性成果(A080022)	중간
A080032 (呂俊彪)	呂俊彪, 「民間慶典與跨國民族文化網絡的建構 - - 以廣西東興市江平鎮京族人爲例」, 『中南民族大學學報(人文社會科學版)』 2009年 4期	國家社會科學基金特別項目西南邊疆項目"京族人的族群認同與國家認同"(A080032)	중간
	呂俊彪, 「儀式, 權力與族群認同的建構 - - 中國西南部一個京族村莊的個案研究」, 『廣西民族研究』 2011年 2期	國家社會科學基金特別項目西南邊疆項目"京族人的族群認同與國家認同"(A080032)	중간
A080033 (鄭一省)	鄭一省王國平, 『(西南邊疆歷史與現狀綜合研究項目·研究系列)西南地區海外移民史研究--以廣西雲南爲例』, 社科文獻, 2013.7.1	西南邊疆項目"西南邊疆少數民族向周邊國家移民史研究 - - 以廣西和雲南爲例"	전저, 최종
A080035 (徐毅)	徐毅, 「文教普及與邊疆秩序--清前期對廣西府江流域的文教治理」, 『中國邊疆史地研究』 2010年 3期	國家社科基金特別委托項目"教化與穩定--清代治理廣西的文教政策研究"的階段成果之一, 項目編號: A080035	중간
	徐毅, 『(西南邊疆歷史與現狀綜合研究項目研究系列)綏服遠人: 清帝國治理廣西的教化策略』, 社會科學文獻出版社, 2013.1.1	國家社科基金特別委托項目"教化與穩定--清代治理廣西的文教政策研究"的階段成果之一, 項目編號: A080035	전저, 최종
A080036 (顔小華)	顔小華, 「近代西方傳教士對廣西族群和文化的考察」, ≪廣西社會科學≫ 2011年 7期	國家社科基金特別委托"西南邊疆"項目"廣西民族地區基督宗教歷史與現狀分析"(A080036)廣西哲學社會科學"十一五"規劃項目(08FZS001)	

과제번호 (책임자)	연구결과물	기금 및 과제 명칭 표기	비고
A080036 (顔小華)	顔小華·李林鳳, 「廣西鄕村基督宗教考察」, 『原生態民族文化學刊』 2010年 4期	國家社科基金特別委托"西南邊疆"項目(A080036)廣西哲學社會科學"十一五"規劃項目(08FZS001)成果之一	
	顔小華, 「京族多元宗教文化田野考察」, 『前沿』 2011年 15期	國家社科基金特別委托"西南邊疆"項目(項目編號: A080036)廣西哲學社會科學"十一五"規劃項目(項目編號: 08FZS001)階段性成果	
	顔小華·李林鳳, 「基督教在近代廣西民族地區的傳播, 發展及其原因」, 『中央民族大學學報(哲學社會科學版)』 2009年 5期	國家社科基金特別委托項目"西南邊疆"(項目編號: A080036)廣西哲學社會科學"十一五"規劃項目(項目編號: 08FZS001)廣西教育廳科研項目(項目編號: 200606MS138)部分成果	
A080039 (杜海軍)	杜海軍, 「論桂林石刻的文獻特點與價値 - - 廣西石刻硏究之一」, 『廣西師範大學學報(哲學社會科學版)』 2010年 3期	國家社科基金特別委托西南邊疆項目"廣西石刻文獻總集整理"(課題編號: A080039)	
	杜海軍, 「廣西石刻的歷史成就與整理之不足 - - 廣西石刻硏究之三」, 『廣西師範大學學報(哲學社會科學版)』 2011年 4期	國家社科基金特別委托西南邊疆項目"廣西石刻文獻總集整理"(課題編號: A080039)	
A080045 (孫勇)	陳樸·楊木鋒, 「西藏三大經濟區差異和協調發展的實證分析」, 『西藏硏究』 2010年 1期	西南邊疆項目"西藏當代經濟社會發展中的制度供給硏究"(項目批號: A080045)階段成果 西藏社科院靑年課題"西藏三大經濟區差異和協調發展硏究"(項目編號: XZSK0905)最終成果	중간
A08006 (畢先弟)	畢先弟, 「20世紀五六十年代雲南民族調査照片資料數據庫建設概述」, 『雲南社會科學』 2011年 2期	2008年度國家社科基金特別項目"西南邊疆歷史與現狀綜合硏究項目"(項目號: A08006)的階段性成果	중간
A08008 (李立綱)	周元玲·李立綱, 「跨境民族在國家背景下的民族精神初探 - - 以雲南邊境地區少數民族爲例」, 『傳承』 2011年 29期	2008年度國家社科基金特別項目: "西南邊境歷史與現狀綜合硏究項目"≪邊境居民的民族身份與國家認同--對雲南跨境民族的一項實證硏究≫(項目編號: A08008)	

과제번호 (책임자)	연구결과물	기금 및 과제 명칭 표기	비고
A08008 (李立綱)	李立綱·李永松·趙煜·李樹燕等,「雲南跨境民族的民族身份與國家認同的實證研究--中越, 中老, 中緬邊境的調查分析」, 2011-8-3. http://www.sociology2010.cass.cn/news/387233.htm	本文是在"西南邊疆歷史與現狀研究項目"("2008年度國家社科基金特別項目", 項目編號: A08008)《邊境居民的民族身份與國家認同--對雲南跨境民族的一項實證研究》成果基礎上撰寫的 項目主持人爲李立綱, 參加調查和研究的有: 博士李永松, 穀禾; 在讀博士李樹燕, 莊弘泰; 碩士趙煜, 段岩娜, 安金德, 蘇紫陽, 白曉明; 在讀碩士戴青卿, 趙越等)	
A09009 (段金生)	段金生,「南京國民政府的邊政得失及其影響因素」,『北方民族大學學報(哲學社會科學版)』 2012-1	國家社會科學基金西南邊疆歷史與現狀研究綜合項目"南京國民政府對西南邊疆的邊政治理"(A09009)	중간
	段金生·郭飛平,「南京國民政府政治視野中的西南邊疆」,『雲南師範大學學報(哲學社會科學版)』 2011-5	國家社科基金"西南邊疆歷史與現狀研究綜合研究項目"《南京國民政府對西南邊疆的邊政治理》(A09009)階段性研究成果之一	중간
	段金生·郭飛平,「民國時期西南邊疆的社會政治生態」,『文山學院學報』 2012-1	國家社科基金"西南邊疆歷史與現狀研究綜合研究項目'南京國民政府對西南邊疆的邊政治理'"(A09009)	중간
	段金生·段紅雲,「西南邊疆的內部差異及南京國民政府治策的調整」,『思想戰線』 2012-1	國家社會科學基金西南邊疆歷史與現狀研究綜合研究項目"南京國民政府對西南邊疆的邊政治理"階段性成果(A09009)	중간
	段金生,「邊疆研究與近代民族國家之構築--以1941年《邊政公論》發刊詞爲中心的考察」,『煙台大學學報(哲學社會科學版)』 2012-4	國家社科基金"西南邊疆歷史與現狀研究綜合項目"《南京國民政府對西南邊疆的邊政治理》(A09009)雲南省哲學社科規劃項目"南京國民政府對雲南的治理研究"(YB2012050)	중간
	段金生,『西南邊疆歷史與現狀綜合研究項目·研究系列:南京國民政府對西南邊疆的治理研究』, 社會科學文獻出版社, 2013.7.1	國家社會科學基金西南邊疆歷史與現狀研究綜合項目"南京國民政府對西南邊疆的邊政治理"(A09009)	최종, 전저
A09010 (王明東)	王明東·陳樂平, 民國時期雲南邊疆鴉片種植抗鏟事件探析, 《貴州民族研究》 2011年 5期	2009年國家社科西南邊疆項目"民國時期雲南土司及其邊疆治理研究"(項目編號A09010)階段性成果之一	중간

과제번호 (책임자)	연구결과물	기금 및 과제 명칭 표기	비고
A09019 (2009A019) (周智生)	段鑫, 「晚淸民國時期滇藏川毗連地區治理中若幹整體性特征分析」, 『西南邊疆民族研究』 2012-2	國家社科基金特別委托項目"晚淸民國時期滇藏川毗連地區治理與開發研究"研究成果, 課題編號: A09019	중간
	周智生, 「藏彝走廊地區族際經濟互動發展研究」 『中國社會經濟史研究』 2010-1	國家社科基金西邊項目"晚淸民國時期滇藏川毗連地區治理開發研究"(2009A019); 國家教育部項目"淸末民初雲南藏區社會變動與鄉村社會回應"(09XJA770004)的前期研究成果之一	중간
A09022 (覃主元)	覃主元, 「先秦時期嶺南越人的航海活動與對外交通」, 『海南師範大學學報(社會科學版)』 2012年 3期	國家社科基金特別委托項目"西南邊疆歷史與現狀綜合研究項目《廣西對外交通史》"的階段性成果, 項目批准號: A09022	중간
A09023 (李雪岩)	李雪岩, 「西南邊疆民族地區華僑農林場改革與發展的路徑思考」, 『林業資源管理』 2012-4	國家社科基金特別委托項目"西南邊疆民族地區青年歸僑僑眷發展問題研究"(A09023); 廣西民族大學中國—東盟研究中心資助項目"中國—東盟架構下廣西青年歸僑僑眷發展問題研究"(20120150)	중간
	李雪岩·龍耀, 「西南邊疆民族地區教育區域國際化發展研究--基於中國—東盟教育區域國際化視角」, 『學術論壇』 2012-4	國家社科基金特別委托項目"西南邊疆民族地區青年歸僑僑眷發展問題研究"(A09023)	중간
	李雪岩·龍耀, 「西南邊疆民族地區青年歸僑僑眷教育發展探索--西南邊疆民族地區青年歸僑僑眷發展問題研究系列之三」, 『廣西師範大學學報(哲學社會科學版)』 2012-4	國家社科基金特別委托項目"西南邊疆民族地區青年歸僑僑眷發展問題研究"(A09023); 廣西民族大學中國—東盟研究中心招標課題"中國—東盟架構下廣西青年歸僑僑眷發展問題研究"(20120150)	중간
	李雪岩·龍四古, 『西南邊疆歷史與現狀綜合研究項目研究系列: 西南邊疆民族地區青年歸僑僑眷發展問題研究』 社會科學文獻出版社, 2013.5.1	國家社科基金特別委托項目"西南邊疆民族地區青年歸僑僑眷發展問題研究"(A09023)	최종, 전저

과제번호 (책임자)	연구결과물	기금 및 과제 명칭 표기	비고
A09025 (袁鼎生)	袁鼎生·蔣新平·龔麗娟,『西南邊疆歷史與現狀綜合研究項目研究系列: 桂林景觀生態與環境研究』, 社會科學文獻出版社, 2013.1.1	國家社科資金特別委托項目 《桂北生態環境與桂林景觀生態耦合發展》	최종, 전저
B080004 (方鐵)	方鐵,「歷代王朝經營西南邊疆的得與失」,『社會科學戰線』2012-7	國家社會科學基金西南邊疆項目(B080004)	중간
	方鐵,「歷代治邊與雲南的地緣政治關係」,『西南民族大學學報(人文社會科學版)』2011年 9期	國家社科基金西南邊疆項目“歷代治理西南邊疆的理論與實踐”(B080004)階段性成果	중간
	方鐵,「清雍正朝改土歸流的原因, 策略與效用」,『河北學刊』2012年 3期	2008年度國家社會科學基金西南邊疆項目《歷代治理西南邊疆的理論與實踐》(B080004)	중간
B080006 (李昆聲)	李昆聲·李安民,「試論黑格爾 I 型銅鼓的三個亞型--以中國西南爲中心」,『思想戰線」2010年 3期	國家社會科學基金西南邊疆項目“中國雲南與越南青銅文明之比較研究”階段性成果(B080006)	중간
	李昆聲,「中國雲南與東南亞南亞的經濟文化交流--自遠古至戰國秦漢時期」,『廣西民族大學學報(自然科學版)』2011年 1期	國家社會科學基金特別項目“西南邊疆項目”: 中國與越南青銅文明之比較研究(B080006)	중간
	李昆聲·陳果 著,『西南邊疆歷史與現狀綜合研究項目研究系列:中國雲南與越南的青銅文明』, 社會科學文獻出版社, 2013年 3月	西南邊疆歷史與現狀綜合研究 《中國雲南與越南的青銅文明之比較研究》	최종, 전저
B09001 (丁文麗)	丁文麗·李豔·遊溯濤,「中國邊境地區地下金融現狀調查--雲南案例」,『國際經濟評論』2011年 6期	國家社科基金特別委托項目: “西南邊疆金融安全問題研究--基於雲南人民幣跨境流通視角的考察”(項目號:B09001)教育部人文社會科學研究項目 “中國沿邊開放中的跨境經濟合作區建設研究--以雲南爲例”的資助	중간
	胡列曲,「人民幣國際化理論及其在GMS中的運用--基於內生性視角的分析」,『東南亞縱橫』2009年 11期	國家社科基金特別委托項目 “西南邊疆金融安全問題研究--基於雲南人民幣跨境流通視角的考察”(項目編號:B09001)階段性研究成果	중간

과제번호 (책임자)	연구결과물	기금 및 과제 명칭 표기	비고
B09003 (周瓊)	周瓊,「環境史多學科研究法探微 ——以瘴氣研究爲例」,『思想戰線』 2012年 2期	國家社會科學基金特別項目“西南邊疆歷史與現狀綜合研究項目”——“淸代雲南生態變遷與環境災害研究”階段性成果(B09003) 雲南省中青年學術技術帶頭人後備人才第12批培養項目“西南環境史”階段性成果(W8011303)	?
B10006 (周建新)	周建新·嚴月華,「現代國家話語下的族群認同變遷——以廣西龍州縣金龍鎮板外屯壯族傣人儂人爲例」,『廣西民族硏究』 2012年 1期	國家社科基金特別項目“邊界, 邊民與國家: 中國西南邊境六十年(1949~2009)”(B10006)階段成果之一 廣西首批特聘專家項目階段成果之一	중간
	周建新·于玉慧,「橡膠種植與哈尼族生計轉型探析--以西雙版納老壩荷爲例」,『廣西民族大學學報(哲學社會科學版)』 2013年 2期	國家社科基金西南邊疆項目“邊界、邊民與國家--中國西南邊境60年(1949~2009)”(項目編號: B10006) 廣西特聘專家崗“中國南方與東南亞民族硏究”	중간
	周建新·蒙秋月,「跨境謀生:現象與策略--以廣西那坡縣那孟屯中越邊民跨國謀生個案爲例」,『廣西民族大學學報(哲學社會科學版)』 2013-1	國家社科基金特別委托項目“邊界, 邊民與國家--中國西南邊境60年(1949~2009)(項目編號:B10006)”; 2011年廣西“中國南方與東南亞民族研究”特聘專家崗項目	중간
B1005 (楊淸媚)	楊淸媚,「16世紀車裏宣慰使的婚禮--對西南邊疆聯姻與土司制度的歷史人類學考察」,『雲南師範大學學報(哲學社會科學版)』 2012~2	國家社科基金特別委托項目“西南邊疆項目”課題“居處在文明碰撞地帶--宗教-政治視野下的西雙版納歷史與變遷”資助, 編號[B1005], 爲課題中期成果	중간
	楊淸媚,「從“雙重宗教”看西雙版納傣族社會的雙重性--一項基於神話與儀式的宗教人類學考察」,『雲南民族大學學報(哲學社會科學版)』 2012年 4期	國家社會科學基金特別委托項目(西南邊疆項目)“居處在文明碰撞地帶--宗教-政治視野下的西雙版納歷史與變遷”(項目編號: B1005)階段成果	중간
	雲南省檔案館編,『民國時期西南邊疆檔案資料彙編·雲南卷(全80卷)』, 社科文獻出版社, 2014-8	國家社科基金重大特別委托項目“西南邊疆歷史與現狀綜合研究項目·檔案文獻系列”的成果之一	전저, 최종

과제번호 (책임자)	연구결과물	기금 및 과제 명칭 표기	비고
	雲南省檔案館編,『民國時期西南邊疆檔案資料彙編·雲南卷(目錄總集)』, 社科文獻出版社, 2013-10	國家社科基金重大特別委托項目"西南邊疆歷史與現狀綜合研究項目·檔案文獻系列"的成果之一	전저, 최종
	廣西省檔案局編,『民國時期西南邊疆檔案資料彙編·廣西卷(全30卷)』, 社科文獻出版社, 2014-3	國家社科基金重大特別委托項目"西南邊疆歷史與現狀綜合研究項目·檔案文獻系列"成果之一	전저, 최종
	中國第二歷史檔案館編,『民國時期西南邊疆檔案資料彙編·雲南廣西綜合卷』, 社會科學文獻出版社, 2014-6	中國第二歷史檔案館承擔的國家社科基金重大特別委托項目"西南邊疆歷史與現狀綜合研究"之子項目	전저, 최종

시짱항목의 실태와 추진 현황

I. 서론

II. 시짱항목의 추진 배경과 목적

III. 2010~2012년 '시짱항목'에 대한 학술동향과 추진 경과

IV. 2011~2013년 '시짱항목'에 대한 연구 성과와 내용 분석

V. 결론

심혁주(沈赫周)

티베트민속 / 한림대학교 생사학연구소 연구교수
『아시아의 죽음문화』(공저, 2010, 소나무), 『티베트의 활불제도』(2010, 서강대학교출판부), 『죽음, 어떻게 이해할 것인가』(공저, 2014, 한림대학교출판부), 『티베트 천장(天葬): 하늘로 가는 길』(2008, 책세상) 등.

심혁주 | 한림대학교

시짱항목의 실태와 추진 현황

I. 서론

2013년 7월 13~15일, 중국 교육부 인문사회과학중점연구기지인 쓰촨[四川]대학 장학(藏學)연구소[Tibetan Studies of Sichuan University]에서 '7세기부터 17세기까지, 시짱(西藏)의 역사와 고고학, 종교와 예술에 관한 국제학술토론회[7至17世紀西藏歷史與考古, 宗教與藝術研究國際學術研討會]'가 장학연구소와 미국 하버드대학교 옌칭학사[美國哈佛-燕京學社, Harvard-Yenching Institute]의 공동 주최로 열렸다.[1] 이 토론회는 하버드대학 측에서는 남아시아 학과[南亞系, Department of South Asian Studies, Harvard University]의 판더캉[范德康, Leonard W. J. van der Kuijp] 교수가 주도하였고 중국 측에서는 장학연구소의 훠웨이[霍巍, HUO Wei] 교수와 장창훙[張長虹, ZHANG Changhong] 부교수가 협력하였다. 두 나라의 공동준비로 미국, 네덜란드, 스위스, 일본, 인도 등지의 저명한 티베트학자와 중국 내의 베이징[北京], 시짱, 칭하이[青海], 간쑤[甘肅], 쓰촨 등의 티베트학자 60여 명이 초청되었

1 중국 쓰촨[四川]대학 장학(藏學)연구소 사이트(http://www.zangx.com/cms/) 참조.

다. 토론의 주제는 총 5부분으로 다음과 같다. ①토번(吐蕃) 시기의 역사, 고고와 예술, ②시짱 서부지역의 역사와 예술, ③근래 발견된 시짱 고문서와 범문의 연구, ④서하, 원, 명 시기의 한장(漢藏, 한족과 장족) 불교문화의 교류, ⑤장전불교의 역사와 철학 연구 등이다. 이러한 범위 안에서 3일 동안, 「토번 시기의 고고[吐蕃時期的考古]」, 「시짱 서부의 역사[西藏西部的歷史]」, 「장전불교 문헌과 종교 연구[藏傳佛教文獻與宗教研究]」, 「고고와 예술[考古與藝術]」, 「예술과 경전 번역[藝術與經典翻譯]」, 「서하원명 시기의 한족과 장족의 문화 교류[西夏元明時期的漢藏文化交流]」, 「장문고적문헌연구(藏文古籍文獻研究)」, 「시짱의 고고예술 신발현[西藏的考古藝術新發現]」, 「명청 이후의 시짱[明清以後的西藏]」 등의 주요 논문이 발표되었는데 내용적인 범위는 토번 시대부터 명·청 시기까지였다. 이 시기를 중요한 연구 범주로 설정한 이유는 7~17세기가 티베트 역사의 새로운 장이 열린 시기, 즉 토번왕조의 흥망이 이루어진 시기이기 때문이다. 또한 이 시기는 인도로부터 불교가 본격적으로 전입(轉入)되고 티베트 불교 각 종파의 형성과 흥성이 중원의 당, 송, 원, 명과의 긴밀한 밀월적 관계 속에서 이루어졌다고 보기 때문이다. 따라서 이 시기의 역사와 고고학, 종교와 예술 연구는 국내외 티베트 연구자들의 관심을 끌기에 충분하였다. 이 학술토론회는 이러한 동기와 의미를 가지고 글로벌한 교류를 통하여 티베트의 과거를 돌아보고 현재를 진단하고자 하는 성격을 가지고 있었다. 주목할 만한 것은 주제의 성격과 내용을 넘어서 중국 내에서 티베트 연구를 가장 체계적이고 다양하게 추진하고 있는 쓰촨대학 장학연구소가 미국의 하버드대학과 손잡고 글로벌하게 주관하였다는 점이다.[2]

2 2012년 9월, 장학연구소는 티베트 예술사에 관한 국제적 인지도가 있는 Amy Heller[阿米·海勒] 박사를 초빙하여 쓰촨대학에서 6주간 티베트 강연 프로그램을 진행하기도 하였다. 1992년 파리대학[La Sorbonne]에서 티베트의 역사와 철학으로 박사학위를 받

이 연구는 상술의 중국 내 티베트 연구 동향을 주시하면서 최근 중국 정부의 적극적인 지원 아래 추진되고 있지만, 외부에는 비교적 공개를 하지 않고 있는 국가급 학술항목, 즉 '시짱항목[西藏歷史與現狀綜合研究項目]'에 대한 동향과 실태 및 연구 성과를 살펴볼 것이다. 사실상 시짱항목은 현재 중국 내에서 다양한 연구가 지역별, 연구기관별로 진행되고 있기 때문에 이에 대한 종합적인 평가를 일괄적으로 내리기는 어려운 상황이다. 그러함에도 불구하고 2010년부터 2013년까지 외부에 공개된 시짱항목의 연구 동향과 실태 등의 점검 필요성을 느낀다. 그 이유는 시짱항목은 중국의 서남변강 전략의 중요한 일환이자 중국의 역사관, 민족관, 영토관, 국가관이 응축된 '통일적 다민족국가론'의 중요한 부분이기 때문이다.

따라서 이 연구는 현재 중국에서 추진하는 개별적 대규모 변경지역 연구사업 중 '시짱항목'만을 대상으로 한정하여 그 추진 실태와 성과를 파악한다. 본문에서 다룰 내용은 다음과 같다. 첫째, 최근 몇 년간 중국 내의 시짱 관련 주요 연구기관과 학자들은 글로벌하면서도 다양성을 추구하고 있다. 또한 그들은 국내외 티베트 학술회의를 능동적으로 주재하고 있으며 개인적으로도 티베트 관련 프로젝트를 꾸준히 진행하고 있다. 따라서 우선 중국 내 티베트 연구자들의 연구 주제와 방향을 탐색할 것이다. 이는 최근 중국에서 진행되는

은 Amy Heller는 영어, 불어, 이탈리아어, 스페인어, 범문 등을 구사하는 국제적인 티베트학자이다. 그녀는 최근까지 50여 편의 티베트 관련 논문을 발표하였으며 대표적인 저술인 『西藏藝術[Tibetan Art]』은 현재 해외에 번역되어 소개되고 있다. 프랑스 파리박물관[Musée Guimet, Paris], 미국 시카고예술학원[Art Institute of Chicago] 등의 고문을 맡았으며 이탈리아 로마대학 객좌교수(2006, 2008), 쓰촨대학 중국장학연구소 객좌교수를 역임하였다. 그녀는 티베트 예술 연구에 독보적인 지위와 역량을 나타내고 있고 티베트 건축, 조형, 회화 방면이 주전공이다. 대표작으로는 『西藏藝術』, 『早期喜馬拉雅藝術: 尼泊爾, 西藏和拉達克的佛教塑像, 約 5~14世紀』, 『喜馬拉雅藏珍: 多波的藏文寫本, 繪畫和塑像』 등이 있다.

티베트에 대한 학술 연구 경향을 탐지하고 그 의미를 가늠하기 위함이다. 둘째, 중국 내에서 이미 진행된 규모가 있는 티베트 관련 세미나를 추적해보고 그 속에서 활동하고 있는 새로운 신진연구 인력의 신분과 성향을 파악하여 그들이 주도하는 티베트 연구의 새로운 연구 동향과 주제의 흐름을 파악할 것이다. 셋째, 중국에서 추진 중인 서부(西部)항목 중 시짱항목에 대한 지원만을 추려내어 그 실태와 현황을 분석할 것이다. 여기에는 어떤 기관에서 얼마의 지원금을 책정하였는지 그리고 연구 과제와 책임자를 확인하는 작업이 포함된다. 넷째, 결론적으로 전술의 내용을 바탕으로 중국 정부가 추진하고 있는 시짱항목의 배경과 목적이 무엇인지, 연구 성과의 사회적 공유 작업(출간과 홍보)은 어떤 형태와 결과물로 드러나고 있는지, 그리고 가능하다면 그러한 사업들이 보여주는 함의는 무엇인가에 집중할 것이다.

한편 시짱항목의 학술지원금이나 연구 규모 그리고 연구 주제의 실체를 추적하기 위해서는 중국 내에서 항목의 지원금을 주관하는 '국가사회과학기금항목(國家社會科學基金項目)'과 '전국철학사회과학규획판공실(全國哲學社會科學規劃辦公室)'의 탐색이 필수적이다. 따라서 본문에서는 이 두 기관을 집중적으로 조사해서 이 기관들이 최근 3년 동안 추진하고 책정한 시짱항목에 대한 학술적 지원이나 연구결과물(보고서, 출판물, 다큐 제작물, 홍보물)을 찾아 정리할 것이다. 하지만 이 두 기관만을 가지고 시짱항목에 관한 자료 접근이나 구체적인 지원액수를 추적하기란 쉽지 않다. 따라서 쓰촨대학 장학연구소, 베이징의 '장학연구중심(藏學研究中心)', '중국시짱망[中國西藏網]', '중국장학망(中國藏學網)' 등에 탑재된 기록과 문건들을 추가적으로 활용할 것이다.

Ⅱ. 시짱항목의 추진 배경과 목적

2010년 7월 6~8일, '제2회 해협 양안 장학연구토론회[第二屆海峽兩岸藏學研討會]'라는 학술대회가 중국 베이징 소재 '중국장학연구중심'에서 거행되었다. 이 학술토론회는 중국의 대표적 티베트 연구 전문기관인 중국장학연구중심과 대만 중국문화대학(中國文化大學)의 공동 협조로 열렸으며, 중국과 대만의 대표적인 학술기관, 연구소, 대학교의 많은 전문가들이 참가하였다. 토론은 이틀에 걸쳐 총 4개 섹션(역사, 당대, 종교, 문화예술)으로 나뉘어 진행되었다. 여기에서 주목할 만한 논문이 발표되었는데 바로 중국사회과학원 변강사지연구중심 연구원인 리성[厲聲]의 「근 8년 중국 변강연구학과의 중대항목[近八年中國邊疆研究學科的重大項目]」이다.[3] 그가 발표문에서 공개한 시짱항목에 대한 정보는 2009~2013년 사이에 대략 매년 400만 위안의 학술 장려금이 책정되어 있다는 것이었다. 그의 발표를 인정하면, 최근 중국 정부의 '시짱'에 대한 학술적 관심과 지원이 지속적이며 집중적이라는 점을 확인할 수 있다.

과거 중국의 티베트에 대한 구체적인 관심과 전략적인 계획은 1980년대 변강·티베트 연구기관 설립에서 그 면모를 찾을 수 있다. 물론 1950년대 영토적, 민족적으로 티베트의 합병을 위한 '민족구역자치법'(1965년)을 제정하기 위하여 티베트의 권역별 현지답사와 이에 기초한 정책수립 정도의 기획과 추진은 있었다. 하지만 1986년부터 시작된 티베트 연구야말로 비로소 국가적인 차원의 티베트 지역의 학술적, 정치적 병합 프로그램이라 할 수 있다. 중국 중

3 중국장학연구중심과 대만 중국문화대학 공동 주최로 베이징의 중국장학연구중심에서 열린 '제2회 해협 양안 티베트학 연구토론회'(2010.7.6~8)에서 중국사회과학원 변강사지연구중심 주임 리성[厲聲] 연구원이 발표하였다.

공중앙통일전선공작부 산하 중국장학연구중심(1986.5.20 설립)이 주도해 온 이 연구는 일정 기간 독립국가 형태를 유지해 온 티베트의 역사를 중국사의 일부로 통합하는 작업이었다. 따라서 중국이 오늘날에도 티베트에 대한 꾸준한 연구지원과 그 연구결과의 집적(集積) 및 홍보에 집착하는 이유는 21세기 변강의 안정과 티베트의 공간적 특수성을 객관적으로 확보하고 인정받기 위함이라고 볼 수 있다. 이는 크게 보자면 변강대구역의 필수적인 요소인 티베트의 영토적, 민족적, 역사적인 학술작업을 통하여 국내외적으로 '티베트는 역사 이래로 중국의 일부분'임을 공고히 하고 인정받기 위한 전략적 투자로 볼 수 있다.

따라서 최근 출현한 시짱항목이라는 국가급 중대항목은 다음과 같은 배경과 필연성을 갖는다. 첫째, 근원적으로는 티베트 권역의 치안과 민심을 안정시키기 위함이다. 예를 들어 최근 티베트 유목지대의 점진적 개방화와 학술지원의 심화를 통하여 이 지역의 추이를 관찰하고 장기적으로는 이 지역까지도 최종적으로 접수하기 위함이다. 둘째, 이제는 티베트의 역사와 종교를 넘어 생태와 환경 문제까지도 학문적으로 다양한 접근과 확인이 필요하기 때문이다. 셋째, 최근까지도 이어지는 티베트인 분신 사태 등의 근원적 동기 및 발생지를 차단하고자 하는 실천적 의지와 대응 전략이 필요하기 때문이다. 예를 들면 티베트 불교사원의 점진적 붕괴 전략이다. 전통적으로 티베트 사회의 근간이자 동력은 불교사원이었다. 역사적으로나 종교적으로 볼 때, 티베트 사회는 사원 중심으로 유지되고 견인되어 왔다. 사원은 개방화 이전까지 티베트인들의 교육, 오락, 종교, 풍속 등 제반을 기획하고 유통을 담당하고 있었다. 개방화된 오늘날에도 적지 않은 파급력과 영향력을 가지고 있는 현실을 고려할 때, 중국 정부가 티베트 불교사원의 존재감을 무시할 수 없는 게 현실이다. 따라서 다양한 학술적 프로그램과 지원금으로 대외적인 인적 네트워크를 구축하고 글로벌 학술 프로그램을 추진하여 중국의 힘과 티베트의 역학관계를 홍보하여 티베트 불교사원과 사원 소속 출가승들의 영향력을 억제하고자 하는 의도가 잠재해 있다고 볼 수 있다. 시짱항목은 이러한 대내외적인 환경과 목적을 고려하여 추진되고 있는 것이다.

Ⅲ. 2010~2012년 '시짱항목'에 대한 학술동향과 추진 경과

〈표 1〉은 중국 내에서 티베트 연구의 중점기지인 쓰촨대학 장학연구소가 시짱항목과 관련하여 최근(2008~2012년)에 추진한 연구항목을 연도별로 분류한 것이다. 이미 종료된 사업도 있고 진행 중인 것도 있다.

〈표 1〉의 과제들은 대부분 중국 '국가철학사회과학연구'의 지원금을 받은 프로젝트들이다. 이미 종료된 사업도 있지만 거의 진행 중인 것으로 나타났다. 상술의 도표와 더불어 추가적으로 중국 내 대표적인 티베트 연구 학자들의 최근 시짱항목 연구 추진 과정과 현황을 살펴보면 다음과 같다.[4]

쓰촨대학 장학연구소 쉬쥔[徐君] 교수는 티베트 연구에서 현지답사와 인터뷰 중심으로 진행하는 민족학적 방법을 선호한다. 예를 들어, 2009년 7월 26일~8월 20일 쉬 교수와 쓰촨성 청두[成都] 민간녹색보호팀은 '삼강원생태이민항목(三江源生態移民項目)'의 현지답사를 추진하였다. 이는 칭하이성 삼강원류의 옥수(玉樹), 치다(治多), 곡마래(曲麻萊), 격이목(格爾木), 안석평(雁石坪) 등 티베트 암도[安多]지역의 생태환경을 복원하고자 하는 프로그램이다. 이 프로그램

4 조금 애매모호한 부분은 동일한 연구책임자가 한 연구 과제로 중복 선정받은 것이 확인될 때이다. 이를 어떻게 분류할지 몰라 최대한 단순하게 정리하였다.

〈표 1〉 쓰촨대학 장학연구소의 연도별 티베트 연구과제

번호	책임자	연구 과제	연도	선정번호 및 기관	상태
1	次仁加布	西藏西部佛教史迹綜合研究	2008	08JJD790118	연구 중
2	姚樂野	民國時期康區研究的三種學術期刊的整理出版與研究	2008	08JJD840202	종료
3	霍巍	考古發現與西藏文明史(第一卷: 遠古至公元6世紀末)	2009	2009JJD780005	연구 중
4	石碩	清代至民國時期康區漢, 藏民族互動與文化交融研究	2009	2009JJD770027	연구 중
5	石碩	大型藏區地方史〈康藏史〉編纂與研究	2010	國家社科基金 중대항목	연구 중
6	石應平	西藏重點文物保護單位的歷史環境, 價値評估與資源利用研究	2010	10JJD850001	연구 중
7	張雲	藏文史籍有關中原史實的記載及相關內涵研究	2010	10JJD850002	연구 중
8	楊明洪	新形勢下統籌西藏與四省藏區協調發展問題研究	2010	國家社會科學基金 중대항목	연구 중
9	楊明洪	第五次中央西藏工作座談會後主要民生政策評估與改進對策研究	2011	11JJD850008	연구 중
10	湯惠生	西藏象泉河流域考古調查與研究	2011	11JJD780006	연구 중
11	水濤	昌都卡若遺址第二次發掘報告及綜合研究	2012	12JJD780005	연구 중
12	王川	民國時期的康藏邊政: 康藏糾紛與西康建省研究	2012	12JJD780006	연구 중
13	黃維忠	敦煌吐蕃文獻分類整理與研究	2012	國家社科基金 중대항목	연구 중

은 쉬 교수와 청두의 환경보호단체가 공동으로 추진한 '녹색강하(綠色江河)' 프로젝트로 그 기간이 무려 5년여(2005~2010년)나 되었다.[5]

5 2007년 선정된 교육부 중점기지 중대항목. '青藏高原三江源生態回復與建設的人類學

또한 대표적인 티베트학자 스숴[石碩] 교수는 상술의 도표에서도 밝힌 바와 같이 2010년 '대형장구지방사 〈강장사〉 편찬과 연구[大型藏區地方史〈康藏史〉編纂與研究]'란 연구 과제를 국가사회과학기금의 중대항목으로 선정받았다. 또 스 교수는 2011년 국가철학사회과학성과문고(國家哲學社會科學成果文庫)에 자신의 연구 성과인 '청장고원조루 연구(青藏高原碉樓研究)'를 등재하였는데, 이는 학계에서 중요한 학술적 가치를 인정받아 책으로 출간되기도 하였다.[6] 이 책은 특별히 청장고원조루에 대한 기원과 초기의 기능 및 형태 그리고 그것과 연결되어 있는 제 민족의 역사와 문화 내용을 심도 있게 설명하고 있다. 이 연구의 장점은 조루(碉樓)가 과거 전쟁 시 방어만을 위한 건물이라는 간단하고 표상적인 생각에서 벗어나 당시의 사회적 의미 및 중요한 역사적, 문화적 가치를 조명하였다는 점이다.[7]

장학연구소의 양밍훙[楊明洪] 교수도 2011년 국가사회과학기금의 지원을 받아 시짱항목의 프로젝트를 진행하였다. 과제 명칭은 '새로운 환경 속에서 시짱과 4성장구 협조 발전을 통합하는 문제 연구[新形勢下統籌西藏與四省藏區協調發展問題研究]'[8]이며, 주요 내용은 다음과 같다. ①티베트 4대 권역 발전의 필요성 제기, ②티베트 발전을 위한 외부환경의 조건들, ③티베트 발전방향과 향후 정책, ④티베트자치구[西藏自治區]와 그 외 티베트 권역의 연결 네트워크 구축의 방법 연구, ⑤티베트자치구와 그 외(칭하이, 윈난, 쓰촨 등지) 티베트 권역의 상호 경제 발전의 계획 등이다.

考察:以生態移民爲重點'(선정번호 2007JJD840184).

6 http://www.npopss-cn.gov.cn/

7 이 책의 특징은 그림이 풍부하고 국내외에서 첫 번째로 출간한 청장고원조루를 연구한 전문서적이라는 것이다. 이 책의 학술적인 공헌은 풍부한 현지조사의 경험과 청장고원조루 유적지를 정체문화현상으로 분석하였다는 점이다.

8 http://www.npopss-cn.gov.cn/GB/351670/351671/370813/index.html

훠웨이 교수는 오랫동안 티베트 고고학에 매진해왔는데 2011년 국가사회과학기금항목에 '문물고고 중 시짱과 중원 관계 자료의 정리와 연구[文物考古中西藏與中原關系資料的整理與研究]' 과제가 선정되어 현재 진행하고 있다.[9] 그리고 2013년에는 그동안 진행해온 시짱항목 과제인 '시짱 중점문물 보호 단위의 현상, 잠재자원 분석과 보호대책 연구[西藏重點文物保護單位的現狀, 潛在資源分析與保護對策研究]'를 순조롭게 마무리하였다.[10] 이 과제는 중국사회과학원 시짱항목 연구실의 심사를 거쳐 '우수' 등급으로 인정되었다.

2013년 2월 란저우[蘭州]대학은, 란저우대학 서북소수민족연구중심과 민족학연구원의 저우타[洲塔] 교수가 주재하고 있는 '티베트 민간 구전문화 회전(滙典)'이 2013년도 국가출판기금항목으로 선정되어 328만 3100위안의 자금을 지원받게 되었다고 발표하였다. 이 항목은 티베트의 문화가 구전이라는 형식으로 전승되어 문자로 기록된 것이 지극히 적고, 또 당대에 이르러 구전문화의 유실 속도가 날이 갈수록 빨라지고 있기 때문에 티베트의 구전문화를 보존하기 위하여 마련된 것이다. 이 항목은 민족학, 인류학, 사회학, 문화학, 종교학 등의 이론에 근거하여 간쑤, 칭하이, 쓰촨 등 3대 티베트 거주지의 구전문화를 체계적으로 발굴, 수집, 정리할 예정이며 민족학의 야외조사 방법, 문헌자료 수집 방법, 분류종합 방법 등을 이용하여 현지의 사회, 경제, 문화의 상황을 사실적으로 기록할 예정이라고 밝히고 있다. 또한 이 항목에 참여하는 인원들은 모두 장기간 티베트 지역에 생활하였고 중국어와 티베트어에 모두 능통한 티베트학자와 전문가들이다.[11]

9 http://xz.people.com.cn/n/2013/0427/c138901-18554935.html

10 http://www.zangx.com/cms/(2013년 6월 17일 검색)

11 http://news.xinhuanet.com/yzyd/book/20130403/c_115262958.htm

'전국철학사회과학규획판공실'의 지원 아래 티베트자치구는 물론 중국 전역의 티베트 지역 연구기관은 적지 않은 학술장려금을 지원받아 티베트의 민족 문제, 당건(黨建), 법학, 정치학, 경제학, 공공관리(公共管理), 종교학, 사회학, 인류학, 고고학 등 다방면에서 학술적 성과를 도출하고 있다. 또한 이러한 지원으로 도출된 결과물들은 중국 정부가 잠재적으로 의도하고 있는 티베트지역의 경제발전과 사회발전에 도움을 주고 있다는 사실을 객관적으로 확인시켜 주는 역할도 하고 있다.

Ⅳ. 2011~2013년 '시짱항목'에 대한 연구 성과와 내용 분석

시짱항목만을 명확하게 따로 정리해놓은 공개 자료나 연구기관을 찾기란 쉽지 않다. 따라서 이 글에서는 최근 3년 동안 국가철학사회과학규획판공실의 학술지원금을 받은 서부항목 중에서 시짱항목만을 추려내어 그 성과와 내용을 분석한다. 2011년 서부항목에 선정된 연구항목은 총 487과제이며 이 중 시짱항목과 관련하여 선정된 과제는 25편이다(〈표 2〉 참조).[12]

전체적으로 2011년에 선정된 시짱항목의 특징은 다음과 같이 정리할 수 있다. 우선 2011년 국가철학사회과학기금 지원 대상으로 선정된 서부항목의 과제는 총 487건으로 2010년에 비해 85건이 늘었다. 첫 번째 특징은 과학발전관, 서부지역 경제의 발전에 관한 항목이 많다는 것이다. 이는 중국이 학술

12 2010년 6월 20일. 全國哲學社會科學規劃辦公室. 〈2011年度國家社科基金西部項目立項名單〉. http://www.npopss-cn.gov.cn/GB/219471/index.html 참조.

〈표 2〉 2011년 국가철학사회과학규획에 선정된 시짱항목

번호	연구주제	책임자	책임단위	예상 성과물	예상 기간
1	藏區社會主義核心價值體系認同與構建研究	張玉良	中共青海省委黨校	研究報告	2013.12.31
2	青海藏族聚居區基層黨組織建設研究	唐萍	青海省社會科學院	研究報告	2013.6.30
3	拉薩非物質文化遺産旅游開發研究	巴桑吉巴	西藏大學理學院	研究報告	2014.12.30
4	青海藏區民族文化旅游産業化發展研究	邊世平	青海大學財經學院旅游公共管理系	研究報告	2014.12.30
5	晚清至民國時期甘青藏區社會群体糾紛解決機制研究	胡小鵬	西北師范大學西北邊疆史地研究中心	專著	2014.12.30
6	藏彝走廊中的回藏和諧民族關系研究	馬尚林	西南民族大學圖書館	專著	2014.12.30
7	"十二五"時期藏區農牧民收入倍增預期研究	朱華	青海省社會科學院經濟研究所	研究報告	2012.12.31
8	我國藏區中小學雙語教學面臨的問題及對策研究	納成倉	青海師范大學外語系	研究報告	2014.12.30
9	內地西藏班教育成效及其對西藏教育發展影響研究	賀能坤	重慶文理學院	研究報告	2013.12.31
10	四川省藏區牧民定居行動計劃實施過程中的文化建設問題研究	彭大鵬	四川省委黨校	研究報告	2013.7.1
11	西藏的天文曆算研究	拉毛吉	蘭州大學民族學研究院	專著	2014.6.30
12	西藏邊境城鎮建設與穩定發展關系研究	楊劍萍	中共西藏自治區委員會黨校	研究報告	2013.6.30
13	西藏農牧民增收問題研究	徐伍達	西藏自治區社會科學院	研究報告	2012.8.30
14	《格薩爾》與《伊利亞特》叙事比較研究	羅文敏	西北民族大學文學院	專題論文集	2013.12.31
15	藏語語法的古今演變與發展	王志敬	西藏大學文學院	專著	2014 12.31
16	現代漢藏語比較與轉換研究	拉巴次仁	西藏大學文學院	專著	2013 12.30

번호	연구주제	책임자	책임단위	예상 성과물	예상 기간
17	《道藏通考》的翻譯與研究	張崇富	四川大學海外教育學院	譯著	2014.12.31
18	青海藏漢雜居村落的民間信仰與和諧社會研究	扎保	青海師范大學	專著	2013.12.15
19	藏區多元宗教共存歷史與現狀研究	參看加	青海省社會科學院	研究報告	2013.12.30
20	《拉喇嘛益希沃傳》翻譯與研究	項智多杰	西藏自治區社會科學院	譯著	2014.8.30
21	宗教型《格薩爾王傳》的文本普查與研究	索加本	青海民族大學《格薩爾》史詩研究所	專著	2013.12.30
22	白馬藏族文學的整理與研究	蒲向明	隴南師范高等專科學校	專著	2014.12.31
23	藏族古代詩學研究	貢巴扎西	甘肅民族師范學院	專著	2013.12.1
24	青藏地區維護社會政治穩定發展的民主基礎及其政策研究	薛紅焰	中共青海省委黨校	專著	2013.12.31
25	青藏地區民族交往發展的新特點及和諧民族關系的建構研究	馬燕	青海民族大學	專著	2013.12.30

영역에 기대하고 있는 민족단결, 조국통일의 유지, 서부사회의 발전과 안정의 이론 작업에 부합한다고 할 수 있다. 두 번째는 책임자의 신분이 다양하다는 것이다. 우선 고급직책을 겸임하는 자가 연구책임자로 신청한 숫자는 395명으로, 81.5%의 점유율을 보이고 있다. 박사생과 석사생 지도교수의 신분으로 참여한 책임자는 342명으로 전체의 70.5%를 차지한다. 그리고 박사학위 신분으로 참여한 연구자는 241명으로 점유율이 49.6%다. 세 번째는 소수민족 학자, 청년 학자의 참여가 대폭 증가하는 추세를 보이고 있다는 것이다. 당해 연도에 신청한 소수민족 학자는 24.4%인 119명이며 39세 이하의 젊은 청년 학자도 36.5%인 187명이었다. 네 번째는 지역적 특색을 감안해서인지 서부

특색의 '기초이론 연구'가 여전히 강세를 보이고 있다는 점이다. 통계에 따르면 신청한 기초이론 연구 과제가 무려 65%나 되었으며, 특히 기초과학의 신청 항목이 대폭 증가하였다.

시짱항목과 관련하여, 2011년에 선정된 25과제 중 연구책임자가 장족(티베트족)인 경우는 5과제이고, 연구 결과물이 저서인 경우는 10과제, 연구보고서인 경우는 11과제다. 또한 기간이 이미 만료된 과제는 9건이고 현재 진행형인 과제는 16건이다. 아래의 도표는 2012년도에 선정된 '시짱항목'만을 추려낸 것이다.

〈표 3〉 2012년 국가철학사회과학규획에 선정된 시짱항목[13]

번호	연구주제	책임자	책임단위	예상 성과물	예상기간
1	青海省高校藏族大學生就業取向和價値觀研究	張凱	青海大學學生就業研究中心	研究報告	2014.12.30
2	促進西藏經濟發展方式轉變的路徑研究	圖登克珠	西藏大學經濟與管理學院	研究報告	2014.12.30
3	現階段西藏文化消費市場調査與研究	德吉央宗	西藏大學經濟與管理學院	研究報告	2014.12.31
4	青藏高原區生態補償成本計量及分攤研究	王娟娟	蘭州商學院經濟學院	研究報告	2014.6.30
5	西藏重大突發事件的輿情監控機制研究	鍾振明	中共西藏自治區委黨校	研究報告	2013.10.20
6	清朝對青海藏區社會的治理研究	楊衛	青海民族大學	專著	2015.6.30
7	法治視域下藏傳佛教寺院社會管理創新研究	鄭妮	四川省社會科學院	研究報告	2014.12.31

13 2012년 5월 25일. 全國哲學社會科學規劃辦公室. 〈2012年度國家社科基金西部項目立項名單〉. http://www.npopss-cn.gov.cn/GB/219471/index.html 참조.

번호	연구주제	책임자	책임단위	예상 성과물	예상기간
8	維護藏區社會穩定的政策保障問題研究	韓官却加	中共青海省委黨校	研究報告	2015.6.30
9	文化建設與推動西藏發展和維護西藏穩定研究	李宏	中共西藏自治區委黨校	研究報告	2013.8.31
10	青藏兩省區民族文化産業科技創新研究	趙治中	青海大學財經學院	研究報告	2014.6.30
11	新時期藏傳佛教與信衆關系研究	桑才讓	中共青海省委黨校	研究報告	2014.12.30
12	西藏傳統歷史古迹文化資源及價値研究	次旺	西藏大學文學院	專著	2015.7.31
13	西藏人口較少民族非物質文化遺産保護研究	馬小燕	西藏民族學院文學院	專題論文集 研究報告	2014.6.1
14	青海藏區新型農村社會养老保險制度研究	萬玉勤	青海大學財經學院	研究報告	2014.12.30
15	新時期西藏農村特殊扶貧政策研究	劉天平	西藏大學農牧學院	研究報告	2015.8.31
16	藏區文化産業與藏族特色文化保護研究	羅布江村	西南民族大學	專著 研究報告	2014.12.31
17	三江源生態移民的生活重建和反貧困研究	韋仁忠	中共青海省委黨校	專著 研究報告	2014.12.31
18	青藏高原旅游業發展模式研究	卓瑪措	甘肅民族師范學院	專著	2014.7.30
19	三江源生態移民勞動就業困境與社會穩定研究	和東紅	青海大學社會科學系	研究報告	2014.10.30
20	愛國藏學家更敦群培學術思想研究	吳鈺	青海民族大學	專著	2014.12.30
21	西藏區域經濟的空間分異與空間結構優化研究	鄢杰	西南財經大學	研究報告	2013.12.18
22	藏傳佛教寧瑪派密呪師歷史與現狀研究	益西卓瑪	青海省社會科學院	專著	2015.10.30
23	"藏彝走廊"民族醫藥文化的保護與傳承模式研究	張丹	成都中醫藥大學	研究報告	2015.6.30
24	發達地區對口援藏與雲南藏區提升自我發展能力研究	張休偉	雲南省社會科學院	研究報告	2013.12.31

번호	연구주제	책임자	책임단위	예상 성과물	예상기간
25	嘉絨藏區藏文歷史文獻資料的收集, 整理和編譯	丹增金巴	蘭州大學哲學社會學院	譯著	2013.12.31
26	西藏城鎮化發展制約條件下失地農牧民就業安置特點研究	尼瑪扎西	西南民族大學	專著 研究報告	2015.12.31
27	康巴藏族史(志)研究	林俊華	四川民族學院	專著	2014.6.30
28	清廷籌治西藏思路及措施的演變研究(1887~1911)	康欣平	西藏民族學院民族研究所	專著	2014.12.15
29	西藏境內晚更新世人類遺存調查與生存狀態研究	楊曦	西藏自治區文物保護研究所	專著	2015.12.31
30	吐蕃碑刻銘文考古調查與研究	夏格旺堆	西藏自治區文物保護研究所	研究報告	2013.12.30
31	藏文史籍《弟吳宗教源流》翻譯與研究	阿貴	西藏大學圖書館	譯著 研究報告	2015.6.1
32	薩迦班智達《三律儀差別論》譯介研究	賈學鋒	寧夏大學政法學院	專著	2015.8.4
33	藏傳佛教造型藝術的民俗文化學考察	霍福	青海省社會科學院	專著	2015.12.30
34	藏傳佛教寧瑪派供修儀軌中的格薩爾信仰文獻收集整理與研究	蘭却加	西北民族大學	專著	2013.10.1
35	格薩爾史詩中的生態文化與三江源生態環境保護研究	南拉加	青海師范大學	專著	2015.8.15
36	藏族歷代《格薩爾》考述文獻收集、整理與研究	旦正	青海民族大學	專著	2015.9.1
37	史詩《格薩爾》"口述"中的体育文化普查與研究	巷欠才讓	青海民族大學	專著	2014.12.1
38	藏族《格薩爾》女性文學研究	倫珠旺姆	西北民族大學	研究報告	2014.12.20
39	錫埒圖·固什譯《米拉日巴傳》語料庫建設及其詞匯研究	塔娜	內蒙古科技大學	研究報告	2015.12.31
40	漢藏英民族事務简明詞典	曾路	西南民族大學	工具書	2015.12.30
41	藏文大藏經《甘珠爾》目錄編制研究	西道草	甘肅民族師范學院	工具書	2014.12.30

2012년 10월 22일, 국가사회과학기금중대항목(國家社科基金重大項目)의 심사가 완료되어 선정 기관과 연구 주제가 발표되었다. 이 중 규모와 주제 면에서 주목할 만한 항목으로는 서북민족대학해외민족문헌연구소(西北民族大學海外民族文獻研究所)가 신청한 『장전불교대사전(藏傳佛教大辭典)(藏漢雙解)』을 들 수 있다. 이 항목은 국가사회과학기금으로부터 80만 위안을 지원받은 것으로 나타났다.[14]

보도에 따르면, 『장전불교대사전(장한쌍해)』은 기존에 없었던 티베트 불교[藏傳佛教]의 대형 '공구서'의 성격을 가진다. 내용적으로는 티베트 불교의 각종 불교 단어와 전문명사, 술어, 전적(典籍), 역사 인물, 명승고적 등을 다양하게 수록할 예정이다. 이것이 완성될 경우 향후 티베트 불교 연구 발전에 일조할 것으로 학계는 기대하고 있다.[15]

2012년도 서부항목에 선정된 연구항목은 총 542과제이고, 이 중 시짱항목과 관련하여 선정된 과제는 41편이다. 〈표 3〉을 정리하면, 전체 41과제 중 연구책임자가 장족(티베트인)인 경우는 10과제, 연구 결과물이 저서인 것은 16과제, 연구보고서 혹은 저서의 중복 형태는 23과제, 기타(공구서)의 성격은 2과제다. 또한 기간이 이미 만료된 것은 3과제뿐이고 대다수가 현재 진행되고 있다. 전체적으로 보면 전년에 비해 16편이 증가되었다.

또한 2013년 6월 17일, 전국철학사회과학규획판공실은 당해 연도 선정된 시짱항목을 〈표 4〉와 같이 발표하였다.[16] 2013년에 선정된 서부항목의 개별 연구 과제는 총 507건이고 이 중 시짱에 관한 항목은 34과제이며 평균 18만

14 2012년 12월 5일. 서북민족대학(西北民族大學) www.xbmu.edu.cn 참조.

15 2012년 10월 22일. 『新華網』 참조.

16 2013년 6월 17일 국가사회과학기금항목 선정 발표. 全國哲學社會科學規劃辦公室 참조.

위안의 지원금을 받는 것으로 파악되었다.

〈표 4〉 2013년 국가철학사회과학규획에 선정된 시짱항목[17]

번호	연구주제	책임자	책임단위	예상 성과물
1	藏區維護社會穩定的長效法律機制研究	高永宏	青海省社會科學院	*
2	西藏社會穩定的長效法律機制研究	井凱笛	西藏民族學院法學院	*
3	青海藏區重要生態功能區保護和建設問題研究	張愛儒	青海大學	*
4	青海三江源區生態系統服務價值及可持續發展研究	姚紅義	青海大學	*
5	三江源生態保護區牧民收入倍增研究與評價	黃敏	青海大學	*
6	青藏高原多元文化與民族關系史研究	安海民	青海師范大學	*
7	全面建成小康社會與西藏邊境地區的發展研究	普布次仁	西藏大學	*
8	藏區城鄉一体化與"三牧"問題研究	楊才讓塔	甘肅省藏學研究所	*
9	藏區民族團結進步教育與社會價值認同研究	趙英	中共青海省委黨校	*
10	改革開放以來藏族人口的變遷及經濟社會可持續發展研究	楊多才旦	中共青海省委黨校	*
11	藏區城鎮化進程中青年就業問題的調查研究	朱學海	青海省社會科學院	*
12	城鎮化進程中西藏農牧民非農就業及創業問題研究	蔡偉民	西南民族大學	*
13	明清至民國時期嘉絨藏族地方與內地關系研究	鄒立波	四川大學	*
14	康巴藏區宗教信仰與社會秩序的民族志研究	郭建勳	西南民族大學	*
15	全球化語境下藏族題材電影生存環境與文化發展戰略研究	張濤	西藏民族學院	*
16	藏傳佛教在當代西藏農牧區的發展歷史及其現狀研究	格朗	西藏大學	*
17	本教文化新解	旦增朗杰	西藏自治區社會科學院	*
18	《格薩爾》口頭叙事表演的民族志研究	曹婭麗	青海民族大學	*

17 http://www.npopss-cn.gov.cn/GB/219471/219481/index.html

번호	연구주제	책임자	책임단위	예상 성과물
19	青海湖地區蒙藏民族文化交流及對社會和諧發展的影響研究	仁欠俄日	青海師范大學	*
20	青海省藏區生態移民後續産業發展研究	馬生林	青海省社會科學院	*
21	雲南藏區農村社區社會組織調査研究	張雲熙	雲南省社會科學院	*
22	藏彝走廊自然灾害及其應對經驗的人類學研究	張原	西南民族大學	*
23	藏文文獻數據庫建設實證調査研究	德薩	西藏大學	*
24	西藏自治區城鄉体育公共服務體系構建研究	田志军	拉薩師范高等專科學校	*
25	提升西藏網络媒体傳播力與文化影響力的策略研究	李炜	西藏民族學院	*
26	敦煌漢藏對音材料語音系統研究	史淑琴	蘭州大學	*
27	藏族翻譯理論批評研究	才項多杰	青海民族大學	*
28	現代藏語書面語語音結構分析	邊巴嘉措	西藏大學	*
29	西藏社會用字現狀調査與规范化對策研究	利格吉	西藏大學	*
30	西藏全面貫徹黨的宗教工作基本方針的實踐研究	潘建生	中共西藏自治區委員會黨校	*
31	甘青藏區漢傳佛教與漢藏文化交流	陳改玲	西北民族大學	*
32	藏傳佛教生死觀的歷史演進與生命教育的現實意義	罡拉卓瑪	青海省社會科學院	*
33	藏傳佛教與建設藏區和諧社會研究	楊永紅	西藏自治區社會科學院	*
34	藏族宗教與環境保護關系研究	桑吉扎西	甘肅民族師范學院	*

2013년 시짱항목과 관련하여 선정된 과제는 34편이다. 그리고 전체 34과제 중에서 연구책임자가 티베트인인 경우는 9과제이고, 연구책임 단위가 티베트와 직접 관련된 기관은 10가(家)나 되었다. 2013년 확보한 자료상에서 연구 결과물의 형태나 연구 기간의 시효는 파악되지 않았다.

V. 결론

2012년 8월 2~5일까지, '제5차 베이징장학회[北京藏學會]'가 베이징에서 열렸다. 여기에는 쓰촨대학 장학연구소의 스쉬 교수와 양밍홍 교수 그리고 서부대개발 프로젝트의 초빙교수인 Andreas Gruschke 박사 등이 참여하였다.[18] 스쉬 교수는 이 회의에서 티베트의 역사에 대하여 강연하였고, Gruschke 박사는 「시짱과 4성장구의 발전, 지속 가능성과 민생 보장[西藏和四省藏區的發展, 可持續性和民生保障]」을 발표하였다. 이 외에도 쓰촨대학 법학원의 저우웨이[周偉] 교수, 종교연구소의 주리웨[朱莉越] 교수, 중국장학연구소의 옌칭[延清], 천보[陳波] 부교수 등이 회의에 참석하였다. 전체적인 회의 주제는 '시짱 사회변천과 국제장학 발전 추세[西藏社會變遷與國際藏學發展趋勢]'였고 일본, 몽골, 인도, 영국, 프랑스, 이탈리아, 헝가리, 스위스, 독일, 미국, 호주 등 전 세계 21개 국가 267명의 티베트 연구자들이 참여하였다. 이 중 중국 학자는 191명, 홍콩과 대만 학자는 10명, 기타 국가 학자는 76명이었다. 회의는 4일 동안 티베트의 역사, 고고(考古)와 예술, 종교[梵文과 因明], 당대 정치(當代政治), 장의약(藏醫藥), 문화와 예술, 언어와 기술 등 다양한 섹션으로 나뉘어 진행되었다. 또한 회의 기간에는 시짱도서전람[藏學圖書展覽], 시짱문화박물관[西藏文化博物館], 티베트 영상물 상영, 장의약 등의 장르별 소개를 통하여 티베트 홍보도 진행되었다.

'베이징장학회'의 주제는 최근 티베트 연구의 경향과 그 성격을 가늠할 수 있는 한 예가 될 수 있다. 즉 최근 중국 내 장학계(藏學界)는 현대화 이후 '티베트 사회의 발전과 변화'에 관하여 관심이 많고 그에 상응하는 연구 내용이 주류를 이루고 있다.

---

18 2012년 9월 18일. http://www.zangx.com/cms 참조.

보도에 따르면, 시짱자치구 산남(山南)지역은 2008년 '국가급 비물질 문화유산(非物質文化遺産)'에 등록되었다. 이는 그동안 낙후되고 사회발전이 거의 안 된 상태에서 비로소 벗어났다는 의미인데, 여기에는 중국국가사회과학기금항목의 지원을 받은 '시짱인구교소민족 비물질 문화유산 보호 연구[西藏人口較少民族非物質文化遺産保護硏究]'라는 프로젝트의 영향이 컸다.[19] 또한 이 지역은 최근 시짱철학사회과학원[西藏哲學社會科學院]의 지원 대상으로도 선정되었다. 여기에는 시짱민족학원의 마샤오옌[馬小燕] 박사가 중심적인 역할을 한 것으로 보인다. 그녀가 2005년부터 이 지역을 주목하고, 경제·문화·사회적으로 타 지역에 비해 매우 낙후돼 있는 이 지역에 국가의 지원이 절실함을 깨닫고 국가사회과학기금의 프로젝트 원조를 요청한 것이다. 또한 최근 마샤오옌 박사는 먼바족[门巴族], 뤄바족[珞巴族] 등지의 낙후된 티베트 지역을 수차례 고찰하고 그 결과물로 「시짱 먼바족, 뤄바족 비물질 문화유산 보호 정황[西藏门巴族, 珞巴族非物質文化遺産保護情况]」이라는 보고서를 작성하였다. 그리고 이 지역을 배경으로 〈시짱 4인행[西藏四人行]〉이라는 다큐 영상물을 제작하는 한편 해당 지역의 유물과 유산을 정리하여 학계의 주목을 받았다. 마샤오옌 박사가 이 지역에 대한 연구 성과의 실증성을 인정받은 중요한 이유 중 하나는 현지 티베트인들[格桑元旦, 嘎桑次仁][20]과 유기적인 조합을 이루어 해당 지역 토속 언어[康區方言]를 사용하여 문헌을 채집하고 기록, 편집하는 등 입체적인 연구 성과물을 구축하였기 때문이다. 그런데 이러한 실증적인 작업은 최근 서방의 티베트학자들이 주목하고 있는 티베트 목축사회에 대한 주관적 입장을 정면으로 반박

19 『光明日報』 2013년 9월 4일자 참조.

20 이들은 모두 시짱자치구 나취[那曲]지역의 티베트 대학생으로서 프로젝트 참여를 자원하여 열정적으로 일하였다. 格桑元旦은 위장(衛藏)지역의 방언을 도맡았고 嘎桑次仁은 촬영과 채집 정리를 맡았다.

하기 위한 측면이 있다는 견해도 제기된다. 즉 최근 서방의 티베트 연구자들이 제시하고 있는 티베트 권역의 개방화, 현대화 이후 '티베트 목축지역 전통문화의 위기론'의 관점에 대한 방어적 견해를 제시하기 위함이라는 것이다.

이와 비슷한 경향의 연구 주제는 또 있다. 2012년 티베트 산남지역 출신인 바이마춰[白瑪措]는 해외에서 경제와 생태의 관계 연구로 박사학위를 취득하고 돌아와 '인류학 시야의 시짱 향토문화 및 그 현대 의의[人類學視野的西藏鄉土文化及其現代意義]'란 주제로 국가사회과학기금 지원 대상으로 선정되었다. 이 연구과제의 목표는 티베트 목축지역[牧區]이 개방의 환경 속에서 향토적 전통과 문화를 어떻게 유지하고 지속성을 확보할 것인가를 인류학적 관점에서 접근하는 것이다. 상하이[上海]대학 장이농[張亦農] 교수 역시 2012년 국가사회과학기금의 지원을 받은 '유목정거와 종교신앙의 인류학 연구: 암도의 사례[游牧定居與宗教信仰的人類學研究: 以安多藏區爲例]' 연구항목의 책임자다. 이 연구 또한 티베트 유목지역과 종교의 관련성을 인류학적 방법으로 살펴본 것이다.

단편적이지만 이상에서 살핀 최근 소식과 경향은 기존에 없었던 새로운 학술적 분위기와 의미를 가지고 있다. 첫 번째는 기존의 티베트 연구 인력이 아닌 신흥전문가의 출현을 볼 수 있다. 즉 학술적 경험과 노하우를 축적한 베이징과 쓰촨의 저명한 학자들이 아닌 티베트 출신 연구자들이 나타나고 있다는 점이다. 두 번째는 상술의 젊은 신진 학자들[張亦農, 白瑪措, 馬小燕]이 외국에서 민족학, 인류학, 생태학 등 선진 공부를 마치고 돌아와 본토에서 자신의 학문을 접목하는 현상이 나타나고 있다는 점이다. 여기에 부응하듯 국가사회과학기금은 이러한 해외 유학파 연구자와 신흥 연구 주제에 최대한 지원하고 있다. 이에 발맞추어 최근 시짱대학[西藏大學]은 초모랑마봉학자 배양프로그램[珠峰學者培養計劃]을 진행하고 있는데 이는 주로 젊은 티베트학자들을 배양하기 위한 프로그램으로 짐작된다. 시짱사회과학원 역시 자체적으로 국제장학연구

센터[國際藏學的研究中心]를 만들고 있으며 시짱민족학원은 이미 시짱문화 전승 발전 협동창신센터[西藏文化傳承發展協同創新中心]를 갖추었다. 이는 실력이 출중한 티베트 연구 인재 양성소를 만들기 위함이며 동시에 학술배경이 다르더라도 능력과 적합한 연구 주제만 있으면 기회를 주어 티베트 연구를 장려하겠다는 학문 후속세대 양성 프로그램이라고 볼 수 있다.

이상에서 확인할 수 있듯이, 최근 시짱항목의 진행 상황을 파악해보면 다음과 같은 동향과 실태를 감지할 수 있다. 우선 티베트자치구, 즉 시짱 권역에서 살아온 티베트인들이 이제는 스스로 주체가 되어 한족의 학술적 연구에 협조하거나 개인적으로 연구함으로써 시짱항목의 연구가 기왕의 것보다 좀 더 실증적이며 입체적으로 변하고 있다는 느낌을 받았다. 여기에는 장점과 단점이 동시에 공존한다. 전자는 티베트인 출신이라는 배경을 가지고 중국 내에서 또는 유학을 거쳐 연구책임자로 성장하였을 때 한족보다는 연구 선정에 유리할 수도 있다는 점이다. 언어나 현장경험에 강하고 실증적 연구가 가능하여 주관하는 기관도 이를 무시할 수 없기 때문이다. 하지만 선정을 주관하는 기관이나 정부의 이론에 부합하는 주제나 내용이어야 하므로 객관성과 다양성의 측면에서 볼 때, 이는 단점으로 작용할 수도 있다. 그 다음으로 시짱항목에 대한 연구지원금이나 관련 부서의 확충을 확인할 수 있다. 이는 본문에서도 언급한 바, 티베트 학문 후속세대의 가능성을 열어 둔다는 개방적이면서 장기적 전략으로 볼 수 있다. 따라서 이러한 경향을 인정한다면 향후에도 시짱항목의 지원과 유관 연구소들의 글로벌 프로그램은 지속되고 확대될 것이라 판단된다. 하지만 이는 티베트의 독립 요구나 분신 혹은 간헐적인 폭동과는 전혀 별개의 차원에서 진행되는 것이다. 이와 관련하여 우리는 최근까지도 외부의 시선이 갖는 주관적 경향으로 간헐적으로 발생하는 티베트 소요와 폭동 혹은 분신이 갖는 어떤 파급력과 영향력에 무게를 두고 주시하고 있는데 냉정한

안목과 판단이 요구된다. 이미 부인할 수 없는 객관적 환경, 즉 중국은 이미 국제적으로나 내부적으로 중국 변강, 그 중에서도 티베트에 대한 전반적 통합을 이미 완성하였다는 사실과 앞으로도 티베트의 정치적, 영토적, 민족적 이탈을 좌시하지 않을 것이라는 점을 직시해야 한다. 예를 들어 이미 베이징에서 라싸까지 개통된 칭짱열차는 티베트를 일일 생활권으로 끌어들였고 현재 추진되고 있는 시짱항목에 대한 다양한 학술적 지원은 이미 본토 티베트인과 한족 학자의 유기적 결합의 형태로도 나타나고 있다. 티베트가 향후 과거로의 낭만적인 리턴이 불가능한 이유 중 하나도 바로 여기에 있다.

북강항목의 실태와 추진 현황

I. 서론

II. 북강항목의 추진 배경

III. 북강항목의 추진 경과

IV. 북강항목 성과 및 내용 분석

V. 결론 –북강항목의 영향 및 평가

이평래(李平來)

몽골사 / 한국외국어대학교 중앙아시아연구소 연구교수

『몽골의 역사』(2009, 동북아역사재단), 「20세기 전기 한국지식인들의 몽골 인식 1: 과거, 현재, 미래에 대한 평가와 전망」(2012, 『중앙아시아연구』 17-2), 「전근대 몽골 법전에 등장하는 생태 보호법의 분석: 공동체 유지 기능과 관련하여」(2013, 『동양사학연구』 123), 「20세기 전기 한국지식인들의 몽골 인식 3: 몽골과 몽골문화에 대한 오해와 편견을 중심으로」(2014, 『아시아문화연구』 35) 등.

이평래 | 한국외국어대학교

북강항목의 실태와 추진 현황

I. 서론

이 연구는 이른바 '북강항목'[1]의 실태와 성과를 종합적으로 분석하고 평가하는 데 목적을 두고 있다.

북강항목은 '동북공정(東北工程)', '신장항목[新疆項目]', '서남항목(西南項目)'에 이어 추진되고 있는 국가 주도의 대형 변강 연구 사업이다. 북강항목은 2010년 1월 전국철학사회과학규획판공실(全國哲學社會科學規劃辦公室)의 비준을 거쳐 국가사과기금특별항목(國家社科基金特別項目)으로 지정받고, 그 해 말부터 연구

1 북강항목의 공식 명칭은 자료마다 조금씩 다르게 나타난다. 이 항목의 주관기관의 하나인 中國邊疆史地研究中心(이하 '사지중심'이라 약칭)의 항목 소개란에는 "北部邊疆歷史與現狀綜合研究"(簡稱 北疆項目)로 되어 있지만, 또 다른 주관기관인 內蒙古自治區社會科學院(이하 '자치구 사과원'이라 약칭)의 관련 문건 및 기타 자료에는 "北部邊疆歷史與現狀研究"項目 또는 "北部邊疆歷史與現狀研究" 등으로 되어 있다. 심지어 초기 문건에는 "北部邊疆歷史與現狀研究"(簡稱 "北疆工程")라 쓰고 있는 경우도 있다. 이하에서는 북강항목으로 통일한다.

자 공모를 시작하여 현재 진행 중인 사업이다.[2] 따라서 현 단계에서 북강항목의 전모를 파악하는 데는 여러 가지 어려움이 있다. 사업의 결과가 아직 온전히 나오지 않은 것이 가장 큰 이유일 것이다. 여기에 동북공정 이후 국가급 대형 변강 연구 사업이 한국을 비롯한 인접국의 반발을 사면서 연구와 관련한 제반 사항을 비공개로 진행한 결과 그 과정과 내용을 파악하기가 쉽지 않다.

이 글은 이러한 점을 감안하여 입수 가능한 자료와 입수 가능한 성과를 토대로 북강항목의 성격과 실태와 그 내용을 살펴보려 한다. 먼저 북강항목이 추진된 배경을 살펴볼 것이다. 다음에는 이 항목이 어떤 과정을 거쳐 추진되었는지 그 경과를 살펴볼 것이다. 이어 북강항목의 성과와 내용을 가능한 범위에서 살펴볼 것이다. 마지막으로 현재까지의 결과물을 토대로 북강항목에 대한 중간평가를 시도해볼 것이다.

Ⅱ. 북강항목의 추진 배경

주지하듯이 중국은 여러 나라와 국경을 맞대고 있고 민족 구성이 매우 복잡하다. 따라서 국가의 안위를 위해서는 변경의 안정과 제민족의 화합이 필수적이

2 사업기간은 2010년부터 2014년까지 5년이고, 연구는 연구계열, 당안문헌정리계열, 번역(및 데이터베이스)계열 등 3개 분야로 나뉘어 진행된다. 이 항목을 주도하는 북강항목 領導小組 판공실은 사지중심과 자치구 사과원 두 곳에 두고 있지만 업무는 자치구 사과원 판공실에서 합동 처리한다. 이 항목의 형식상 최고 책임자는 內蒙古自治區 黨委常務委員 겸 선전부장 올랑[烏蘭]이다. 이에 대해서는 趙延花(2012), 『達斡爾族散文研究』, 呼和浩特: 內蒙古大學出版社, 總序; http://nmgshkxy.nmgnews.com.cn/system/2010/12/30/010541706.shtml, 〈北部邊疆歷史與現狀研究〉項目課題招標啓事(2013년 10월 13일 검색) 등 참고.

라 할 수 있다. 이것이 5대 육지 변강 연구사업이라 일컬어지는 동북공정, 신장항목, 서남항목 그리고 2010년부터 수행 중인 '시짱항목[西藏項目]'과 북강항목의 공통적인 추진 배경일 것이다.

이와 관련하여 필자가 주목하는 것은, 이들 5대 변강 연구 사업이 유사한 배경하에 추진된 것은 분명하지만 각 사업이 시작된 직접적인 동기와 주안점은 달랐을 거라는 점이다. 예를 들면 동북공정은 한국과 북한의 존재, 개혁개방 이후 동북지역 조선족의 잦은 한국 방문과 이주, 한국학자와 일반인들의 동북지방 소재 고구려 및 기타 한국사 관련 유적지 방문과 언론보도 등이 사업 수행의 직접적인 계기가 되었다고 볼 수 있다. 반면에 신장항목의 경우 제한적이지만 개혁개방 이후 이 지역 거주민들에 대한 정치 및 종교적 자유가 주어지고, 외국인들의 방문이 많아졌으며, 개발 이익이 대부분 외지인에게 돌아간다는 일반적인 설명 외에, 1990년 이후 인접한 중앙아시아 5개 국가의 독립, 중국과 이들 지역 간의 교류 확대, 9·11 테러 이후 강대국 군사기지가 된 중앙아시아 국가들의 상황 등이 직접적인 동기가 되었을 가능성이 있다.[3] 시짱항목 또한 개발 이익 분배 및 환경 파괴라는 공통점 외에, 근거가 있든 없든 인도에 있는 망명정부와 티베트 독립의 주장 등이 이 항목 추진의 직접적인 계기가 되었을 것이다.

내몽골자치구[內蒙古自治區](이하 '자치구'로 약칭)는 민족 문제라는 측면에서 신장

3 현재 新疆에는 중앙아시아 국가들과 똑같이 이슬람교를 신봉하는 투르크계 민족들이 다수를 점한다. 주요 민족인 위구르족 외에 카자흐족의 경우 151만 4814명으로 전체 인구의 7.02%(2009년 통계)를 점한다. http://en.wikipedia.org/wiki/Xinjiang(2013년 10월 19일 검색). 또한 널리 알려진 대로 중국 정부는 9·11 테러 이후 미국이 아프간 등지에서 전개한 대테러작전에 편승하여 新疆의 민족주의자들을 탄압하는 데 적극 활용하였다. 이 문제에 대한 자세한 사항은 제임스 A 밀워드 지음, 김찬영·이광태 옮김(2013), 『신장의 역사』, 사계절, 400~486쪽, 특히 2000년대 이후 상황은 457쪽 이하 참고.

이나 시짱에 비하여 안정되어 있다. 이곳은 일찍부터 한인(漢人) 농민의 이주로 한화(漢化)가 진행되었고 그 결과로 한인 인구가 절대다수를 점한다.[4] 문제는 자치구 북쪽에 있는 몽골국의 존재다. 사회주의 시절 몽골인민공화국은 일관되게 친소(親蘇) 정책을 고수하고, 중국과는 사실상 불편한 관계를 유지하였다. 당시 몽골 주둔 소련군과 군사기지가 인민중국의 안위에 직접적인 위협이 되었음은 말할 필요가 없을 것이다.[5] 1991년 말 소련의 붕괴와 소련군의 철군 그리고 1992년 몽골의 체제 전환으로 이러한 위협은 사라졌지만, 이제는 미국, 일본, 유럽 등 서방세력이 제3의 이웃으로서 몽골의 대외정책에 크고 작은 영향을 미치고 있다.[6] 여기에 최근에는 러시아가 과거의 친선관계를 내세워 적극적인 대몽골 정책을 추진하면서 몽골을 둘러싼 국제관계가 더욱 복잡해졌다.

한편 몽-중 관계는 1911년 몽골의 독립선언 이후 어떻게 보면 현재까지 매우 모호한 상태로 남아 있다고 하는 것이 정확할 것이다. 형식적으로 국민정부 시절 중국은 몽골인민공화국을 승인하고, 1949년 인민정부 수립 이후 양국 사이에 공식적인 국교가 수립되었지만, 중국은 소련을 통하여 끊임없이 몽골 접수를 시도하였다.[7] 이처럼 어정쩡한 상황에서 몽골의 체제 전환이 이

4 2010년 현재 자치구의 전체 인구(2470만 6321명) 중 한인이 1965만 687명으로 79.5%, 몽골족이 422만 6093명으로 17.1%를 차지한다. http://en.wikipedia.org/wiki/Inner_Mongolia(2013년 10월 19일 검색).

5 Shirin Akiner, eds.(1991), *Mongolia Today*, Kegan Paul Internatinal: London and New York, pp.136~154.

6 체제 전환 이후 몽골 외교 정책의 기저는 전통적인 이웃인 러시아와 중국 외에 기타 나라들과 교류한다는 '제3의 이웃(third neighbors) 정책'이다. 제3의 이웃은 미국, 일본, 한국, 캐나다, 유럽 국가들인데, 이들을 통하여 남북의 강대국 영향으로부터 벗어나고자 하는 정책이다.

7 이에 대해서는 이평래(2012), 「몽골과 중국의 다리강가 領有權 분쟁」, 『동북아역사논총』 37호, 307~311쪽 참고.

루어지고 소련(러시아)의 영향력이 감소하면서 새로운 중-몽관계의 수립이 요구되었다. 예컨대 체제 전환기의 경제적 어려움은 중국의 몽골 진출에 결정적 기회를 제공하였고 현재 몽골국의 수출입 모든 부문에서 중국이 가장 큰 무역 상대국으로 몽골의 대중국 의존도가 날로 심화되는 상황이다. 특히 몽골국의 주요 수출품인 석탄을 비롯한 자연자원은 중국이 거의 싹쓸이한다고 할 정도로 중국 기업의 진출이 두드러진다.[8] 몽골의 대표적인 전략 문제 전문가인 하이산다이는 향후 중국의 경제 진출이 몽골의 안보를 심각하게 위협할 수 있으며,[9] 중국의 경제 확장이 몽골에 대한 점진적인 흡수를 목적으로 한다[10]고 이야기할 만큼 경제적 예속도가 심화되고 있는 것이 현재 몽골국 상황이다.

1990년대 이후 20세기 몽골의 독립을 러시아와 소련의 사주에 의한 것으로 비판하는 책과 논문이 눈에 띄게 많이 발표된 것[11]도 중국의 대몽골 진출과 밀접한 관련이 있다. 사실 몽골국이 현재와 같이 독립국으로 남게 된 계기는 1911년 말 독립선언인데, 최근 정부 지원으로 20세기 초기에서 1940년대에 이르는 시기의 중-몽관계, 중-소관계 및 3국 관계에 대한 연구가 집중적

8 이에 대해서는 이재영·이평래·윤익중·이시영·S. Avirmed(2011), 『몽골의 광물자원 현황과 한국의 진출방안』, 대외경제정책연구원, 91~104쪽 참고.

9 L. Khaisandai, "Issues in Ensuring Mongolia's economic security and cooperation on the Rise of China", *2011 NAHF-MAS Forum, Globalization and Korea-Mongolia Cooperation*, June. 22-23, 2011, pp. 31~34.

10 http://www.riss.ru/index.php/analitika/1043-k-itogam-ocherednogo-foruma-quot-rossiya-kitay-i-mongoliya-vmeste-navstrechu-vyzovam-sovremennosti-quot, K itogam ocherednogo foruma "Rossiia, Kitai i Mongoliia: vmeste navstrechu vyzovam sovremennosti" 15.06.2011(2013년 10월 25일 검색).

11 대표적으로 師博(1993), 『外蒙古獨立內幕』, 北京: 人民中國出版社를 들 수 있다. '中華北疆-外蒙古'가 어떻게 하여 러시아와 소련의 사주로 중국에서 떨어져나갔는가를 시기에 따라 정리하고 향후 '中蒙關係'에 대한 저자의 생각을 정리한 책이다. 연구서는 아니지만 이 책은 20세기 몽골사 전체를 부정한 것으로 출간 직후 몽골 정부가 중국에 공식적으로 항의할 정도로 외교 문제로까지 비화된 책이다.

으로 이루어지고 있는 것도 우연으로 보기는 어렵다.[12] 2012년 11월 2일에 공지된 이 항목 연구자 공모 주제(다음 절의 〈표 2〉, 〈표 3〉)가 현재의 몽골국 및 그 지역과 중국의 관계에 관한 것이 많은 것도 이와 관련이 있을 것이다.[13]

이와 관련하여 한 가지 주목되는 것은 2000년대에 들어와 출간된 몽골족 통사의 서문 내용이다. 현재까지 중국의 공식 기관에서 출간된 통사는『몽골족간사[蒙古族簡史]』,[14] 『몽골족통사[蒙古族通史]』(전3권),[15] 『몽골민족통사[蒙古民族通史]』(전 6권)[16] 등이다. 이들 3종의 통사 서문에는 몽골족과 그들의 거주지에 대한 설명이 간략히 서술되어 있는데, 그 내용을 뜯어보면 책의 출판 순서에 따라 약간씩 변화를 보이고 있음이 확인된다. 먼저 1980년대에 출간된『몽골족간사』는 제1장 "몽골족의 기원과 형성"[17]에서 몽골족이 어떤 민족인지를 기술한 다음, 그들의 인구를 소개하면서 자치구와 현재 중국 여러 성(省)에 분산 거주하는 몽골족 현황만 소개한다. 이와 대조적으로『몽골족통사』(2001년 수정판)에서는 서론이라는 항목을 설정하고 내외 몽골을 비롯한 전체 몽골족의 인구, 몽골고원의 지리 환경과 자연 조건을 상당히 자세하게 소개한다.[18]

---

12 대표적으로 樊明方(2012),『中國北部邊疆史若干問題硏究』, 西岸: 西北工業大學出版社를 들 수 있다.

13 예컨대 기초연구 ①논평류의 '蒙古喀爾喀與清朝關係史硏究綜述', ②계열논문류의 '中蒙兩國關係歷史與現狀硏究', ④부락사류의 '喀爾喀史', 응용연구로 ③변강화해와 안정류의 '推動中蒙關係更好發展對策硏究', '蒙古國動態硏究' 등을 들 수 있다. 할하[喀爾喀]는 오늘날 몽골국을 말하니 결국 이 주제들은 현재의 몽골국이나 그들과 중국의 관계 및 몽골국의 동향에 초점을 맞춘 것이라 할 수 있다.

14 『蒙古族簡史』編寫組(1986),『蒙古族簡史』, 呼和浩特: 內蒙古人民出版社.

15 『蒙古族通史』編寫組(2001),『蒙古族通史』, 北京: 民族出版社. 이 책은 1991년에 초판이 출간된 이후 10년이 지나 수정판이 나왔다. 이 글에서는 수정판을 분석자료로 삼았다.

16 이 책은 1991년에『蒙古民族通史』第3卷, 1993년에 第4卷이 나온 후 2002년에 이를 한데 묶어 전6권으로 출간되었다.

17 『蒙古族簡史』編寫組(1986), 위의 책, 1쪽.

18 『蒙古族通史』編寫組(2001), 위의 책, 1~3쪽.

2002년에 출간된 『몽골민족통사』도 서론에서 내외 몽골을 아우르는 몽골고원 전체의 자연환경에 대한 장황한 설명과 함께 그곳에 산재하는 선사시대 주요 유적지까지 친절하게 소개한다.[19]

1980년대 책과 2000년대 책의 이러한 차이는 단순한 서술상의 차이라기보다는 중국학자들의 민족 문제에 대한 인식상의 변화와 관련지어 볼 여지가 충분하다. 결론부터 말하면 『몽골족통사』와 『몽골민족통사』의 서문에서 내외몽골 전체를 소개한 이유는 현재 중국 정부가 실질적으로 지배하고 있는 내몽골뿐 아니라 몽골국에 대해서도 미련을 갖고 있음을 반영한 것으로 볼 수 있다는 뜻이다.[20] 2012년 필자가 간단한 글을 통하여 발표한 칭기즈칸의 중국영웅 만들기도 같은 맥락으로 볼 수 있다. 2004년 중국의 대표적 칭기즈칸 연구자이자 관변학자인 주야오팅[朱耀廷]은 내몽골대학에서 개최된 국제학술회의에서 발표한 논문[21]에서 중화민족 다원일체(多元一體)의 이론에 의거하여 칭기즈칸이 왜 중국인이고, 대몽골국, 즉 몽골제국이 왜 중국의 민족정권인가를 설명하고 있다. 이 논문은 '국적'이라는 구체적인 논제를 설정하여 칭기즈칸의 소속을 이론적으로 정리하였다는 점에서 중요성을 갖는다. 이 논문에서 사례로 든 대로 중국의 대중들이나 국가 공직자들의 칭기즈칸 인식도 이와 다르지 않다.[22]

그렇다고 북강항목 추진 배경을 몽골국의 존재 및 몽-중관계로만 설명하기는 어렵다. 위에서 언급한 것처럼 내몽골의 경우 신장이나 시짱에 비하여

19 『蒙古民族通史』編寫組(2002), 『蒙古民族通史』第1卷, 呼和浩特: 內蒙古大學出版社, 1~10쪽.

20 이에 대해서는 이평래(2008), 「중국 학계의 몽골사 서술 분석」, 『중국학자들의 소수민족 역사 서술』, 동북아역사재단 참고.

21 朱耀廷(2004), 『成吉思汗傳』, 北京: 人民出版社, 586~588쪽에 상세하다.

22 이평래(2012), 「칭기스 칸의 귀환」, 『동북아역사현안』 62호, 6~9쪽.

민족갈등이나 내부 문제가 상대적으로 적지만 개발과 환경 파괴로 인한 분규는 끊임없이 발생하고 있다. 사실상 난개발로 인한 강제성을 띤 생태이민(生態移民)도 그 한 가지이고,[23] 급속한 발전으로 인한 빈부격차, 미개발지역의 소외, 개발이익의 분배 문제, 각종 개발로 인한 목초지 상실 등 이곳 역시 민족통합 문제가 중요한 현안의 하나인 것은 분명하다. 예를 들면 한국을 비롯한 세계 여러 나라 언론에 보도된 것처럼 지난 2011년 자치구 동부의 실링골맹[錫林郭勒盟] 서우젬친기[西烏珠穆沁旗]에서 탄광 개발에 항의하던 메르겐[莫日根]이라는 유목민을 중국인 석탄회사의 운전기사가 차로 치어 죽인 일이 발생하고 이에 항의하는 몽골족의 집회가 이어졌는데,[24] 이와 유사한 충돌은 지금도 자치구 곳곳에서 일어나고 있다.[25]

북강항목은 이상에서 언급한 대내외적인 문제 그리고 장단기적인 정책 입안과 깊은 관련이 있을 것이다. 대외적인 문제는 몽골국과의 관계 및 몽골을 둘러싼 국제관계를, 대내적인 문제는 자치구의 안정을 말한다. 전자가 장기적인 전망을 갖고 추진해야 할 사항이라면, 후자는 당장 실현해야 할 화급한 현

23 생태이민은 초원의 사막화 문제 때문이다. 사막화가 중국인들이 말한 대로 유목민들의 과도한 유목 때문인가, 아니면 몽골인들이 말한 대로 난개발 때문인가 하는 문제가 있지만, 內蒙古 초원의 사막화는 중국은 물론 세계 많은 학자들의 관심 대상이다. 이 문제에 대한 최근 논의와 이에 대한 비판적 검토 및 현대 몽골의 환경 문제에 관한 전반적인 상황은 萩原守(2009),『體感するモンゴル現代史』, 明石: 南船北馬社, 379~398쪽에 잘 정리되어 있다.

24 http://www.smhric.org/jap_135.htm, モンゴル牧民が中國人の石炭トラックに轢き殺された/2011.5.19/(2013년 10월 19일 검색).

25 http://www.smhric.org/jap_151.htm, モンゴル人牧民が漢人との衝突で重傷/2013.5.20/(2013년 10월 19일 검색); http://www.smhric.org/RFA-netizens-punished.pdf, Mongolian Netizens "Punished" for Chinese Resettlement Complaints/2013. 8. 12/(2013년 10월 19일 검색); http://www.smhric.org/RFA-herder-beaten-to-death.pdf, Inner Mongolian Herder Beaten to Death in Land Clash/2013. 8.23/(2013년 10월 14일 검색).

안이다. 이 항목을 소개하는 각종 소개 글도 필자의 이러한 생각을 뒷받침한다. 자치구 사과원,[26] 사지중심,[27] 북강항목 연구자 공모의 공지 내용,[28] 북부변강 역사와 현상 연구문고[北部邊疆歷史與現狀硏究文庫] 총서(總序)[29]의 북강항목에 대한 소개 글 등을 종합하면 이 연구의 추진 배경은 ①북강의 안정, ②북강지구(자치구)의 사회 안정 및 민족 단결, ③변강의 역사와 현상 연구의 체계화로 요약된다.

첫 번째 배경과 관련해서는 몽골국 및 러시아와 긴 국경을 하고 있고 동북아의 문호인 북강, 즉 자치구는 국가전략 방어의 최전선이자 생태의 방어막이기 때문에, 북부변강의 안정은 곧 국가의 안위와 현대화 건설에 중요한 전략적 의미를 갖는다는 점을 강조한다. 두 번째 배경과 관련해서는 근년 내몽골 지역의 경제 및 사회 발전이 눈에 띌 만하지만, 동시에 자치구 내 각 지역 사이의 격차, 인구와 자원 및 환경의 압박, 취업, 교육, 치안 등 각종 문제가 많은데다 내지(內地)와 비교하면 이러한 문제들이 종교, 민족, 변경 사무 등과 복잡하게 얽혀 있기 때문에 이를 시급하게 해결할 필요가 있음을 지적한다. 세 번째 배경과 관련해서는 이 항목이 이미 종결된 동북공정, 신장항목, 서남항목에 이은 중대한 변강 연구 사업임을 말하고 그 목적이 자국 변강의 역사와 현상 연구를 체계화시키는 데 있다는 점을 강조한다. 특히 그 동안 분산적으로 추진된 변강 연구를 종합하고 이전과 다른 시각에서의 연구가 필요함을 강

26 http://nmgshkxy.nmgnews.com.cn/system/2010/03/22/010402606.shtml, 我院同中國社會科學院邊疆史地硏究中心合作項目"北疆工程"被批准立項(2013년 10월 14일 검색).

27 http://bjzx.cass.cn/news/129978.htm, 北疆項目介所(2013년 10월 14일 검색).

28 http://nmgshkxy.nmgnews.com.cn/system/2010/12/30/010541706.shtml, 〈北部邊疆歷史與現狀硏究〉項目課題招標啓事(2013년 10월 14일 검색).

29 趙延花(2012), 앞의 책, 總序.

조한다.

이는 곧 앞에서 제기한 문제와도 일치하는데 상기한 북부변강 역사와 현상 연구문고 총서에 제시된 연구항목을 보면 이 점이 더욱 분명하게 드러난다. 즉 총서를 쓴 올랑은 이 항목에 이미 편입된 주제로서 '몽골고원 유목문명과 초원문화의 황허[黃河]문화 및 창장[長江]문화의 관계', '중국의 통일적 다민족 국가 북강의 발전 과정', '내몽골 민족분포와 행정구획 변천 연구', '몽골부락 발전사', '북강 민족의 역사와 현상 연구', '내몽골 문화유산 보호와 개발', '내몽골 경제사회 발전 조사연구', '북부변강의 생태환경과 지속가능한 발전 연구', '중-몽(中蒙) 국가관계 연구(1949~2009)' 등을 들고 있는데, 이들은 위에서 제시한 3가지 추진 배경에 정확히 부합하는 주제다.

Ⅲ. 북강항목의 추진 경과

중국의 모든 학술사업이 그렇듯 '북강항목' 역시 어떻게 시작되었는지 그 경위를 파악하기가 쉽지 않다. 사지중심에 소개된 북강항목 소개 글에는 이 항목이 2010년 1월 전국사회과학규획판공실의 비준을 거쳐 정식 항목으로 입항(立項)되고, 사과기금특별항목에 편입되어 5년간 연구를 진행한다[30]고 나와 있다. 또 다른 자료를 보면 이 항목이 중앙영도(中央領導)의 관심과 많은 전문가 및 학자들의 요청을 받아, 자치구 당위(黨委) 선전부가 중공중앙(中共中央) 선전부에 보고하고, 이를 토대로 전국사회과학규획판공실에서 사회과학기금특별

30 http://bjzx.cass.cn/news/129978.htm, 北疆項目介紹(2013년 10월 19일 검색).

항목 "북부변강 역사와 현상 연구[北部邊疆歷史與現狀研究]"를 하달하였다[31]고 되어 있다. 따라서 이 항목은 정확한 시기는 특정하기 어렵지만 중앙정부 고위층과 전문가들의 논의를 거친 후, 그 내용이 자치구 당위 선전부를 거쳐 중공중앙 선전부 및 전국사회과학규획판공실에 차례로 보고 또는 하달되고, 최종적으로 2010년 1월에 공식 과제로 채택되었다고 할 수 있다.

이를 통하여 두 가지 사실을 알 수 있다. 첫째, 이 사업은 형식상 학술연구이지만 중앙영도와 자치구 당위 그리고 중공중앙의 지시에 따라 이루어진 정치적 성격의 사업이라는 점이다. 둘째, 이 사업은 형식상 자치구 당위 선전부의 보고를 중공중앙 선전부가 수용하는 절차를 거쳤지만 실제로는 중앙의 지시로 이루어진 국가 차원의 기획 사업이라는 점이다. 아무튼 이러한 과정을 거쳐 비준된 북강항목은 최초의 발의자로 되어 있는 자치구 당위 선전부가 사지중심과 자치구 사과원에 과제 수행을 요청함으로써 공식 개시되었다고 할 수 있다.

그리고 2010년 3월 22일 이 과제 주관기관의 하나인 자치구 사과원에서는 기관 홈페이지를 통하여 상기의 사실을 공지함과 아울러, 북강항목[32]의 추진 배경과 의의 및 연구항목에 대하여 간략하게 소개하였다. 그리고 자치구 사과원의 공지 이후 중앙 및 자치구 언론매체들이 3월 22~23일에서 4월 초에 일제히 이 사실을 보도함으로써 일반에게 북강항목의 시작이 알려졌다. 보도 내용은 대부분 자치구 사과원의 공지를 그대로 받아쓴 것이고 각 언론사의 논평은 없었다.

31 趙延花(2012), 앞의 책, 總序, 3쪽.

32 무슨 이유인지 모르겠지만 자치구 사과원의 최초 공지에서는 이 사업을 "北部邊疆歷史與現狀研究"(簡稱 "北疆工程")라 쓰고 있고, 당시 언론보도 역시 모두 이렇게 쓰고 있다.

그로부터 며칠 후인 2010년 3월 25일 이 항목의 주무기관 중 하나인 자치구 사과원 2층 회의실에서 북강항목의 준비회의가 열렸다.[33] 자치구 사과원 부원장 마융전[馬永眞]이 주재한 회의에는 과연연구처(科研研究處), 철학과 종교연구소[哲學與宗教研究所], 목구발전연구소(牧區發展研究所), 역사성길사한연구소(歷史成吉思汗研究所), 어언연구소(語言研究所), 문학연구소(文學研究所)의 각 부문 책임자들이 참가하였다. 회의는 과연연구처 처장 진하이[金海]가 북강항목의 필요성, 수행 가능성, 전체 목표, 연구중점, 실행계획 및 조직 방식, 성과 출판 등 몇 방면으로 나누어 이 항목의 개요를 설명한 다음, 참석자들의 의견 청취, 마 부원장의 순으로 진행되었다. 이날 회의는 마 부원장이 마무리 말에서 강조하였듯이 예정된 상급기관 담당자들의 방문을 앞둔 일종의 준비모임이었던 것으로 보인다.

이어 2010년 4월 10~14일에 사지중심의 주임 리성[厲聲]을 단장으로 하는 5인이 내몽골대학, 내몽골사범대학, 내몽골사회과학원, 내몽골당안관(當案館), 내몽골 당위(黨委) 정책연구실(政策研究室) 등 향후 연구를 진행할 기관을 차례로 방문하여 항목과 관련한 문제를 놓고 학술 조사 연구를 실시하였다.[34] 학술 조사 연구는 좌담회 형식으로 진행되었는데, 참가자들이 이른바 「북강항목 역사와 현상 종합연구 항목 논증보고[北疆項目歷史與現狀綜合研究項目論證報告]」[35]라는 문건을 참고하여 항목에 관한 자기의 의견을 개진하는 형식으로 진행되었다. 그 목적은 연구 개시를 앞두고 북강항목의 지남(指南)을 좀 더 과학적이고 정확

33 http://nmgshkxy.nmgnews.com.cn/system/2010/04/01/010409113.shtml, 北疆工程準備工作會議召開(2013년 10월 11일 검색).

34 http://nmgshkxy.nmgnews.com.cn/system/2010/04/19/010419298.shtml, 中國社會科學院 中國邊疆史地研究中心課題調研組來我區調研(2013년 10월 19일 검색).

35 이 보고서는 상급기관에서 마련한 북강항목에 관한 전체적인 계획서로 보이지만 공개되지 않아 구체적인 내용은 알 수가 없다.

하게 연구하여 제정하기 위함이었다. 아마도 사지중심 등 상급기관에서 만든 북강항목 관련 문건을 회람시키고 각계의 의견을 청취하여 이 항목의 최종 지남을 만들려 했던 것으로 보인다. 참고로 자치구 사과원의 경우 2010년 4월 12일 오전과 오후에 기초연구 분야와 응용연구 분야로 나누어 조사 연구가 진행되었다.

이러한 준비를 거쳐 동년 8월 23일 자치구 성도(省都) 후허하오터[呼和浩特]에서 북강항목 영도소조(領導小組) 회의와 항목의 개시 기념식이 거행되었다.[36] 이 기념식에서는 북강항목의 사실상 총책임자인 자치구 당위 상위(常委) 겸 선전부장 올랑[37]이 당해 연구의 필요성과 중요성을 정치, 경제 및 사회발전 측면에서 강조하는 연설을 하고, 이어 북강항목 공작조(工作組)의 당해 항목의 준비 과정과 시행체제에 대한 보고가 있었으며, 끝으로 북강항목 영도소조 구성원의 명단, 항목의 실시 방안, 과제의 관리 방법 및 경비조달 방법 등 연구와 관련한 주요 사안을 확정하였다. 참고로 이 기념식에는 올랑을 비롯하여 사지중심의 당위 서기 싱광청[邢廣程], 주임 리성, 중국사회과학원(中國社會科學院) 과연(科硏) 부국장 창왕정[長王正], 내몽골 당위 상무부부장 저우춘제[周純杰], 내몽골 당위 선전부 부부장, 내몽골사회과학원 당위 서기, 원장 우퇀잉[吳團英], 내몽골대학 당위 서기 류리화[劉麗華], 내몽골사범대학 총장 양이장[楊一江], 내몽골사회과학원 부원장 마융전, 안젠뤄[安建洛] 등 관련 기관 책임자들이 대거 참

36 http://nmgshkxy.nmgnews.com.cn/system/2010/09/06/010497511.shtml, 〈北部邊疆歷史與現狀硏究〉項目正式啓動((2013년 10월 12일 검색).

37 北部邊疆歷史與現狀硏究文庫 總序에 의하면 올랑은 북강항목 領導小組 組長을 맡고 있다. 북강항목의 지원으로 2012년 內蒙古大學出版社에서 당해 문고 명의로 『達斡爾族散文硏究』 『達斡爾族小說硏究』 『達斡爾族報告文學戲劇文學硏究』 『達斡爾族詩歌硏究』 등 총 4권이 출간되었다. 이에 대해서는 4절 실태 부분에서 재론할 것이다.

석하였다.[38]

상기한 모든 준비를 마친 다음 2010년 12월 20일에 첫 번째 연구자를 공모하였다. 이 공모는 전국의 연구자 및 전문가들을 대상으로 한 것이며, 〈표 1〉에서 보듯이 분야·성과 형식, 기간, 금액, 연구 결과물 처리에 관한 제반 규정을 담고 있다.

〈표 1〉[39]

<table>
<tr><th>분야/성과 형식</th><th>과제 명칭</th><th>기간</th><th>금액</th><th>결과물</th></tr>
<tr><td rowspan="9">(1)基礎研究課題系列(專著)</td><td>近百年來內蒙古民族教育史研究</td><td rowspan="9">2010년 12월 ~2012년 12월</td><td rowspan="9">과제당 8만~12만 위안</td><td rowspan="9">심사 후 출간(領導小組 출판 경비 지원)</td></tr>
<tr><td>20世紀內蒙古文學研究</td></tr>
<tr><td>歷代北部邊疆政策研究</td></tr>
<tr><td>北部邊疆與周邊關係史研究</td></tr>
<tr><td>近現代國際視野中的內蒙古</td></tr>
<tr><td>蒙古族軍事史</td></tr>
<tr><td>蒙古草原移民史</td></tr>
<tr><td>清代北疆軍府制度研究</td></tr>
<tr><td>蒙古部落史(每個部落撰辭一部部落史)</td></tr>
<tr><td rowspan="4">(2)內蒙古經濟社會發展與穩定專題調研(研究報告)</td><td>畜牧業經濟傳統保護與政府投入及扶持關係調研</td><td rowspan="4">2010년 12월 ~2011년 12월</td><td rowspan="4">과제당 2만 위안</td><td rowspan="4">불명</td></tr>
<tr><td>內蒙古民族特色非物質文化遺產的立法保護研究</td></tr>
<tr><td>中蒙政治興經貿關係研究</td></tr>
<tr><td>中俄政治興經貿關係研究</td></tr>
</table>

38 무슨 이유인지는 모르겠지만 상기 문고의 총서(3쪽)에는 북강항목 개시 일시를 2010년 10월로 적고 있다. 추측컨대 8월 23일 기념식을 갖고 준비를 마친 후 문서상으로 10월부터 공식 업무가 시작된 것이 아닌가 한다.

39 http://nmgshkxy.nmgnews.com.cn/system/2010/12/30/010541706.shtml, 〈北部邊疆歷史與現狀研究〉項目課題招標啓事(2013년 10월 13일 검색) 등 참고.

이들 주제의 성격에 대한 분석은 뒤로 미루고 여기서는 표에 대한 간략한 해설에 그친다. 우선 첫 번째 연구 과제는 북강항목의 주요 연구분야인 ①연구계열, ②당안문헌 정리계열, ③번역(및 데이터베이스 구축) 중 연구계열 분야만 공모하였음을 알 수 있다. 항목 (1)이 기초연구이기 때문에 (2)는 주제로 보아 일종의 응용연구인 셈이다.[40] 또한 전자가 역사 및 문학 관련 연구라면, 후자는 정치 및 경제와 관련한 실용적인 연구이다. 전자의 경우 엄정한 심사를 거쳐 기준을 충족하면 출판경비를 지원하여 출간하는 것을 원칙으로 하지만, 후자에 대해서는 그냥 보고서만 내는 것인지 아니면 학술지에 게재하는지에 대한 아무런 언급이 없다.

북강항목의 실질적인 담당기관인 자치구 사과원은 2010년 당해 원의 10대 사건의 첫 번째로 북강항목의 개시를 들고 있는데,[41] 그 후 일련의 행사 때마다 이 항목의 중요성을 강조하였다. 이는 1차적으로 자치구 사과원이 북강항목의 주요 담당기관이라는 데 기인하지만 원의 입장에서 보면 이 항목이 '초원문화공정(草原文化工程)'[42] 이후 최대의 국가급 연구 사업이라는 점도 크게 작

40 위에서 언급한 〈北部邊疆歷史與現狀研究文庫〉 總序에는 연구계열에 기초연구, 응용연구, 사회조사 등 3가지 연구가 포함된다고 하였다. 이 기준에 따르면 (2)는 응용연구 또는 사회조사에 해당한다고 할 수 있다.

41 http://nmgshkxy.nmgnews.com.cn/system/2011/01/06/010543827.shtml, 內蒙古社會科學院2010年十件大事(2013년 10월 12일 검색).

42 자치구 사과원이 주관하는 10년 기한의 국가급 대형 연구 사업으로 2004년 7월 12일에 정식 시작되었다. 제1기 공정(2004~2007년)과 제2기 공정(2008~2011년)을 종료하고, 현재 제3기 공정(2012~2014년)이 진행 중이다. 관련 문건에는 북방 초원문화의 문화적 의미를 연구하고, 그것의 현대적 의미를 조명하고, 초원문화학과를 개설하고 인재를 양성한다는 등 여러 가지 사업목표가 보이지만 가장 중요한 것은 북방의 초원문화가 중원문화의 중요한 한 요소임을 실증하는 것이다. 매년 100만 위안(1기 총 400만 위안, 제2기와 제3기 총 600만 위안)을 투입하여 『초원문화총서』를 발간하고, '초원문화연토회'를 개최하는 등 각종 사업을 벌이고 있다. 연구분야는 고고학에서 馬 문화, 음식문화, 복식문화 등 민속학과 구비문학에서 칭기즈칸 등 인물 연구에 이르기까지 이른바 문화

용하였을 것이다.

이유는 알 수 없으나 2011년 말에 있었을 것으로 추측되는 연구자 공모 관련 문건은 찾을 수 없고, 2012년 9월 11일에 이른바 입항(立項) 주제를 공모한 문건만 확인된다.[43] 일종의 주제 선정 공모인데 이는 향후 연구자 공모를 위한 기초작업이었을 것이다. 그리고 같은 해 12월 2일에 2013년도 연구자 공모를 실시한다. 관련 문건은 이 공모가 제3차라고 밝혀 1차와 2차는 이미 종결되었거나 진행 중임을 암시하고 있다. 〈표 2〉에서 보듯 3차 공모는 주제와 규모 등 여러 측면에서 다양화되고 세분화되었다.

〈표 2〉[44]

분야	성과 형식	과제 명칭	기간	금액	결과물
基礎研究課題	述評類	中蒙兩國史學界歷史觀述論(包括蒙古族的族源及形成)	2013년 12월 전	2만~5만 위안	불명
		蒙古喀爾喀部與清朝關係史研究綜述			
		清朝 與准噶爾部係史研究綜述			
	系列論文類	淸代我國北部邊界線形成及變遷概述			
		內蒙古近代農業化研究			
		中蒙兩國關係歷史與現狀硏究			

로 총칭될 수 있는 전 방면을 아우르고 있으며, 매년 대규모의 연토회(국제 또는 국내 규모)를 개최하여 연구 성과를 정리하고 있다. 매 시기마다 기금의 성격이 다르지만 주로 '國家社科基金特別委託項目'이나 '重大項目'으로 설정되어 지원을 받고 있다. 이 공정 역시 비록 '문화'라는 말로 포장이 되어 있지만 정치성이 짙은 다목적 연구 사업이다. 이에 대해서는 이 책의 「초원공정, 문화라는 이름의 다목적 공정」 참고.

43 http://nmgshkxy.nmgnews.com.cn/system/2012/09/11/010832674.shtml, 國家社科基金特別項目〈北部邊疆歷史與現狀研究〉 2012年度立項選題徵集表(2013년 10월 12일 검색).

44 http://nmgshkxy.nmgnews.com.cn/system/2012/11/05/010859821.shtml, 〈北部邊疆歷史與現狀研究〉項目招標啓事(2013년 10월 13일 검색) 등 참고.

분야	성과 형식	과제 명칭	기간	금액	결과물
基礎研究課題	專著類	回紇族對契丹族､蒙古族文化影響研究	2014년 12월 전	8만~12만 위안	심사 후 출간(領導小組 출판 경비 지원)
		馬背上的中國-大漠遊牧文明與中國疆域底定關係研究			
		布特哈衙門軍政制度沿革			
		國際共産主義運動與中蒙兩黨關係史研究			
	部落史類	喀爾喀史			
		郭爾羅斯史			
		奈曼史			
		烏株穆沁史			
應用對策研究課題	經濟發展類	內蒙古自治區成立以來歷屆黨委主要經濟發展思路研究	2013년 12월 전	2만~5만 위안	불명
		2012年內蒙古經濟發展水平評估			
		內蒙古產業建設及發展 新興產業問題研究			
		內蒙古近年來經濟快速發展的成功經驗及其借鑒意義			
		俄羅斯遠東地區開發與內蒙古向北開放戰略研究			
		提高內蒙古城鎮化發展水平研究			
		蒙東地區融入東北經濟區發展研究			
		內蒙古文化產業建設對策研究			
		貫徹落實黨的十八大精神推動內蒙古經濟社會又好又快發展思路對策研究			
		鄂爾多斯市轉形發展研究			
		內蒙古跨國旅遊合作模式研究			
		完善草原承包到戶政策研究			
	社會建設(包括改善民生)類	2012年內蒙古社會事業發展與全國平均水平的差距			
		進一步改善民生提高人民幸福指數研究			
		提高城鄉居民收入對策研究			
		加强村及管理問題研究			
		內蒙古人口較小民族(三小民族)發展政策研究			
		提升內蒙古軟實力主要着力點研究			
		蒙古族文化的傳承保護和發展問題研究			

분야	성과 형식	과제 명칭	기간	금액	결과물
應用對策研究課題	邊疆和諧穩定類	內蒙古邊境地區管理與防務研究			
		內蒙古自治區成立以來宗教事務管理的 成功經驗及借鑒意義			
		內蒙古工業化, 城鎮化進程中牧區社會發展問題研究			
		新形勢下內蒙古社會管理中的突出矛盾與問題研究			
		推動中蒙關係更好發展對策研究			
		蒙古國動態研究			
		內蒙古民族融合的歷史研究			
	生態文明類	內蒙古生態文明建設思路對策研究			
		內蒙古正確處理農牧業發展與生態保護關係研究			
		完善沙草產業發展政策與促進生態保護建設研究			
		黑河流域生態環境治理研究			

각 주제의 성격에 대한 분석은 역시 뒤로 미루고 표에 대한 간략한 해설에 그친다. 여기서도 북강항목의 3가지 계열 중 연구계열만 공모하고 있다. 이 역시 기초연구와 응용연구로 나뉘는데, 양자 공히 대주제와 소주제로 세분화되어 있다. 역사와 정치 및 경제 발전에 관한 주제가 주류를 이루고, 국제관계가 많은 편이며, 2010~2011년 과제에 없던 생태분야가 추가되었다. 이전과 똑같이 다년 과제의 경우 심사를 거쳐 출판경비를 지원하여 출간하는 것을 원칙으로 하지만, 1년 과제의 경우 학술지에 게재하는 것으로 추측되나 명확한 규정은 나와 있지 않다. 2013년 10월 14일에는 2013년도 및 2014년도 연구주제 공모가 발표되었다.[45] 여기서도 연구계열(기초연구/응용연구)만 발표되고 다

45 http://nmgshkxy.nmgnews.com.cn/system/2013/10/14/011155761.shtml, 關于徵

른 분야는 없다. 그리고 이를 토대로 두 달 후인 12월 3일에는 〈표 3〉과 같이 당해 과제 공모가 정식 발표되었다.[46]

〈표 3-①〉 北部邊疆歷史類(30과제)

<table>
<tr><th>성과 형식</th><th>과제 명칭</th><th>기간</th><th>금액</th><th>결과물</th></tr>
<tr><td rowspan="5">專著</td><td>淸末民初官民籌蒙方略及實踐硏究</td><td colspan="3" rowspan="16">*전저/역저: 2015년 12월 전 제출, 8만~12만 위안, 출판비 지원
*조연보고/계열논문: 2014년 12월 전 제출, 2만~5만 위안, 불명</td></tr>
<tr><td>淸政府治理蒙古地區的政策調适
—以雙方互動爲中心</td></tr>
<tr><td>中華民國時期中央政府與外蒙古地方勢力之間關係硏究</td></tr>
<tr><td>遼代以前蒙古草原與東北地區族群關係硏究</td></tr>
<tr><td>回紇族對契丹族, 蒙古族文化影向硏究</td></tr>
<tr><td>調硏報告</td><td>2013年度北疆史地硏究前沿動態調硏報告</td></tr>
<tr><td rowspan="3">專著</td><td>蒙古國獨立史</td></tr>
<tr><td>匈奴政權制度硏究</td></tr>
<tr><td>蒙古千戶制度硏究</td></tr>
<tr><td>譯著</td><td>中俄蒙政治關係史: 1911~1946年</td></tr>
<tr><td rowspan="3">專著</td><td>北疆歷史上各民族的“中國”認同的硏究</td></tr>
<tr><td>明淸以來北疆地區極端氣候變遷及社會應對</td></tr>
<tr><td>貢桑諾爾布的歷史貢獻硏究</td></tr>
<tr><td>系列論文</td><td>遼對西北邊疆的統轄與治理硏究</td></tr>
<tr><td rowspan="2">專著</td><td>古代蒙古部落起源(蒙元, 可分上下)</td></tr>
<tr><td>蒙古部落的分化演變明代, 可分上下)</td></tr>
<tr><td colspan="5">編入盟旗的蒙古部落(不設統一的時間上線, 各部的起源 能追溯到何時就寫到何時)</td></tr>
<tr><td rowspan="6">專著</td><td>巴爾虎史(淸代巴爾虎史人)</td><td colspan="3" rowspan="6">위와 같음</td></tr>
<tr><td>敖漢, 奈曼, 克什克騰史(同源)</td></tr>
<tr><td>翁牛特史</td></tr>
<tr><td>內喀爾喀史(入淸後爲巴林, 扎魯特)</td></tr>
<tr><td>喀喇沁史(含台吉係喀喇沁史和塔布囊係 喀喇沁史)</td></tr>
<tr><td>東土默特史(含 蒙古勒津史)</td></tr>
</table>

集〈北疆項目〉2013年度, 2014年度立項選題的通知(2013년 10월 19일 검색).

46 http://nmgshkxy.nmgnews.com.cn/system/2013/12/03/011288926.shtml, 〈北部邊疆歷史與現狀硏究〉項目招标启事(2014년 2월 22일 검색).

성과 형식	과제 명칭	기간	금액	결과물
專著	烏珠穆沁、蘇尼特、浩齊特史(同源)	위와 같음		
	阿巴嘎、阿巴哈納爾史			
	察哈爾史(以八旗察哈爾史爲中心而非前期萬戶)			
	茂明安, 烏拉特, 四子部落, 阿魯科爾沁史(同源)			
	鄂爾多斯史			
	土爾扈特史(含肅北蒙古史)			
	和碩特史			
	烏梁海史(含阿爾泰烏梁海史, 唐努烏梁海史)			

〈표 3-②〉 當代北部邊疆與周邊關係問題類(21과제)

성과 형식	과제 명칭	기간	금액	결과물
專著	內蒙古對蘇俄貿易史(1949~2013)			
調研報告	內蒙古在構建"絲綢之路經濟帶"中的地位和作用			
調研報告	內蒙古與蒙古國互聯互通 問題研究			
調研報告	內蒙古在俄羅斯遠東開發戰略中的區位合作優勢			
專著	內蒙古自治區蒙古文字改革研究(兼與蒙古國文字改革對比)			
系列論文	中蒙兩國關係歷史與現狀研究			
調研報告	當代中俄蒙關係評估和研究	*전저: 2015년 12월 전 제출, 8만~12만 위안, 출판비 지원		
	當代中蒙人文交流現狀與構想研究			
	當代中俄人文交流現狀與構想研究			
	影響中蒙關係長遠發展的重大問題研究			
	當前 影響中蒙關係發展的若干因素研究	*조연보고/계열논문: 2014년 12월 전 제출, 2만~5만 위안, 불명 *전저: 2015년 12월 전 제출, 8만~12만 위안, 출판비 지원		
	深化內蒙古與蒙古國的互利合作研究			
	2014"中蒙友好交流年"內蒙古與蒙方交流合作的重點領域及項目研究			
	達賴集團與蒙古國關係研究			
	內蒙古與俄羅斯, 蒙古國開展非能源領域合作研究			
	中俄蒙邊貿政策問題研究			
	蒙古國貨幣金融問題研究			
	內蒙古擴大對蒙古國開放與經濟合作研究			
	內蒙古對俄境外經濟貿易及加工合作園區研究			
	內蒙古口岸經濟發展研究			
	俄蒙網絡與情中的中國形象研究			

〈표 3-③〉 經濟與生態問題類(19과제)

과제 형식	과제 명칭	기간	금액	결과물
調研報告	內蒙古自治區成立以來產業結構演進及調整政策	*조연보고: 2014년 12월 전 제출, 2만~5만 위안, 불명 *연구보고: 규정 없음		
	內蒙古自治區成立以來牧區政策變遷研究			
	新的對外開放格局對內蒙古經濟可持續發展的重大影響			
	國家對內蒙古可持續發展的支持政策和重大項目研究			
研究報告	內蒙古 京津冀及周邊大氣汚染防治的對策研究			
	環渤海新引擎"背景下的內蒙古產業結構優化升及研究			
調研報告	內蒙古牧區城鎮化問題研究			
	內蒙古國有林區,墾區發展現狀與城鎮化問題研究			
	內蒙古農村牧區生態環境治理與生態文明建設研究			
	內蒙經濟發展與生態保護相互關係研究			
	內蒙古可持續發展的人才保障研究			
	促進內蒙古文化與旅游融合發展研究			
	經濟快速增長區城市用地擴展 城市生態安全影響研究 -以呼和浩特市爲例			
	內蒙古經濟社會發展過程中的系統性風險防范機制研究			
	內蒙古縣域 經濟發展的路徑分析			
	內蒙古非公經濟發展現狀及支持政策研究			
	內蒙古土地流轉與農牧業生產經營方式轉變研究			
	內蒙古牧區草場經營體制創新研究			
	草原生態補助獎勵政策實施效果研究			

〈표 3-④〉 民族文化類(7과제)

성과 형식	과제 명칭	기간	금액	결과물
系列研究報告	呼倫貝爾布里亞特蒙古族文化變遷研究(兼與俄羅斯布里亞特文化變遷比較)	*전저: 2015년 12월 전 제출, 8만~12만 위안, 출판비 지원 *연구보고/계열연구보고 규정 없음		
專著	近代以來內蒙古蒙古族文化變遷研究(兼與蒙古國文化變遷比較)			
	薩滿教與蒙古族文化關係研究			
系列研究報告	新疆衛拉特蒙古文化變遷研究(兼與俄羅斯卡爾梅克文化變遷比較)			
	內蒙古蒙古"三少民族"文化變遷研究			
專著	〈蒙古秘史〉的文化學解讀			
研究報告	內蒙古對外文化交流研究			

〈표 3-⑤〉 社會和諧穩定問題類(15과제)

성과 형식	과제 명칭	기간	금액	결과물
	內蒙古和諧穩定主要成因研究			
	維護邊疆和諧穩定法治保障研究			
調研報告	宗教對內蒙古地區和諧穩定影響研究			
	內蒙古社會結構與社會層級現狀研究			
	社會突發事件應急管理研究			
系列調研報告	內蒙古農村牧區村(嘎査)發展現狀抽樣調查			
	內蒙古構建北疆安全穩定屏障的長效機制研究			
	民族地區大學生就業問題研究-以內蒙古爲例	*조연보고: 2014년 12월 전 제출, 2만~5만 위안, 불명 *계열조연보고: 규정 없음		
	內蒙古自治區依法行政及對策研究			
	基本公共服務均等化視覺下城市流動人口管理研究: 以呼和浩特市爲例			
調研報告	內蒙古蒙古族民族認同與民族和諧關係研究			
	內蒙古進城務工人員社會權益保障問題研究			
	內蒙古牧區村級組織建設與村級管理研究			
	內蒙古民族地區基層領導幹部依法行政與法治思維問題研究			
	內蒙古人文社會科學生產力狀況及發展趨勢研究			

북부변강역사류(北部邊疆歷史類) 30과제, 당대 북부변강과 주변관계 문제류[當代北部邊疆與周邊關係問題類] 21과제, 경제와 생태문제류[經濟與生態問題類] 19과제, 민족문화류(民族文化類) 7과제, 사회 화해와 안정문제류[社會與諧穩定問題類] 15과제 등 총 92개 과제가 공모되었다. 5개 분야로 세분화하고 각 분야의 주제도 더 많아지는 등 전체적으로 앞의 연구 주제를 종합한 것 같은 느낌이 든다. 연구 주제 공모 때와 달리 여기서는 기초, 응용 등을 나누지 않고 아예 분야 별로 나누었음을 알 수 있다. 물론 이들은 제목으로 보아 모두 기초나 응용연구에 해당한다. 예년과 똑같이 다년 과제는 심사 후 출판경비를 지원하지만

1년 과제에 대해서는 명확한 규정이 없다.

이상의 사실을 놓고 보면 몇 차례에 걸쳐 공개된 공모 과제 모두가 이 사업의 세 분야 가운데 하나인 연구계열에 집중되고 있음을 알 수 있다. 나머지 두 분야, 즉 당안 정리와 번역 사업[47]은 어떻게 진행되는지 자료로 확인되지 않는다. 혹시 위탁 형식으로 이루어질 수도 있지만 그 위탁 과제 또한 어떤 절차를 거쳐 수행되고 있는지에 대한 자료도 찾지 못하였다.[48]

Ⅳ. 북강항목 성과 및 내용 분석

전술한 대로 '북강항목'은 2010년 말에 처음으로 연구자 공모가 이루어졌다. 따라서 보고서(또는 논문)는 2011년 말에, 전저(專著)는 2012년 말에 결과물이 제출되고 전자는 2012년, 후자는 2013년에 각각 학술지에 게재되거나 출판된다고 보아야 한다. 물론 이런 가정은 모든 일이 순조롭게 진행되고 한 치의 오차도 없을 경우이니 첫 공모의 결과물이 아직도 출간되지 못한 것도 많다고 보는 것이 순리이다. 확신할 수 없지만 이런 사정은 위탁 과제도 큰 차이가 없을 것으로 보인다. 이 때문인지 필자가 확인한 이들 과제 결과물은 논문 11편, 저서 6종(1종이 상/하로 되어 있기 때문에 총 7책)을 확인하는 데 그쳤다. 따라서 현

47 〈표 3-①〉 北部邊疆歷史類의 한 과제(中俄蒙政治關係史: 1911~1946年)는 譯著로 나와 있는데 이는 전후맥락으로 보아 專著의 한 부류로 보인다.

48 2011년 6월 1일 자치구 사과원의 科硏成果란에 게시된 자료에는 이 항목을 소개하면서 사업이 위탁과 공모 두 가지 방식으로 진행된다고 명시하고 있지만, 위탁에 관한 문건이 발견되지 않아 상세한 내막은 알 수가 없다. http://nmgshkxy.nmgnews.com.cn/system/2011/06/01/010602852.shtml, 轉變觀念, 積極推進科硏方法 創新與特色學科建設(2013년 10월 19일 검색).

시점에서 서론에서 지적한 대로 북강항목의 내용을 분석하고 성과를 평가하기에는 무리가 있다. 이런 점을 감안하여 필자는 첫째 〈표 1〉, 〈표 2〉, 〈표 3〉에 나타난 공모 과제, 둘째 관련 자료를 통하여 이 항목의 지원으로 연구가 진행되고 있다고 확인된 주제, 셋째 논문으로 발표 또는 단행본으로 간행된 상기 11편의 논문과 6종의 책을 통하여 이 항목의 성과에 대한 개략적인 분석을 시도해 보려고 한다.

2010년 말에 공개된 공모 과제는 준비 부족 때문인지 주제도 세분화되어 있지 않고, 특이사항도 찾기 어렵다. 이 점은 2012년 공모 과제에서 약간 수정된다. 거듭 말하지만 원래 북강항목은 연구, 당안 문헌 정리, 번역(및 데이터베이스 구축) 등 세 분야로 나누어 연구를 진행한다고 하였다. 그러나 두 번의 공모 주제는 공히 연구계열뿐이고 나머지 계열은 보이지 않는다.[49] 연구계열도 매번 제목이 달라지고 있다. 첫 번째(2010년 말)와 두 번째(2012년 말), 세 번째(2013년 말)가 명칭이 조금씩 다르다. 즉 2010년은 ①기초연구과제계열(基礎硏究課題系列)(專著), ②내몽골 경제사회 발전과 안정전문주제연구조사[內蒙古經濟社會發展與穩定專題調硏](연구보고), 2012년은 ①기초연구과제(基礎硏究課題), ②응용대책연구과제(應用對策硏究課題)로 되어 있다. 내용상 2010년의 ②는 2012년의 ②응용연구에 해당한다고 보아도 좋을 것이기 때문에 기초연구와 응용연구로 나뉜다고 볼 수 있다. 2013년의 경우 상기한 대로 아예 5개 분야로 되어 있지만 성격상 기초나 응용연구에 해당한다.

2010년 말 공모 과제는 그 동안 중국의 몽골학 연구자들이 흔히 해오던 주제들로 특이한 사항은 없다. 그나마 ①기초연구계열(專著) 중 '역대북부변강정

49 당안문헌 정리와 번역은 위탁 형식으로 이루어졌을 수도 있으나 자료상으로는 확인되지 않는다.

책연구(歷代北部邊疆政策硏究)', '현대 국제시야에서의 내몽골[近現代國際視野中的內蒙古]', '북부변강과 주변 관계사 연구[北部邊疆與周邊關係史硏究]', '몽골초원이민사[蒙古草原移民史]' 정도가 눈에 띄는데, 이들은 주제로 보아 북부변강(또는 몽골초원)이 어떤 과정을 거쳐 중국의 강역으로 편입되고 중국화되었는가를 밝히는 데 주안점을 둔 연구들이다. 특히 '역대북부변강정책연구'와 '몽골초원이민사'가 여기에 해당한다고 할 수 있는데, 이는 말하자면 중국의 관변학자들이 말하는 일종의 변경 개척사에 해당한다. 섣부른 속단일 수 있지만 두 주제는 북부변강이 매우 이른 시기부터 중국 영토의 일부였음을 입증하기 위한 연구로 볼 수 있다. 또한 2012년 연구에서 언급하겠지만 〈표 1〉 중 (1)의 '몽골부락사'도 현재 몽골국과 기타 지역에 사는 몽골계 집단까지 포괄하고 있다는 점에서 북강항목의 취지에 부합하는 연구다.

〈표 1〉 중 (2)의 연구보고 주제는 최근 내몽골 상황을 반영한 실무적인 정책보고로 보인다. 이 중 '축목업경제전통 보호와 정부투입 및 부지관계 조사연구[畜牧業經濟傳統保護與政府投入及扶持關係調硏]', '내몽골 민족특색 비물질 문화유산의 입법보호 연구[內蒙古民族特色非物質文化遺產的立法保護硏究]'는 정부의 소수민족 우대책의 사례를 부각시키기 위한 연구일 것이다. 또한 '중-몽 정치와 경제무역관계 연구[中蒙政治和經貿關係硏究]', '중-러 정치와 경제무역 관계연구[中俄政治和經貿關係硏究]'는 자치구가 최근 확대되고 있는 몽-중 및 몽-러 교역의 기지로 부상하고 있다는 점에서 실무적인 연구이자 정치성을 띤 연구 주제로 북강항목의 취지에 들어맞는다. 반복되는 말이지만 이는 어디까지나 결과물을 확인하지 못하여 추측일 뿐이다.

상기하였듯이 2012년 공모 과제는 이전에 비하여 세분화되고 체계화된다. 우선 기초연구와 응용연구를 각 부문별로 나눈 점이 주목된다. 또한 역사(기초연구)와 현상(응용연구)을 정확하게 나누어 이 항목의 취지에 부합하도록 하였다.

먼저 기초연구의 경우 내외 몽골을 아우르고, 고중세~근현대에 이르는 몽골족의 역사 전체를 망라한 점이 무엇보다 눈에 띈다. 특히 기초연구 중 술평류의 주제, 즉 '중-몽 양국 사학계 역사관 술론(中蒙兩國史學界歷史觀述論)', '몽골 할하부와 청조 관계사 연구 종술[蒙古喀爾喀部與清朝關係史研究綜述]', '청조와 중가르부 관계사 연구 종술[清朝與准噶爾部關係史研究綜述]'은 몽골사 서술의 체계화에 관한 이론 수립을 위한 일종의 준비 과정으로 생각되는 것들이다. 첫 번째 주제는 현재 몽골사 서술을 둘러싸고 존재하는 중국과 몽골국 학자들의 시각이 상이하다는 점을 고려하여 중국 입장에서 이 문제를 해결하기 위한 일종의 기획연구로 보인다. 두 번째와 세 번째 주제에 등장하는 할하[喀爾喀]는 현재 몽골국 영역에 해당하고, 중가르[准噶爾]는 현재 몽골국 영역 서부와 톈산산맥 남북의 신장에 해당한다. 따라서 이들과 청조의 관계를 연구하는 것은 이들이 청대(清代)에 이미 중국과 밀접한 관계를 가진, 궁극적으로는 중국에 편입되었다는 근거를 확인하려는 연구 주제로 볼 여지가 있다.

계열논문류, 전저류, 부락사류 역시 시간과 공간에 구애됨이 없이 전체 몽골사 전체 몽골족을 대상으로 하는 연구 주제다. 그 동안 중국의 몽골학 연구자들이 이러한 주제를 연구하지 않았던 것은 아니지만, 이전 중국학자들의 연구경향으로 미루어 이들이 몽골리아가 역사적으로 중국의 일부라는 것을 전제로 한 또는 그것을 입증하기 위한 연구로 보아도 크게 틀리지 않을 것이다. 예를 들면 계열논문류의 '청대 아국 북부변계선 형성 및 변천 개술[清代我國北部邊界線形成及變遷概述]'에서 말하는 청대 중국의 북부변강은 오늘날 몽골국이기 때문에 그 의도가 어디에 있는지 가늠하기가 어렵지 않다. '중-몽 양국 관계 역사와 현상 연구[中蒙兩國關係歷史與現狀研究]'도 단언할 수는 없지만 몽골인 거주지가 역사적으로 중국과 밀접한 관계를 갖고 있었음을 입증하는 연구로 보아도 크게 틀리지 않을 것이다. 전저류의 『말 등 위의 중국-대사막 유목문명과 중국 강역 안정 관계 연구[馬背上的中國 — 大漠遊牧文明與中國疆域底定關係研究]』 또한 유목문명이 이른바 중화문명의 일부임을 보여주는 주제로 중국학자들이 금과옥조로 여기는 문화와 민족상의 다원일체(多元一體)를 말할 때 등장하는 단골 주제다. 특히 단행본 출간을 전제로 하는 부락사류의 『할하사[喀爾喀史]』, 『고를라스사[郭爾羅斯史]』, 『나이만사[奈曼史]』, 『우젬친사[烏珠穆沁史]』는 중국학자들이 몽골사의 틀을 어떻게 짜려고 하는지를 보여주는 전형적 사례다. 위에서 언급하였듯이 할하는 오늘날 몽골국에 거주한 몽골족이고, 고를라스와 우젬친은 오늘날 자치구에 거주하는 몽골족이고, 나이만은 몽골국 서부의 알타이산맥 부근에 거주하였던 투르크계 유목민 집단을 각각 가리킨다. 궁극적인 목적은 이들이 모두 중국사의 일부라는 점을 입증하는 것임은 두말할 필요가 없을 것이다.

응용대책 과제는 제목이 말해주듯 정치, 경제, 사회, 문화 각 부문에서 자치구의 안정에 초점을 맞춘 현안 연구다. 첫 번째 경제발전류와 두 번째 사회건설(민생 개선 포함)류는 제목 그대로 빈부 및 지역격차 해소와 발전방향, 민생 안정 그리고 이를 위한 정부의 지원책 등에 관한 연구로 별다른 특점을 찾기 어렵다. 반면에 변강 화해와 안정류의 '내몽골 변경지구 관리와 방무 연구[內蒙古邊境地區管理與防務研究]', '내몽골자치구 성립 이래 종교사무 관리의 성공경험 및 차감 의의[內蒙古自治區成立以來宗教事務管理的成功經驗及借鑒意義]', '신형세하 내몽골 사회관리에서의 돌출모순과 문제 연구[新形勢下內蒙古社會管理中的突出矛盾與問題研究]', '중-몽관계의 더 좋은 발전을 추동시키는 대책 연구(推動中蒙關係更好發展對策研究)', '몽골국 동태 연구[蒙古國動態研究]', '내몽골 민족융합의 역사 연구[內蒙古民族融合的歷史研究]' 등은 하나같이 변강 안정과 민족통합에 중점을 둔 무거운 주제들이다. 이 중 두 번째, 세 번째, 여섯 번째 주제는 종교와 사회통합에 관한 것이고, 네 번째와 다섯 번째 주제는 몽-중관계를 발전시키고 몽골국의 동태를 파악하는 것이다. 이들은 변강의 안정이라는 표면적 이유 외에도 중국 정부의 몽골국에 대한 인식의 일면을 보여주는 주제다. 이는 앞서 언급한 대로 1980년대 몽골사 개설서에서 몽골국에 대한 언급을 피하다가 2000년대에 들어와 몽골국 소개를 통사에 포함시킨 것과 같은 논리로 설명이 가능하다. 생태문명류는 말할 것도 없이 정착목축과 농경지 개발로 인하여 황폐화된 초원과 사막을 복구하기 위한 현안 연구로, 이것이야말로 축자적 의미에서의 변강 안정책에 관한 주제다.

2013년 말 공모 주제는 수량과 폭이 이전에 비하여 대폭 많아지고 주제도 다양화된다. 따라서 이들 하나하나를 살펴보는 것은 의미가 없고 그 중 특기할 만한 것만 지적해두도록 하겠다. 〈표 3-①〉의 북부변강역사류(30과제)는 변강뿐 아니라 몽골사 관련 전 범위 전 주제도 망라하고 있다. 이 중 주목할 만한 것은 '중화민국 시기 중앙정부와 외몽골 지방세력 간 관계 연구[中華民國時期中央政府與外蒙古地方勢力之間關係研究]', '북강역사상 각 민족의 중국 정체성 연구[北疆歷史上各民族的中國認同的研究]', '몽골국독립사[蒙古國獨立史]', '오량하이사[烏梁海史(含阿爾泰烏梁海史, 唐努烏梁海史)]'이다. '중화민국 시기 …… 관계 연구'와 '몽골국독립사'는 현재 독립국인 몽골국이 역사적으로 중국이었음을 확인하기 위한 것이고, 확신할 수 없지만 바로 그 시기 이후 몽골국이 어떤 과정을 거쳐 중국에서 분리 독립하였는가를 밝히기 위한 연구로 보인다. '북강역사상 …… 정체성 연구'는 몽골족을 포함한 북방민들의 중국인으로서 정체성을 밝히기 위한 것이다. '오량하이사'의 경우 오량하이[烏梁海]가 현재 몽골국 서북부와 그 북부의 투바공화국[Tuva Republic] 영토에 거주한 투르크계 집단임을 고려하면 몽골국은 물론이고 투바까지도 과거 '중국인'의 영토였음을 보여주기 위한 것으로 보인다.

〈표 3-②〉의 당대 북부변강과 주변관계 문제류[當代北部邊疆與周邊關係問題類]

(21과제)는 북부변강(자치구)과 주변국(몽골국과 러시아) 관계를 정치, 경제, 문화 등 전 범위에 걸쳐 다루는 연구다. 이 중 주목할 만한 것은 '내몽골자치구 몽골 문자 개혁 연구[內蒙古自治區蒙古文字改革硏究](兼與蒙古國文字改革對比)', '달라이 라마 집단과 몽골국 관계 연구[達賴集團與蒙古國關係硏究]', '러-몽 인터넷 여론상의 중국형상 연구[俄蒙網絡與情中的中國形象硏究]'이다. '내몽골자치구 …… 연구'는 그 범위가 몽골국까지 포괄하고 있다는 점이 눈에 띈다.[50] '달라이 라마 집단 …… 관계 연구'는 달라이 라마의 잦은 몽골국 방문을 불편하게 보는 중국 당국의 의중이 반영된 연구이고, '러-몽 인터넷 여론 …… 연구'는 러시아와 몽골국 인터넷상에서 중국이 어떻게 그려지고 있는가에 대한 연구이다. 러시아와 더불어 17세기 이후 역대 중국 정부가 몽골리아를 분할 지배해왔다는 점에 비춰 보면 두 연구 모두 독립국 몽골국을 염두에 둔 것으로 볼 수 있다.

〈표 3-③〉의 경제와 생태문제류[經濟和生態問題類](19과제), 〈표 3-④〉의 민족문화류(7과제), 〈표 3-⑤〉의 사회 화해와 안정문제류[社會和諧穩定問題類]는 위에서 언급한 것처럼 경제, 생태, 문화 등 다방면에 걸친 자치구의 안정에 초점을 둔 실용적인 연구들이다. 특히 〈표 3-⑤〉 사회 화해와 안정문제류의 '내몽골 몽골족 정체성과 민족화해관계 연구[內蒙古蒙古族民族認同與民族和諧關係硏究]'는 민족 문제가 비교적 안정되어 있다고 하는 자치구에서도 이 문제가 완전히 해소되지 않았음을 보여주는 사례로 볼 여지도 있다.

두 번째 북강항목 관련 자료, 즉 북부변강 역사와 현상연구 문고[北部邊疆歷

50 현재 자치구 몽골인들은 전통 몽골문자[Mongol bichig]를 쓰고, 몽골국에서는 1940년대부터 러시아 문자를 쓰고 있다. 1990년대 이후 몽골국에서는 전통문자 부활 움직임이 있었지만 경제 및 사회적 비용 등 여러 문제 때문에 좌절되었다. 따라서 이 연구는 이 모든 과정을 정리하는 것으로 중국인들의 몽골국 인식이 어느 정도인지를 잘 보여준다.

史與現狀硏究文庫] 총서(總序)[51]에 이 항목의 지원을 받아 연구가 진행되고 있다고 언급된 주제는 이 항목의 성격을 좀 더 분명하게 보여준다. 총서는 당시 진행 중인 연구의 대주제로 '몽골고원 유목문명 및 그 초원문화와 황허문화, 창장문화의 관계[蒙古高原遊牧文明及其草原文化與黃河文化, 長江文化的關係]', '중국 통일다민족국가 북강의 진화발전 과정[中國統一多民族國家北疆的演進歷程]', '내몽골 민족분포 및 행정구획 변천 연구[內蒙古民族分布及行政區劃變遷硏究]', '몽골부락변천사[蒙古部落演變史]', '북강민족 관계 역사와 현상 연구[北疆民族關係歷史與現狀硏究]', '내몽골 문화유산 보호와 개발[內蒙古文化遺産保護與開發]', '내몽골 경제사회 발전 조사연구[內蒙古經濟社會發展調硏]', '북부변강 생태환경과 지속가능 발전 연구[北部邊疆生態環境與可持續發展硏究]', '중-몽 국가관계 연구(中蒙國家關係硏究)(1949~2009)' 등을 거론하고 있는데, 이들은 모두 위에서 언급된 사항을 확인해 줌과 동시에 일부는 북강항목의 지향점을 더 직접적으로 말해준다. 특히 첫 번째와 두 번째 주제가 그러하다. 즉 첫 번째 주제는 중원문화와 몽골문화가 수천년 전부터 교류·융합되어 왔음을 밝히라는 것이고, 현재 중국 정부의 민족정책의 핵심 공식에 맞춰 몽골족의 발전 과정을 설명하라는 것으로 보인다. '북강민족 관계 역사와 현상 연구'도 넓게 보면 이 범주에 들어간다고 볼 수 있다. '중-몽 국가관계 연구'는 그 지향점이 몽골국에 맞춰져 있다는 점에서 장기 전망과 관련한 주제로 볼 수 있겠다.

끝으로 북강항목의 연구 결과물 중 학술지에 게재된 논문을 살펴보도록 하겠다. 이를 표로 정리하면 〈표 4〉와 같다.

---

51 趙延花, 앞의 책, 總序.

〈표 4〉[52]

번호	필자	연도	논문 제목	잡지명	타 과제 연계 유무
1	張艾力	2013-2	民族發展扶持政策與社會主義和諧民族關係建構—以民族教育發展扶持政策爲例	滿族硏究	유[53]
2	樂奇	2013-4	世界戰略格局下的內蒙古希土資源産業硏究	內蒙古社會科學	무
3	代欽	2013-2	多元文化形態下的中國數學教育—對中國少數民族數學教育的一些思考	數學教育學報	무
4	代欽	2013-4	釋數學文化	數學通報	무
5	劉海池	2011-14	蒙古族聚居區反貧困攻略中的生態移民—以通遼市爲例	民族論壇	유
6	圖雅; 花蕊	2011-21	牧區發展合作經濟組織的作用及案例分析	內蒙古科技與經濟	무
7	劉海池; 阿思	2012-6	蒙古族聚居區"鼓噪性"消費形成原因及表現	民族論壇	유
8	趙秀淸	2012-4	內蒙古重化工産品通道建設硏究	北方經濟	무
9	康建國	2012-6	從赤峰元代宗教遺存看蒙古弘吉剌部的宗教信仰	赤峰學院學報	유

52 이들 논문에 관한 제반사항은 CNKI의 科硏基金檢索란에서 "北部邊疆歷史與現狀硏究"를 검색하여 얻은 결과다. 따라서 여기에 누락된 논문이 있을 수 있을 것이다. 이 중에서 일련 번호 3, 5, 7에 해당하는 논문은 무슨 이유인지 전체를 볼 수 없고 요약문만 확인하였다.
http://proxy-net.snu.ac.kr/51c5264/_Lib_Proxy_Url/gb.oversea.cnki.net/kns55/brief/result.aspx?dbPrefix=CJFD&Flg=local(2013년 10월 19일 검색).

53 이유는 모르겠지만 논문의 사사 표기에는 [기금]란이 있고, 그 난에 북강항목의 지원을 받았다는 것 외에 기타 지원사항도 함께 적어 놓았다. 예컨대 상기 논문의 경우 [基金]國家社會科學基金西部項目〈內蒙古地區貧困人口現狀與脫貧對策硏究〉, 項目編號:12xmz09; 國家社科基金特別項目"北部邊疆歷史與現狀硏究"子項目〈內蒙古東部蒙古族聚居區反貧困問題調査硏究〉, 項目編號:BJXM2010-58; 內蒙古教育廳高等學校科學硏究項目〈蒙古族聚居區反貧困問題"非經濟"因素硏究-以通遼市爲例〉, 項目編號NJSY11196; 內蒙古東部 經濟歷史文化硏究基地的自助로 타 과제와 연계되어 있다. 이런 경우를 '타 과제 연계 유무'의 난에서 '유'라고 하고, 북강항목의 지원만 받은 경우를 '무'라고 표기하였다.

번호	필자	연도	논문 제목	잡지명	타 과제 연계 유무
10	張艾力	2012-4	民族教育尤惠政策與民族地區的"扶貧增收"	湖北民族學院學報	유
11	張艾力	2012-3	論民族地區扶貧方略中的民族教育尤惠政策	滿族硏究	유

〈표 4〉 중 이미 학술지에 게재된 논문은 필자가 확인한 것이다. 시점으로 보아 지금도 학술지에 게재되고 있거나 이미 게재된 것도 있을 것이지만 더 이상 찾지 못하였다. 따라서 이상의 결과를 토대로 북강항목의 연구 성과 내용을 분석할 수밖에 없음을 다시 한 번 언급해 둔다. 이는 이어서 언급할 단행본 출간 성과도 마찬가지다.

〈표 4〉에서 기초연구로 볼 수 있는 역사학 관련 논문은 캉젠궈[康建國]의 원대 홍기라드[弘吉剌]의 신앙에 관한 것밖에 없다. 이마저 몽골 역사 연구자들이 택할 수 있는 흔한 주제로 북강항목과 관련하여 설명할 부분은 따로 없다. 응용연구 분야의 나머지 주제들은 정치·경제·사회 및 민족교육에 관한 것들이며 심지어 수학에 관한 것도 있다. 그럼에도 이들 연구에는 한 가지 공통점이 있다. 모두가 경제 및 사회 그리고 민족적 측면에서 내몽골 사회의 안정에 초점을 둔 주제다. 특히 민족교육 우대정책과 빈곤대책에 관한 연구가 그러하다. 흥미로운 것은 이들 두 가지 주제가 한 묶음으로 연구되고 있다는 점이다. 이는 민족화해와 단결이라는 북강항목 추진 목적에 정확히 부합하는데, 소수민족 수학교육 문화를 다룬 연구도 크게 보면 이 목적에 맞춰져 있다. 결론에서 재론하겠지만 이야말로 겉으로는 민족 평등을 내세우지만 여전히 소수민족을 교화 대상으로 보는 중국 정부의 관점이 배어 있는 연구 주제들이다.

전자의 경우 그 특징과 목적을 파악하기가 더욱 힘들다. 우선 〈표 5〉를 통하여 그 내용을 살펴보도록 하자.

〈표 5〉[54]

번호	필자	출간연도	서명	총서 명	출판사
1	趙延花	2012	達斡爾族散文研究	北部邊疆歷史與現狀研究文庫	內蒙古大學出版社
2	李樹新､林琳､吳團英､邢廣程	상동	達斡爾族小說研究	상동	상동
3	托娅､劉志中､吳團英､邢廣程	상동	達斡爾族 報告文學戲劇文學研究	상동	상동
4	崔荣､包薇､吳團英､邢廣程	상동	達斡爾族詩歌研究	상동	상동
5	郝時遠､楊·道爾吉	2011	勅勒川文化論衡 上	勅勒川文化叢書	內蒙古人民出版社
6	상동	2011	勅勒川文化論衡 下	상동	무
7	邢野	2012	勅勒川 風景覽勝	상동	유

북부변강 역사와 현상연구 문고[北部邊疆歷史與現狀研究文庫](1, 2, 3, 4)로 출간된 다구르[達斡爾, Dagur]족[55] 문학총서 역시 일반적으로 연구하는 문학서로 별다

54 北部邊疆歷史與現狀研究文庫는 아마존(http://www.amazon.cn/)의 검색을 통하여, 勅勒川文化叢書는 콩푸즈(http://book.kongfz.com/)의 검색을 통하여 확인하였다. 전자는 목차와 내용이 상세하게 소개되어 있어서 개략적인 사정을 이해하는 데 도움이 되었지만, 후자의 책 소개는 서지사항과 가격 외에 아무것도 없어 책 내용은 전혀 알 수 없었다. 다만 文庫의 總序는 지인(北京大 유학생 李裕杓)을 통하여 복사본을 받아 보고, 후자의 總序는 內蒙古勅勒川文化研究會(http://www.nmgclc.com/xw_nry.asp?id=980&Cid=3, 2013년 10월 18일 검색)에서 찾아 볼 수 있어서 책 출간의 개략적인 배경을 이해하는 데 도움이 되었다.

55 알타이어계 몽골어파에 속하는 소수민족의 하나로 전체 인구는 13만 2394명(2000년)이다. 주요 거주지는 內蒙古自治區 莫力達瓦達斡爾族自治旗, 鄂溫克族自治旗, 扎蘭屯市, 阿榮旗; 黑龍江省 齊齊哈爾市區, 梅里斯區, 富拉爾其區, 龍江縣, 富裕縣, 嫩江縣, 愛輝縣이고, 기타 新疆 塔城市와 江蘇省 鎭江市 등지에 소수가 거주한다. 이 중 新疆 塔城에 거주하는 사람들은 18세기 중엽 청조의 對중가르 전 종료 후 시버[Sibe, 錫伯]족과 함께 강제 이주된 군인 및 가족의 후손이다. http://baike.baidu.com/view/2733.htm(2013년 10월 18일 검색).

른 특징을 발견하기가 어렵다. 굳이 설명을 붙이자면 중국 정부가 흔히 내세우는 소수민족 우대정책에 따른 문학 연구 지원으로 볼 수 있고, 이런 점에서 북강항목 또한 민족단결과 변강 안정이라는 큰 목적하에서 추진된 소수민족 학자들의 불만을 무마하고 순치시키기 위한 연구비 지원의 성격이 짙다고 할 수 있다.

칙륵천문화연구회(勅勒川文化硏究會)[56] 주관으로 간행된 칙륵천문화총서(勅勒川文化叢書) 또한 이와 유사한 목적하에서 나온 책이다. 칙륵천문화총서는 『칙륵천문화론형(勅勒川文化論衡)』, 『칙륵천역사탐유(勅勒川歷史探幽)』, 『칙륵천구역경제(勅勒川區域經濟)』, 『칙륵천성시문맥(勅勒川成市文脈)』, 『칙륵천인물춘추(勅勒川人物春秋)』, 『칙륵천홍색기억(勅勒川紅色記憶)』, 『칙륵천풍경람승(勅勒川風景覽勝)』, 『칙륵천서득묵영(勅勒川書得默影)』, 『칙륵천문원회췌(勅勒川文苑薈萃)』, 『칙륵천방언속어(勅勒川方言俗語)』 등 총 10권으로 기획되었는데, 이 중 〈표 5〉(5, 6, 7)의 2종 3책이 간행되었으며,[57] 『칙륵천성시문맥』, 『칙륵천경제론형』,[58] 『칙륵천인물춘추』, 『칙륵천홍색기억』 등 4권은 2013년 4월 10일에 편집 및 심의

56 2012년 12월 16일 자치구 呼和浩特에서 北魏의 詩歌인 勅勒歌의 무대가 되는 지역과 그 주변 지역의 역사학, 민족학, 경제학, 민속학, 생태학, 종교학 및 문화예술을 종합적으로 연구한다는 취지로 발족한 학술단체이다. 이 연구회 홈페이지에서 규정한 勅勒川 지역의 범위는 자치구의 省都 呼和浩特市, 包頭市 전체, 巴彦淖爾市 동부, 烏蘭察包市 서부, 鄂爾多斯市 북부의 황허에 연한 准格爾旗, 達拉特旗, 杭錦旗와 그 주변 및 山西省, 陝西省, 河北省, 寧夏省 북부의 일부 지구도 포괄한다. 발기인은 학자는 물론 정치인을 비롯하여 지방 실업가까지 망라하고 있고 발기인들의 면모 그리고 후술할 總序의 내용을 보면 정치성이 짙은 半관변단체로 보인다. 이 연구회에 대해서는 http://www.nmgclc.com/xw_nry.asp?id=556&Cid=2(2013년 10월 19일 검색) 참고.

57 http://www.nmgclc.com/xw_nry.asp?id=980&Cid=3, 勅勒川文化叢書 總序(2013년 10월 18일 검색).

58 원래 『勅勒川經濟論衡』은 총서에 없던 이름이다. 혹시 『勅勒川區域經濟』가 이렇게 바뀌었는지도 모르겠다.

회의를 마쳐 출판을 준비 중이다.[59]

칙륵천문화총서도 통상적인 지역문화 연구의 한 부류로 별다른 특징을 발견하기가 어렵다. 따라서 이 연구 사업도 소수민족 거주지 주민과 학자들을 위무하고, 소수민족 문화 진흥에 기여하는 중앙정부의 뜻을 부각시킬 목적하에 추진되는 민생 안정책일 가능성이 있다. 그리고 집필자들은 칙륵천문화총서의 총서(總序)에서 강조한 것처럼 '칙륵천 문화가 다민족에 의하여 공동 창조되고, 유목과 농경이 융합되고, 전통과 현대문화가 뒤섞인 복합형 문화'[60]라는 점만 밝혀주면 될 것이다. 중국 정부가 연구비를 지원하는 목적도 여기에 있을 것이다.

V. 결론 – 북강항목의 영향 및 평가

필자는 지금까지 북강항목의 추진 배경, 추진 경과, 성격 및 내용을 차례로 살펴보았다. 앞에서 논의된 사항을 전체적으로 정리하고, 중국의 변강 및 민족정책에 대한 필자의 생각을 덧붙이는 것으로 맺음말을 대신한다.

첫째, 북강항목은 북강지구, 즉 내몽골자치구를 대상으로 하는 국가급 대형 연구사업이다. 이 항목은 2010년 1월 전국철학사회과학규획판공실의 비준을 거쳐 국가사과기금특별항목으로 지정받은 후, 8월 23일 정식으로 개시

59 http://www.nmgclc.com/xw_nry.asp?id=1314&cid=11, 勅勒川文化系列 四卷叢書研討會(2013년 10월 18일 검색).
60 http://www.nmgclc.com/xw_nry.asp?id=980&Cid=3, 勅勒川文化叢書 總序(2013년 10월 18일 검색).

의식을 거행하였으며, 그 해 말부터 연구자를 공모하여 현재 진행 중인 사업이다.

둘째, 북강항목의 기간은 2010년부터 2014년까지이고, 연구 분야는 공식적으로 ①연구계열, ②당안문헌정리계열, ③번역(및 데이터베이스 구축) 세 방면에서 진행된다. 이 항목의 영도소조 판공실은 자치구 사과원과 사지중심 두 곳에 있지만 업무는 자치구 사과원 판공실에서 합동 처리하는 것으로 되어 있다.

셋째, 과제는 공모와 위탁 두 가지 방식으로 수행된 것으로 보이지만 위탁에 관한 것은 자료상 명확하지 않다. 지금까지 세 번의 연구자 공모(2010년 말, 2012년 말, 2013년 말)와 두 번의 과제 공모(2012년 9월, 2013년 10월)가 확인된다. 세 번의 연구자 공모 주제는 모두 연구계열(기초연구와 응용연구)이고, 나머지 두 분야는 없다. 이들이 위탁 형식으로 이루어지는가는 알 수 없지만, 위탁 연구가 어떤 방식으로 수행되는가를 알려주는 자료를 찾지 못하였다.

넷째, 북강항목은 아직 종결되지 않은 현재 진행 중인 사업이다. 따라서 연구결과물이 공간되지 않은 것이 많고, 나왔다고 하더라도 출간 중이라서 이들을 모두 입수하는 데 한계가 있었다. 그래서 필자는 세 번의 연구자 공모 주제, '북부변강 역사와 현상 연구문고'에 이 항목의 지원을 받았다고 적기되어 있는 주제, 발표 논문(11편)과 단행본(2종 3책)을 통하여 이 항목의 성과를 개략적으로 분석하였다.

다섯째, 주제는 사업명 그대로 북강의 역사와 현재의 상황을 두루 포괄하고 있는데, 이를 통하여 이 사업이 북강의 안정과 민족단결이라는 기타 변강 사업의 선례를 따르고 있음을 거듭 확인할 수 있었다. 특히 정부 홍보성 및 민생 해결 차원의 연구가 두드러지게 많았는데 이 또한 북강의 안정에 기여할 것이라는 점에서 사업 취지에 부합한다고 할 수 있다. 그리고 모든 결과물이 나온 후에 평가할 문제지만 연구 주제 중 몽골국의 과거와 현재에 관한 사항이 많고, 심지어 몽골국을 넘어 청조의 옛 영토였던 오량하이 지역, 즉 현재 투바공화국에까지 미치고 있는 점이 주목되는 부분이다.

거듭 말하지만 이 연구는 현재 진행 중이고, 따라서 결과물이 부족하고, 사업 관련 자료의 확인이 어려워 당해 사업의 전모를 온전하게 파악하는 데는 한계가 있을 수밖에 없다. 그럼에도 필자가 관심을 두었던 것은 그 동안에도 유사한 주제의 연구를 수행해왔는데 무슨 이유로 이런 사업을 벌이겠는가 하는 점이다. 필자의 생각으로는 중국 입장에서 보면 변강 연구 사업은 일종의 '필요악'과 같은 것으로 보인다. 반복되는 말이지만 중국은 육지나 바다를 막론하고 국경을 접하고 있는 나라가 많다. 또한 그들이 변강지구라고 말하는 곳에는 소수민족이 집중 거주하고 있다. 따라서 국경을 보위하고 변강을 안정시키는 것은 국가의 안위에 필수적인 요소이다. 흔히 말하는 5대 변강사업이나 육로 변강사업 혹은 해로 변강사업은 기본적으로 여기에서 출발한다고 보아도 좋고 실제로 변강사업의 취지는 여기에서 크게 벗어나지 않는다. 즉 단기적으로는 변강 소수민족 지구를 안정시키고, 장기적으로는 국경 문제에 대비하는 것이 모든 변강사업의 추진 배경이라는 것이다.

우선 소수민족 문제만 해도 그렇다. 주지하듯이 그 동안 논자들은 역대 중국왕조나 개인의 소수민족관 또는 이민족관을 화이지변(華夷之辨)과 대일통(大一統)의 논리로 설명해왔다. 이러한 논점에 따르면 현재 중국 정부의 소수민족 정책은 이들 양자가 결합된 변형된 화이지변이요 왜곡된 대일통이다. 영토 문제에서 대일통을 견지하고 한족의 우위와 우월성을 유지하면서 이들이 소수민족의 문명화와 근대화 및 경제발전을 부조해야 한다는 화이지변의 논리를 따르고 있기 때문이다. 이는 20세기 초 쑨원[孫文]에서 시작하여 인민중국으로 계승된 소수민족 정책의 핵심이다. 그리고 이를 그럴듯하게 포장한 것이 중화민족론(中華民族論)이고 대가족론(大家族論)이며 중화민족다원일체격국론(中華

民族多元一體格局論)이다. 이 이론들은 하나같이 외형적 평등을 주창하지만 한족 민족주의와 우월주의가 그 바탕에 깔려 있다는 점에서 공통적이다.[61] 이 점은 개혁개방 이후 소수민족 지구의 개발을 둘러싼 제반 문제를 보면 쉽게 이해할 수 있다. 개발이익이 모두 외지에서 온 한인에게 돌아갔을 뿐 아니라 이 과정에서 현지민들의 삶의 터전이 파괴되면서 그들의 강력한 반발을 불러왔는데, 바로 이와 관련한 문제들을 해결하기 위한 것이 변강사업의 큰 목표 중 하나라는 것이 필자의 생각이다.

그러나 이러한 공통점에도 불구하고 5대 변강사업 추진의 직접적인 계기는 달랐던 것으로 보인다. 필자는 이를 방어적 변강사업과 공격적 변강사업으로 나누어 보고자 한다. 단언하기는 어렵지만 동북공정, 신장항목, 시짱항목은 방어적 입장에서 시작된 것으로 볼 수 있다. 즉 동북공정은 한국 및 북한의 존재와 한국인의 잦은 방문과 고토(古土) 주장 등이, 시짱항목과 신장항목은 진실 여부와 관계없이 분리주의에 대한 우려가 직접적인 계기가 되었던 것으로 보인다. 반면에 북강항목의 경우 북강이 상대적으로 안정되어 있고 문제가 적은 지역이라는 점에서 향후 몽골국까지를 겨냥한 공격적 입장에서 추진되었다고 할 수 있다. 복잡하여 생략하였지만 2013년에 발표된 연구 주제는 역사뿐 아니라 경제, 문화, 대외관계 등 몽골국의 거의 모든 분야를 포괄하고 있다. 이것이 단순히 인접국과의 우호 증진이나 공동번영을 위한 것이라면 문제가 될 것이 없다. 그러나 적어도 연구 주제를 놓고 보면 이곳이 과거 중국 영토였다는 것, 특정 시기에 중앙에서 분리 독립하였다는 것을 밝히기 위한 주

61 요코야마 히로아키는 이러한 관점에 따라 근현대 중국 정부의 소수민족 지배구조를 분석하고 있는데 필자는 이 견해에 전적으로 동의한다. 이에 대해서는 요코야마 히로아키 지음, 이용빈 옮김(2012), 『중화민족의 탄생』, 한울 참고, 특히 이 책 제6장 "공산당의 민족정책"에 이 문제가 잘 설명되어 있다.

제가 많고, 달라이 라마와의 관계를 포함한 현재 몽골국의 사정을 파악하기 위한 연구가 많다는 것은 인접국과의 교류 이상을 의미한다고 보아야 한다. 더욱이 이 연구들이 국가의 지원을 받아 정책적으로 수행되고 있다면 여기에는 향후 몽골국 문제와 관련한 국가의 입장이 반영되어 있다고 보는 것이 순리에 맞을 것이다.

초원공정, 문화라는 이름의 다목적 공정

I. 서론

II. 초원공정의 추진 배경

III. 초원공정의 전개 과정

IV. 결론

이평래(李平來)

몽골사 / 한국외국어대학교 중앙아시아연구소 연구교수
『몽골의 역사』(2009, 동북아역사재단), 「20세기 전기 한국지식인들의 몽골 인식 1: 과거, 현재, 미래에 대한 평가와 전망」(2012, 『중앙아시아연구』 17-2), 「전근대 몽골 법전에 등장하는 생태 보호법의 분석: 공동체 유지 기능과 관련하여」(2013, 『동양사학연구』 123), 「20세기 전기 한국지식인들의 몽골 인식 3: 몽골과 몽골문화에 대한 오해와 편견을 중심으로」(2014, 『아시아문화연구』 35) 등.

이평래 | 한국외국어대학교

초원공정, 문화라는 이름의 다목적 공정

I. 서론

'초원문화연구공정'(이하 '초원공정'이라 약칭)은 내몽골자치구(이하 자치구로 약칭함) 사회과학원이 주관하는 10년 기한의 국가급 대형 연구 사업이다. 2004년 7월 12일에 정식 시작되어 제1기 공정(2004~2007년)과 제2기 공정(2008~2011년)을 종료하고, 현재 제3기 공정(2012~2014년)이 진행 중이다. 각 시기마다 기금의 성격은 조금씩 다르지만 주로 '국가사과기금특별위탁항목(國家社科基金特別委託項目)' 또는 '중대항목(重大項目)'으로 선정되어 지원을 받고 있다. 매년 100만 위안(1기 총 400만 위안, 제2기와 제3기 총 600만 위안)을 투입하여 학술연구, 문화총서 출간, 학술회의 및 기타 관련 사업을 추진한다.[1]

연구는 공간적으로 몽골초원을 포함한 중국 전역의 초원지대를 아우르고,

1 http://news.xinhuanet.com/society/2009-07/12/content_11694878.htm(內蒙古計劃投入600萬元用于草原文化研究, 2014년 1월 27일 검색); http://nmgshkxy.nmgnews.com.cn/system/2009/06/25/010241795.shtml(草原文化研究工程簡介, 2014년 1월 27일 검색).

시간적으로 선사시대에서 현재까지를 망라하며, 연구 분야는 역사, 고고, 민속, 문화인류, 군사, 예술, 인물 등 문화로 통칭할 수 있는 전 범위를 포괄한다. 자치구 사회과학원 홈페이지에 게시된 관련 문건에 의하면 이 사업은 ①초원문화의 내적 함의, 즉 내용과 특질을 밝히고, ②초원문화의 중화문화 발전사상에서의 지위와 영향을 탐구하며, ③초원문화의 현대적 의미를 조명하고, ④이를 뒷받침하기 위한 초원문화학과를 개설하고 인재를 양성한다고 되어 있다.[2] 따라서 이 공정은 외형적으로 문화를 연구하는 순수 학술연구처럼 보인다. 그러나 각론을 들여다보면 초원공정이 문화유산과 문화자원의 산업화라는 상업적 목적에서 출발한 매우 실용적 사업임이 확인된다. 이런 점에서 초원공정은 자치구 사회과학원이 주도하고 똑같이 주로 자치구를 연구 대상으로 수행 중인 또 다른 국가급 대형 연구사업인 '북강항목(北疆項目, 2010~2014년)'과 차이가 있다.

그렇다고 초원공정에 정치성이 완전히 배제된 것도 아니다. 이 공정은 시작 단계에서부터 자치구 당위(黨委) 선전부와 중선부(中宣部)가 관여하고 초원문화가 중화문화 발전에 큰 영향을 미쳤으며 그리고 그것이 황허[黃河]문화 및 창장[長江]문화와 더불어 중화문화의 3대 구성요소임을 실증하는 것이 3단계 공정을 통하여 일관되게 강조되고 있다. 이는 후술하듯이 문화적 측면에서의 중국화를 가리킨다. 이렇게 보면 초원공정은 비록 문화로 포장되고 경제 목적에서 시작되었지만 북강항목과 똑같이 정치성이 짙은 연구 사업이라 할 수 있다. 이와 아울러 초원공정은 문화 및 정신적 측면에 초점을 둔 사업이라는 점

2 http://nmgshkxy.nmgnews.com.cn/system/2009/07/02/010245181.shtml(深化草原文化研究, 2014년 1월 27일 검색); http://nmgshkxy.nmgnews.com.cn/system/2011/05/13/010592962.shtml(草原文化學學科簡介, 2014년 1월 27일 검색).

에서 여타 학술사업과 뚜렷이 구별된다. 이처럼 초원공정은 단순해 보이지만 그 안에 매우 복합적인 목표를 담고 있는 다목적 공정이다. 따라서 초원공정의 배경과 그 전개 과정 및 그것들이 갖는 의미를 살펴보는 것은 중국의 소수민족 정책의 한 단면을 이해하는 데 중요한 단서를 제공할 것이다. 이런 점을 염두에 두고 초원공정의 추진 배경과 구체적 추진 과정, 내용, 거기에 내재된 문제점을 차례대로 살펴보는 것이 이 글의 목적이다.

Ⅱ. 초원공정의 추진 배경

2001년 8월 자치구 사회과학원 산하에 초원문화연구소가 설립되었다. 이 연구소는 초원을 연구 대상으로 하는 중국 유일의 전문 연구기관인데 연구소 소개 글은 초원문화의 이론을 모색하고 문화산업을 개발하는 데 중점을 두고 있다고 밝히고 있다.[3] 초원문화라는 말이 생소하지만 몽골초원을 포함한 북방지역의 문화를 연구하고 이를 문화산업으로 활용하는 방안을 연구하는 것이라고 보면 크게 틀리지 않을 것 같다. 그로부터 2년 후인 2003년 자치구 당위와 정부는 자치구의 경제 및 사회 발전의 수요에 대응하여 이른바 민족문화대구(民族文化大區) 건설안을 제출하고, 계속하여 〈문화사업과 문화산업 발전의 지지에 관한 약간의 정책 통지[關于支持文化事業和文化産業發展若干政策的通知]〉, 〈내몽골자치구 민족문화대구 건설 강요[內蒙古自治區民族文化大區建設綱要]〉 등 민족문화 발전을 추진하기 위한 일련의 정책을 기획 제안하고, 실제로 민족문화를

3 http://nmgshkxy.nmgnews.com.cn/system/2009/06/25/010241548.shtml(草原文化研究所簡介, 2014년 1월 29일 검색).

발전시키기 위한 과학적 지도와 지원을 대폭 확대하였다.[4]

이러한 배경에서 초원문화를 학술적으로 연구하고 민족의 문화자원을 발굴, 수집, 정리하여 이들을 산업에 활용하기 위한 각종 학술사업과 행사가 추진되었다. 2004년 7월 12일에 개시된 초원공정과 2004년 8월 6~15일에 처음 시작된 초원문화제[5]가 그것이다. 전자가 민족문화대구 건설을 뒷받침할 이론을 개발하는 사업이라면 후자는 이를 산업에 응용하고 대중 사이에서 저변을 확대하기 위한 대형 문화행사라 할 수 있다. 그 이듬해인 2005년 3월 17일 자치구 부주석 올랑[烏蘭]은 전구(全區) 문화공작 회의 석상에서 민족문화대구 건설과 관련하여 ①문화상표(브랜드)의 양성, ②문화명품의 창작, ③문화인재의 배양, ④문화유산의 보호, ⑤문화시설의 건설, ⑥문예단체의 선발, ⑦문화 향(鄕)과 도시의 명명, ⑧철학사회과학 중점학과와 연구기지의 설립, ⑨문화산업 기업의 설립 등 9가지의 정책 방향을 제시하였는데 모두가 문화산업 육성과 문화의 상품화에 초점이 맞춰져 있다.

이 가운데서 여덟 번째의 정책 방향[6]에 따라 2008년에는 '초원문화연구기

4 http://news.jschina.com.cn/5400/200908/t134353.shtm(內蒙古推進民族文化大區建設事業與産業並擧特色和 品牌雙贏, 2014, 1월 29일 검색).

5 공식 명칭은 중국내몽골국제초원문화절[中國內蒙古國際草原文化節]이다. 제1회 대회는 자치구 수도 후허하오터[浩和浩特]에서 열렸다. 이 행사는 그동안 보가트[包頭](2회), 오르도스[鄂爾多斯](3회), 올랑하드[赤峰](5회) 등 개최지를 바꿔가면서 현재까지 이어지고 있다. 문화제 기간에는 문화, 무역, 여행, 학술회의 등 다양한 행사가 진행되고, 대화마다 강조점이 조금씩 다르지만 문화, 무역, 여행, 학술회의라는 큰 틀이 유지된다. 참고로 이 대회는 자치구의 대기업인 이타이그룹[伊泰集團]의 후원하에 열린다. 이를 통해서도 이 행사의 성격이 무엇이고 어디에 주안점을 두고 있는지를 알 수 있다.
http://ztpd.nmgnews.com.cn/system/2009/06/18/010238391.shtml(第六屆中國·內蒙古草原文化節, 2014년 1월 29일 검색).

6 http://cds.nlc.gov.cn/nmgfz/zfgb/20056/201104/t20110414_715321.shtml?classid=464(以九個一批爲切入點建設民族文化大區, 2014년 1월 29일 검색).

지', '내몽골민속문화연구기지', '홍산문화[紅山文化] 및 거란요문화연구기지' 등 7개의 중점 철학사회과학연구기지를 설립하여 민족문화대구 건설을 위한 이론적 토대 연구를 적극 지원하기 시작하였다. 초원문화연구기지는 당연히 자치구 사회과학원에 두었고 초원공정도 물론 여기에서 총괄한다. 이는 제1기 사업을 통하여 초원공정이 상기의 정책 방향을 충실히 수행하고, 특히 초원문화가 중화문화의 3대 주요 구성요소의 하나임이 확인되었다는 나름의 자신감에서 나온 것인데 이 선례에 따라 자치구 각지에서 민족문화대구 건설과 관련한 각종 연구와 학술회의가 정례화되었다.[7]

또한 초원공정이 개시된 이듬해, 즉 2005년 7월 자치구 정부는 매년 9월 6일을 '초원문화유산보호일'로 지정하여 기념하기로 결정하였다.[8] 이것이 구체적으로 어떻게 진행되고 그 목적이 무엇인지 확실히 알 수 없지만 이 역시 문화를 상품화하려는 전략에서 나온 것임은 분명하다.[9] 이와 같이 초원공정은 2001년 초원문화연구소 설립 이래 자치구 전역에서 초원문화라는 말이 폭주하고 민족문화대구 건설이 추진되는 과정에서 그것의 이론적 틀을 마련하기

7 이를 모범으로 하여 항가이유목문화[涵蓋遊牧文化], 몽원문화(蒙元文化), 허타오문화[河套文化], 홍산문화[紅山文化] 등 전문연구 항목이 전면적으로 시작되었으며, '중국내몽골초원문화연토회', '중국허타오문화연토회', '원상도역사문화연토회', '민족민간문화예술유산연토회' 등이 정기적으로 개최되고 있다.

8 http://news.xinhuanet.com/travel/2005-07/28/content_3276769.htm(內蒙古確立草原文化遺産保護日, 2014년 2월 16일 검색).

9 자치구에 대한 중국 지배의 가장 큰 폐해는 역설적이게도 문화유산과 환경 파괴다. 문혁시기에 자행된 문화유산 파괴와 경제 개발로 인한 환경 파괴는 소수민족 거주지의 일반적 특징이지만, 후자의 경우 자치구의 상황은 타 지역과 비교가 불가능할 정도로 심각하다. 거주지를 강제로 이주시키는 이른바 '생태이민'을 실시할 정도로 철저히 파괴된 자치구 초원에서는 이 시간에도 개발과 이에 항의하는 몽골인들의 다툼이 끊이지 않고 있다. 여기에 경제적 목적에서 출발한 문화대구 건설 사업이 시작되면서 불완전하게 보존되어 온 문화유산이 마구잡이 개발의 위험에 노출되어 있고, 이것이 다시 정부의 정책적 목적에 활용되고 있는 것이 자치구의 현실이다.

위하여 시작되었다. 이런 점에서 초원공정은 순수 학술연구라기보다는 목적성이 뚜렷한 실용적 연구 사업이라 할 수 있고, 실제로도 그렇게 진행되어 왔다. 이를 반영하듯 이 공정은 후술하듯이 처음부터 대중매체를 적극 활용하여 대중 홍보에 주력하였다. 공정의 주요 행사의 하나인 '중국내몽골초원문화연토회[中國內蒙古草原文化硏討會]'가 매년 열리는 홍보성 대중행사인 초원문화제의 부속 행사로 진행되고 있는 것도 이 공정의 이러한 성격에 기인한다.

Ⅲ. 초원공정의 전개 과정

위에서 말한 대로 초원공정은 3단계로 나뉘어 진행 중이다. 공정이 처음부터 3기로 나뉘어 기획되었는지는 알 수 없지만 제1기(2004~2007년)가 끝난 후, 2008년 4월에 제2기와 제3기 공정이 동시에 입항(立項)된 것을 보면 반드시 그렇지도 않은 것 같다. 각 단계는 "초원문화의 중화문화 발전 과정에서의 지위와 역할"에 대한 탐구라는 대원칙하에 형식상 기초, 발전, 심화를 표방하고 있지만 근본적인 방향 전환이 있었던 것 같지는 않다. 물론 매 기마다 강조점이 조금씩 달라지고, 이미 생산된 결과물 그리고 기획 단계에서 설정된 주제에도 약간의 차이가 있다. 따라서 주로 이들 두 가지 사항을 중심으로 공정의 전개 과정과 그 내용을 개괄해 본다.

1. 제1기 공정

제1기 공정은 2004년 7월 12일 정식 개시하여 2007년까지 만 3년 동안 진행되었다. 이 기간 이 공정은 국가사과기금특별위탁항목, 국가사과기금특별중대위탁항목, 내몽골자치구 민족문화대구 건설과 자치구 성립 60주년 경축행사 중대헌례항목[內蒙古自治區民族文化大區建設和自治區成立60周年大慶重大獻禮項目], 국가십일오국가중점도서출판규획항목(國家十一五重點圖書出版規劃項目) 등 크고 작은 국가급 사업으로 채택되어 향후 연구를 위한 기초 작업을 수행하였다. 제1기 연구의 특징은 다음 세 가지로 요약할 수 있다.[10]

첫째, 초원문화를 하나의 학문분과로 독립시키고, 앞으로 초원문화 연구를 위한 이론체계를 구축하고, 나아가 이를 국제학계의 연구영역으로 자리매김한다.

둘째, 이에 따라 ①『초원문화연구자료선편』(3책), ②『초원문화연구보간신식간보』(18책), ③『내몽골여행문화총서』(역사문화 부문, 10책), ④『문화내몽골』(3책) 등의 결과물을 내놓았다. ①은 당해 분야의 관련 연구 190여 편의 논문을 편집 출간한 것으로 향후 연구를 위한 기초 작업에 해당한다. ②는 말 그대로 이 공정의 소식지이고, ③은 이 공정의 또 하나의 목표인 관광자원으로서의 초원문화를 분석한 것이다. ④는 초원문화의 범주를 조정 분류한 것으로 일종의 보급성 사업이다. 그러나 이 기간 최대 성과는 모두 110명의 학자들이 참여하여 총 11권 12책으로 정리한 '초원문화연구총서'[11]다. 이는 초원문화의 내적 함의와 특징, 초원문화의 역사발전과 영향, 초원문화의 현대적 발전 등 이른바 초원문화와 관련한 제반 문제를 다방면에 걸쳐 연구한 결과물로 초원문화를 발전시키고 민족문화대구를 건설하는 데 깊은 전략적 의미를 갖는 것

10 http://nmgshkxy.nmgnews.com.cn/system/2009/06/25/010241832.shtml(草原文化研究工程第一期工程工作總結, 2014년 1월 27일 검색).

11 『초원문화개론』, 『초원문화사론』, 『초원물질문화연구』, 『초원정신문화연구』, 『초원문화구역분포연구개론』, 『초원고고학문화연구』, 『중화문화대계비교연구』(상·하), 『초원문화와 현대문명연구』, 『북방유목민족역사문화연구』, 『몽골족문화연구』, 『다구르 에벤키, 오로촌문화연구』 등이다.

으로 평가받고 있다.

셋째, 이 공정은 개시 단계부터 여러 대중매체[12]에 〈초원문화논단〉, 〈문화논단〉, 〈초원문화연구〉란을 별도로 마련하여 연구결과를 대중에게 적극 홍보하는 데 힘썼다. 이는 이 공정의 지향점을 말해주는데 이 점은 초원문화보호일 제정이 2005년 4월 자치구 사회과학원의 건의로 채택된 것으로도 확인된다. 요약하면 제1기 공정은 향후 연구를 위한 초원문화 이론을 체계화하고, 이를 뒷받침할 기초자료를 편찬하고, 사업 결과를 대중에게 적극 홍보하여 저변을 확대하는 데 중점을 두었다고 할 수 있다.

2. 제2기 공정

제2기 공정은 2008년에 시작하여 2011년에 종결되었다. 이는 형식상 제1기의 연구 성과를 토대로 서론에서 제시한 4대 목표를 심화 발전시키는 것인데 중점사항은 ①초원문화학과 개설과 초원문화연구기지 설립, ②초원문화 탐사의 조직과 실행, ③계열 전문연구의 조직과 전개, ④전문연구에 기초한 『초원문화통사』 집필 등 4가지로 정리할 수 있다.[13]

①은 초원문화 연구를 하나의 독립된 학문체계로 만들기 위해서는 이를 뒷받침할 학과 개설과 전문적인 연구거점이 필요하다는 인식에서 나온 것이다. ②는 초원문화의 발전과 보급을 추동한다고 되어 있지만 그 취지가 애매하다. ③은 제2기에서 수행할 중점연구 과제로 초원문화의 핵심이론 연구, 몽골

12 대표적으로 『光明日報』, 『內蒙古日報』, 『內蒙古新聞網』 등이다.

13 http://nmgshkxy.nmgnews.com.cn/system/2009/06/25/010241814.shtml(內蒙古草原文化研究工程第二, 三期(2008年4月 -2014年7月)項目規劃, 2014년 1월 27일 검색).

족 문화와 초원문화의 관계 연구, 유목문화와 초원문화의 관계 연구, 초원문화 구역의 분포 및 그 유형 연구, 초원문화의 가치 평가(특히 경제 영역) 연구 등이다. ④는 그간의 전문연구를 토대로 초원문화의 발전 과정과 내재적 법칙을 밝히기 위한 일종의 개설서를 집필하는 것이다. 이 중 ③은 자치구의 지역적 특성을 고려한 것이지만 여기에는 향후 내몽골 지역뿐 아니라 기타 지역으로도 초원문화 연구의 범위를 확대하고 이 분야 연구를 선점하기 위한 포석으로 보인다.[14] 학과 개설 및 연구기지 건설 외에 제2기 사업은 전체적으로 큰 특징을 발견하기 어렵다.

3. 제3기 공정[15]

제3기 공정은 제1기와 제2기 공정의 기초 위에서 이 사업을 정리하는 것이다. 이를 위하여 첫째, 초원문화 이론을 구성하는 중요 학술 문제와 현실 문제를 선택하여 이에 관한 전문연구를 수행하고 초원문화 연구를 심화 발전시키고, 둘째, 공정 기간 내에 연구의 진척 상황에 근거하여 적절한 시기에 대형 텔레비전 시리즈 〈초원을 말하다[話說草原]〉의 촬영을 준비한다. 전문연구는 3개 분야에서 3차에 걸쳐 이루어지고 매 차에 10개 과제를 수행하여 전저(專著)를 출간하는 것이다. 2012~2014년의 연구기간에 매년 10개 과제를 수행한다는 뜻이다. 텔레비전 시리즈 촬영은 이 공정의 중요한 목표인 문화자원의 대중화와 상품화를 위한 것임은 두말할 필요도 없다. 전문연구의 차수별 주제는 아

14 이는 결론에서 얘기하듯이 중국 내 초원만이 아니고 초원문화의 중심인 몽골국(속칭 외몽골)까지 염두에 둔 것이다.

15 위와 같음.

래와 같다.

①제1차 연구는 초원민족을 상징하는 10개 주제로 술데[蘇力德]문화 연구, 게르[蒙古包]문화 연구, 오보[敖包]문화 연구, 마두금문화 연구, 말(馬)문화 연구, 나담[那達慕]문화 연구, 텡그리[藤格里]문화 연구, 토템문화 연구, 문양문화 연구, 서사시문화 연구 등이다.

②제2차 연구는 초원민족의 정치, 경제, 사회, 문화현상 가운데서 중요한 의미를 갖고 있는 주제로 작명(作名)문화 연구, 복식문화 연구, 음식문화 연구, 예절문화 연구, 성씨문화 연구, 천호제도 연구, 심미(審美)문화 연구, 지혜문화 연구, 성시(城市)문화 연구, 생태문화 연구 등이다.

③제3차 연구는 초원민족을 상징하는 인물에 관한 10개 주제로 칭기즈칸(몽골족), 쿠빌라이(몽골족), 묵특선우(흉노족), 야율대석(거란족), 힐리 카간(돌궐족), 탁발굉(선비족), 이원호(당항), 아구타(여진족), 쿠틀룩 보일라(회골족), 알탄 칸(몽골족) 등이다.

행사보다는 전체적으로 공정을 총결하는 내용들이다. 이 기간에 이루어질 『초원문화통사』 집필과 고등교육 기관의 교재 활용 또한 결산의 의미가 있다.

Ⅳ. 결론

2012년 10월 자치구 정부는 2004년부터 시작된 초원공정 등 주요 학술문화 공정을 평가하여 문화자원으로서 초원문화의 우수성을 입증하였다고 하였다. 이와 더불어 초원문화의 지위, 특징, 정신 그리고 그것의 산업화에 대한 학계의 연구와 정책이 자치구의 민족문화사업과 초원문화산업 발전을 위한 지침서 역할을 하였으며, 이를 통하여 민족문화대구의 모습과 영향이 국내외에 신속하게 알려지게 되었다고 자평하였다. 번잡하여 생략하였지만 이것만 보아도 초원공정이 어떤 배경에서 무슨 목적으로 추진되었는가를 알 수 있다. 초원공정이 문화산업을 육성하기 위한 자치구 정부의 정책, 즉 민족문화대구 건설의 부속품으로 시작되었음을 거듭 확인할 수 있다.

문제는 그 부속품이 단순하지 않다는 데 있다. 그 이면에는 자치구 당국과 중앙정부 및 일부 관변학자들의 계산이 복잡하게 얽혀 있다. 자치구 입장에서 보면 경제 개발이 주요 관심사다. 이 과정에서 자치구 상황을 고려하여 채택된 품목이 초원문화인데 문화를 상품화하여 국내외의 관광객을 유치하고, 이를 통하여 투자를 유치한다는 전략이다. 중앙정부의 입장도 크게 다르지 않을 것이다. 그 대상이 무엇이든 문화유산을 보호하고 그것을 경제자원으로 활용하는 것이 현재 세계적 추세인 만큼 이를 비난할 일은 아니다. 그러나 올랑호트[烏蘭浩特]의 칭기즈칸 사당과 오르도스[鄂爾多斯]에 있는 칭기즈칸 능묘의 사례에서 보듯이 문화유산의 상업화는 그 안에 또 다른 문제를 안고 있다.[16] 이 사업들은 무엇보다도 성역(聖域)을 상품화함으로써 현지 몽골인들의 자존심에 큰 상처를 안겨 주었는데 이보다 더 큰 문제는 개발 과정이 한인(漢人)들의 취향에 맞춰 중국식으로 이루어지고 있다는 점이다.[17] 이는 해당 문화유산의 귀속을 모호하게 만들 수 있고, 그렇게 되면 이들이 결국 '중국의 문화유산'으로 편입될 것임은 더 이상 설명이 필요치 않을 것이다.

앞서 언급하였듯이 3기에 걸쳐 수행 중인 초원공정의 가장 중요한 학술적 임무는 초원문화가 황허문화 및 창장문화와 더불어 중화문화의 3대 구성요소의 하나임을 입증하는 데 있다. 사실 이 언설은 너무 진부한 것이지만 이 안

---

16 이평래(2012), 「칭기스 칸의 귀환」, 『동북아역사문제』 62호.

17 예를 들면 사당과 능묘를 치장하면서 중국의 상징인 용무늬를 사용하는 것 등을 말한다.

에는 대내외적 측면에서 엄청난 함의가 내재되어 있다. 그 전형적 사례가 '몽골의 문화유산'을 '중국의 문화유산'으로 등재하여 국제적으로 공인받는 사업이다. 그 첫 번째 작업으로 중국 정부는 2009년 11월 몽골 전통성악인 '후미'를 '중국의 무형유산'으로 유네스코에 등재하는 데 성공하였다. 그리고 현재도 몽골의 전통무용, 전통악기인 마두금, 전통의학 등을 유네스코 유산목록에 등재시키기 위하여 치밀한 작업을 수행하고 있다. 이에 대하여 남몽골인권센터[Southern Mongolian Human Rights Information Center]를 중심으로 일부 몽골인들은 2014년 1월 16일 "몽골의 문화는 중국의 유산이 아니다(Mongolian Culture is Not Chinese Heritage)"라는 구호를 내걸고 중국 정부의 문화 침탈에 대하여 강력한 항의 성명서를 냈다.[18] 이에 따르면 중국 정부의 문화유산 등재 노력은 그들의 실질적 지배하에 있는 자치구에 대한 정치, 경제, 문화적 지배를 합법화하는 데 그치지 않고 독립국인 몽골국의 침탈까지를 겨냥한 것이라고 한다.

물론 후자는 장기적 계획일 것이고 초원공정의 1차적 목표는 자치구와 몽골인들을 문화 및 정신적 측면에서 중국화하기 위한 학술사업이다. 상기한 칭기즈칸 사당과 능묘의 개발도 크게 보아 이 범주에 속한다고 할 수 있다. 중국 내 소수민족 문화가 많든 적든 중국의 문화적 영향으로 서서히 중국화의 길을 걸을 수밖에 없는 것이 자치구를 포함한 중국 내 소수민족 거주지의 현실이다. 실제로 현재 자치구 내 몽골인들의 의식주는 말할 것도 없고 언어, 공연, 전통축제, 건축물 등 모든 부문에서 중국문화의 영향이 심각할 정도다. 여기에 민족문화대구 건설이라는 명분하에 돈벌이가 끼어들면서 이전과 비교할 수 없을 정도로 중국화의 강도와 속도가 커지고 있다. 그리고 이를 이론적으

18 http://www.smhric.org/SMW_90.htm(Mongolian Culture is Not Chinese Heritage, Voycott Chinese Propaganda, 2014년 2월 3일 검색).

로 뒷받침하는 것이 초원공정이다. 이 과정에서 초원문화, 곧 몽골문화가 유구한 중국문화 발전에 기여하였으며 그 문화의 주요 구성요소임이 입증되었다고 좋아하는 철없는 몽골 지식인들이 큰 공을 세우고 있다.

제2차 세계대전 당시 나치의 사례가 말해주듯 거짓말도 반복되면 사실이 된다. 그리고 이러한 과정이 거듭될수록 몽골문화는 중국문화의 일부로서 그 문화의 자장에 들어갈 수밖에 없다. 돈벌이가 이를 더욱 재촉하고 학자들이 거대한 학술사업을 통하여 이론적으로 받쳐주니 그 속도가 더욱 빨라지리라는 것은 불을 보듯 뻔하다. 이렇게 보면 유사한 시기에 시행된 두 학술사업 가운데 북강항목이 역사를 통한 자치구의 중국화 작업이라면 초원공정은 문화를 통한 중국화 작업이라고 할 수 있을 것이다. 그 폐해의 우선순위를 매기기는 어렵지만 필자는 후자 쪽이 훨씬 엄중하다고 본다. 필자의 생각으로는 이는 정신적 측면에서의 중국화이자 중국화의 최종단계에 해당한다. 이런 점에서 초원공정은 관광을 통하여 돈벌이도 하고, 투자도 유치하고, 유형·무형의 차별에 시달리는 가난한 몽골인들에게 몽골문화의 위상이 높아졌다고 착각을 낳게 하고, 그들의 문화를 통째로 중국문화의 한 부분으로 편입시키기 위한 다목적 공정이다. 무리하게 추정하자면 1949년 이후 자치구가 중국 전역의 민족구역자치의 전범이 되었듯이 초원공정이 다른 소수민족 거주지의 문화공정의 본보기가 될 수도 있다. 자치구 사회과학원이 초원공정의 연구 수요에 대응하기 위하여 공식 학술잡지인 『내몽골사회과학[內蒙古社會科學]』을 연 2회나 증간(6, 12월)[19]한 데서 알 수 있듯이 이 공정에 전력 매진하는 것도 어쩌면 이 때문일 것이다.

19 http://nmgshkxy.nmgnews.com.cn/system/2013/04/01/010944985.shtml(〈內蒙古社會科學〉草原文化專題硏究增刊徵稿啓事, 2014년 2월 16일 검색).

거듭 말하지만 초원공정의 1차적 연구 대상은 자치구와 자치구 주민인 몽골인들의 문화다. 그러나 앞서 언급한 대로 초원은 신장, 티베트, 만저우 등 중국의 여러 지역에 분포하고 실제로 이들 지역도 이 사업의 연구범위에 포함되어 있다. 또한 그 개념이 여전히 애매하지만 진정한 초원문화를 보존하고 있는 곳은 자치구 북쪽 몽골국이다. 따라서 이 공정은 상기 인권센터의 성명서대로 장차 몽골국까지를 염두에 두고 '초원문화'를 중국의 상표로 만들려는 장기적인 목적하에 수행되고 있다고 결론지어도 전혀 이상할 것이 없다. 초원문화가 국제사회에서 중국의 상표, 즉 중국문화로 공인받으면 몽골문화는 중국문화가 되는 한편, 그 문화의 거점인 자치구는 몽골국을 제치고 몽골문화의 세계적 중심지가 될 수 있다. 필자는 초원공정의 마지막 단계가 바로 여기에 있다고 생각하는데 현재 중국의 국제적 위상, 최근 20여 년 동안 진행된 몽골국 경제의 중국에 대한 의존도를 고려하면 이를 허무맹랑한 목표라고 단정하기도 어렵다.

찾아보기

〈ㅈ〉

〈ㅊ〉

〈ㅋ〉

〈ㅌ〉

〈ㅍ〉

〈ㅎ〉

동북아역사재단 기획연구 64

중국의 변경 연구

초판 1쇄 인쇄 2014년 12월 23일
초판 1쇄 발행 2014년 12월 31일

지은이 박장배·이천석·박선영·정면·심혁주·이평래
펴낸이 김학준
펴낸곳 동북아역사재단

등록 제312-2004-050호(2004년 10월 18일)
주소 서울시 서대문구 통일로 81 임광빌딩
전화 02-2012-6065
팩스 02-2012-6189
e-mail book@nahf.or.kr

ISBN 978-89-6187-357-4 93910

* 이 도서의 국립중앙도서관 출판예정도서목록(CIP)은 서지정보유통지원시스템 홈페이지
(http://seoji.nl.go.kr)와 국가자료공동목록시스템(http://www.nl.go.kr/kolisnet)에서
이용하실 수 있습니다.(CIP제어번호: CIP2014037052)

* 책값은 뒤표지에 있습니다. 잘못된 책은 바꾸어 드립니다.